九州心影之

時光倒影

龔鵬程 著

九州心影錄

時光倒影

目錄

目錄

九州心影錄

時光倒影

反貪腐之道

（2006.10.02）

在台北展現了反貪腐的新公民運動之際，大陸之反腐敗，近日也有了些表現。具指標性的大案之一，是湖南郴州市委書記等一干人的貪瀆事件。據說這批贓官被撤查的消息傳開後，郴州「舉城歡騰」，民眾放鞭炮、放焰火、寫條幅慶賀。這種氣氛，雖說跟台北的百萬人圍城不好比，但民心向背總是清楚的，反貪反腐之心，人同此理。

不過，大陸現今之貪腐情況也有與台灣不同之處。大陸的腐敗，大抵與其繁榮發展相扶相生。例如，若全取消了公費吃喝，市肆酒樓商鋪至少要倒一半，其餘可以類推。整個消費量和GDP的成長，實與貪腐有其結構性關係。這是一個層面，涉及總體制度問題，目前絕無可能改善。能改善的，是另一個層面的事，也就是官員個人操守問題，郴州案即爲此種。

郴州是什麼地方呢？秦少遊詞：「霧失樓台，月迷津渡，桃源望斷無尋處。可堪孤館閉春寒，杜鵑聲裡斜陽暮。……郴江幸自繞郴山，爲誰流下瀟湘去？」即作於郴州旅舍，可知是個極美的地方。

但郴山郴水是弄不到錢的，要弄錢就得搞建設、出項目。於是「郴資桂一體化工程」「高科技產業中心」「南延東進工程」「興隆步行街工程」「市政府移建工程」「西發工程」一項項推出。市區中五嶺廣場與新市府大樓相連的幾座橋，跟天安門前的金水橋一模一樣。郴州底下一個桂陽縣，則建了個歐陽海廣場，占地一百多畝，也勝似天安門廣場。一個永興縣，竟建了座人民大會堂，規模亦與北京相當。只是北京這座，內部以各省名廳，它則以各鄉鎮命名罷了。諸如此類，工程越大，貪腐也就愈甚。

這種勤政貪腐，與台灣的無能貪腐也不一樣，但其傷害自然環境、傷害社會、傷害民眾利益是一致的。貪官汙吏遭撤查，民眾歡慶，其心理可以想見。

只是此種撤查仍非探本之道。去每個縣市看，哪裡不搞形象工程，建大廣場、興標示性建築，弄這個工程那個工程？這是一個模式，官員要利用這個模式才能把錢倒進荷包裡。如果官員如此勤政而竟不貪腐，則他貪的就不是錢而是更大的爵與權，冀望因此類政績工程升官。故若官場考評仍以此爲指標，再辦十個八個郴州案，勤政貪腐也不會斷跡。

凡事都應如此看，需正本才能清源。

近來又聽說要裁撤「駐京辦事處」了。這當然是好事。各地駐京辦，一九九一年北京只有一百八十六個市級以上的，現在暴增到將近六千個。爲何連地區縣市都如此熱衷到北京設駐京辦？原因不言可喻。現在說要減汰，當然政令一出，立刻就可把省級以下的駐京辦都給裁了，但地方必須來北京活動、跑門路的原因沒改變，誰不會變個名目照幹呢？

重學文明規範（2006．10．10）

三日即赴甘肅天水開會。近日旅泊不定，連中秋佳節都在旅中度過，實在遊得有點過火了。

十一假期加上中秋佳節，構成了大陸本周濃厚的節慶氣氛，而中秋的意蘊更似勝於「十一」的政治意涵。畢竟中秋是傳統節日，有許多民俗活動相配合，增加了節慶的氣氛。中秋的團圓意義更與家庭價值相呼應，有真正動人的力量，這都是政治紀念日所不能及的。

過去對此類傳統節日漠不重視，但因韓國把端午節拿來申請世界文化遺產，當做他們自己的東西，讓中國人大感刺激；加上社會改變，傳統文化及家庭觀念漸受重視，因此呼籲將端午中秋等節日定爲國定假日之聲，時有所聞，對於過這類節日也越來越在意了。

中秋團圓對假期旅遊有什麼影響？觀察者見解不一。不過，據我所知，長沙有一班飛韓國首爾的航機，只有一位旅客，可見中秋與親人在家團圓，跟趁放假跑出去玩，仍是有點矛盾的。有些旅遊地區，針對中秋設計了若干旅遊活動，希望能在黃金周大賺一票，可是就頗有不符期待者。某些風景區人數下降甚爲明顯，看來旅遊文化也在逐漸轉變中。

對旅遊文化的反省，近日恰好又有一熱門話題，即中國遊客在國際上旅遊，所表現出來的文化素養令人不敢恭維。過去對這一現象，大家只敢心裡嘀咕、背後議論，但這會兒官方說要訂立規範，甚至要限制舉止不端人士出境了，大家才好公開討論，並倡議加強國民禮儀教育，從生活倫理上入手。

旅遊者當然不是到了國外才特別缺乏文化素養，只是在國境裡面大家見怪不怪，習以爲常，並不以爲意。到了國外，遭人嫌厭，才開始意識到這個問題嚴重。固然迄今仍有一部分人不甚服氣，覺得那只是文化差異使然，憑什麼要啥事都依從著外人的標準？我高興就是要大聲嚷，我上車就愛搶位子，我生氣，那就呀，呀，呸，吐口痰怎麼了？還有些人則說老外也不見得文明，在機場還不是隨地睡，憑什麼來嘲笑咱們在酒店大廳裡蹲著？……幸而此類「蠻橫有理」的論調終非主流，社會上大體仍然認同行爲舉止應有文明規範。

所謂文明規範，也不是什麼新東西，那就是古人所說的禮。君子本應彬彬有禮，中國自古以禮義之邦自居或爲人所敬重。不幸近百年來，號稱要追求文明，結果把文明丟了，打倒禮教，蔚爲風潮。粗魯無禮，成爲革命事業中之行爲典範，到今天才猛然覺悟，感到重新恢復溫文有禮的人生態度是重要的。整個民族兜這麼一大圈，當然令人頗生感慨，但回歸正途，終究是可慶幸的事！

魯南雜記

(2006.10.12)

九月下旬嘗有山東之遊，補記數事如下：

一、合氣道

陳達弘夫婦廿二日抵北京，云北京有一合氣道館，邀我同去觀摩。去了才知是俱樂部，生意熱火，各式健身運動，均有大批學員勤苦練習，合氣道只是其中一項。北京及各城市此類健身美容俱樂部，近年遍地開花，蔚爲時尚，這便是一個例子。

該合氣道館，乃新加坡教練所傳授，陳達弘示範，則與之略有異同。陳在台創立中華合氣道，拉我助拳，號稱首席顧問。我就建議他在中華兩字上做文章，把合氣道中華化，如昔年陳元斌去日本，把中華武技化爲柔道一般，或者索性另創禪武門。達弘也有意如此，但此事不易，仍須研議。目前他是六段，技術仍本於日本所傳。

日本之武術產業遠較我國發達，教學及管理均具條理。道場中禮儀行爲與武技融合爲一體，乃我國各派教武者所不及，教學法亦較佳。我雖然已看得熟了，但再看一遍仍深具感觸。只是腰帶忽然拉斷了，得拎著褲子觀戰，不免有些掃興。

二、微山湖

由北京乘夜車，廿三日清晨抵山東棗莊。曉曦甫動，霧氣騰蒸，由火車窗望出去，地面猶如大湖，煙波浩淼。莊稼雜樹，如水草錯生於湖霧中，清麗迷離，不料魯南有此妙景。出車站，往往薛城。此爲舊薛國，孟嘗君封地亦曾在此，有馮諼毛遂故事可資玩味。史云該地「有任俠奸人數萬家」，頃不見，唯屠狗者尙不乏，狗肉仍爲四民之常食。

又有微山湖，乃殷微子退息之地，微子墓、張良墓俱在。微山島居民，大抵即微子子孫或張良墓之守墓人後裔。然我乘舟往觀，無限失望。

微子墓無古蹟可述，墓道新立石人十數尊，云皆微子裔孫，孔子墨子俱列秩其中。墨翟身世，何從考證？而云乃微子後裔耶？張良墓，僅一土墩，旁且建一大寺，委屈張良爲其陪侍。張良何許人？如此建制，豈非不倫不類？真要建廟以招徠香火，則張良曾從赤松子遊，也該是建道觀而非建佛寺。非要建寺不可，也該建座較像樣的。此寺圓通殿居然供千手觀音，另起兩配殿供文殊普賢，釋迦則不知去向。寺前另建一大院落，爲書法碑林。大陸近年各地頗喜建此類「勝跡」，而實罕佳者，徒耗人力物力耳。

微山湖最大之景觀，卻非上述什麼張良墓、微子墓等，而是鐵道遊擊隊紀念館。鐵道遊

擊隊自當紀念，但重視適於張良微子，就不恰當。事實上，該館也沒什麼東西可看。紀念碑前兩藝人在賣唱，一打竹板唱快書，甚冷清；一號稱王家祖傳土琵琶，門庭若市。因舊有歌謠唱微山湖遊擊隊：「彈起我的土琵琶」云云，故觀光客每個人都上去吼一段：微山湖上靜悄悄，彈起我的土琵琶……。透過擴音器，讓遠近都曉得微山湖上正如何地靜悄悄。

本來去棗莊，一大心願是去看台兒莊古戰場與紀念館，但這一天瞻仰了這樣的抗戰史蹟館後，次日主辦單位要組織去看台兒莊，我就推說頭疼，懶得再跑了。

三、文學會

主辦此次會議的是棗莊政協，承辦則有棗莊師院、台港文學選刊、北京文學、十月、莽原等。名稱很嚇人，叫「兩岸文學藝術高端論壇」。台灣有李瑞騰、張曉風、司馬中原、張默、管管、辛鬱、李錫奇等人，我講了一場、主持了一場、演講了一場。反正開會大體皆是這樣，無庸細表。

四、荀子墓

會議期間去了曲阜一趟，景物依舊。孔府有人來導覽，我：說不必導了，我比妳熟呢！帶她去看世系碑，說兩年前曾來此，說過這個碑的說明弄錯了，迄今仍未改正哩！她矢口允諾一定改正。我相信這回也許真會改，且記錄於此，以觀後驗。

又去了一趟蘭陵。鎮上橫一大牌坊，名稱更是嚇人：「天下第一酒都」。大概是因李白詩有云：「蘭陵美酒鬱金香，玉碗盛來琥珀光，但使主人能醉客，不知何處是他鄉」，故拏來壯膽。其實今之蘭陵非古之蘭陵矣，美酒不復能見，誦此詩，徒增悵觸而已。

令人感觸更深的是荀子墓。

荀子曾爲楚蘭陵令。然蘭陵距曲阜、鄒城不過百里，今屬山東臨沂。三位聖人接鄰於此方圓百里間，不能不令人稱奇，但荀子墓與孔墓孟墓榮枯可就不好比了。孔廟、孔府、孔林不用說，就是孟墓、孟府近年也修葺一新，頗見氣象，荀子墓卻是一坏黃土，滿地衰草，孤立在一片莊稼地中。

距墓約一里許，便已不通車輛，須下來步行。黃土路，邊上全是剛收割下來的玉米梗子葉子，空氣中泛著一片土氣和淡淡的玉米香。墓園短牆內，農民種著幾畦青菜，此外就是雜草。

後來我遇到山東孔子基金會的劉示範先生，才知道就連這等破落相，都還是九〇年以後才修整的。一代大儒，如此境遇，令人不知該說什麼才好。我們台灣一團人，在孔子墓前一同行過禮的，到此也只能再行一次禮，以表達我們的感慨和敬意而已。詢之鄉人，曰：「上面撥的錢都不知哪兒去了，這路，還是我們一家一百元湊起來修的！」

南宗祀孔記

（2006．10．12）

在蘭陵參謁荀子墓後，往遊萬畝石榴園。隨後即與瑞騰往濟南，宿一夜。他回台灣，我飛杭州，再轉至衢州。

到衢州，是專爲看南孔祭祀而來。相傳宋室南渡時，孔子第四十八世孫孔端友，奉子貢手刻孔子及亓官夫人楷木像南遷至衢州，遂開孔家南宗一派。元代時，本欲封爲衍聖公，當時南宗的孔洙不願受，表示願讓予在曲阜的族弟孔治。到明代才復爵，至清仍享有與衍聖公相彷或略低之待遇，此即爲孔府的南宗。民國期間，廢爵，改稱南北兩宗爲奉祀官。算來南孔在衢州也有八百多年歷史了。

在南孔這方面，自認是嫡系，覺得北宗的爵位是由他們讓予的。可是社會上大概只知有曲阜孔家，不曉得還有衢州南孔這一系。近年衢州政商各界或許感受到一股孔子文化符號的熱潮，遂想到要借南孔這一名號來打響地方品牌，且爲浙西龍遊商幫文化提供個文化舖墊，始大力舉辦孔子節、祭孔等活動，本屆尤爲盛大。

研討會上眾官雲集，學術當然不是重點。而論文中我也注意到了：把儒學跟商人倫理、商幫興起、經濟發展結合起來講的頗不在少數。如此鉤合，當然也沒什麼學術價值，但人們之所以談得這樣興高采烈，正反映著社會的意識。

祭孔十分隆重，看來也確實有心做好，無奈知識不足，仍是令人大失所望。

衢州地位較爲偏僻，之所以會選擇大老遠趕來此地而不去看曲阜之祭孔的人，多半是因衢州南孔既是數百年傳承之宗族家廟，當有較爲傳統的禮儀可看，不料什麼也沒有。只敬獻了五穀、花籃，念了一篇不太通的祭文，鞠了幾個躬，然後就是大人小孩出來背誦和朗誦幾篇《論語》，唱《禮運．大同篇》而退。一切傳統的祭儀、祭器、祭樂都沒有。

把背書和朗誦稱爲「頌禮」，更可笑。頌者，舞容也。讀過《詩經》風雅頌的人都該曉得。如今根本沒有舞，能叫做頌嗎？祭祀的部分，也弄錯了。祭字，從手持肉而祀，若無牲獻，就只是薦，不是祭。現在，也無牛羊豬三牲，只有穀子和花籃，可是祭文還說：「伏惟尚饗」，翻成白話文就是：「恭敬地請您來享用吧！」難不成要孔子來吃花籃？祭服也不講究，主祭者只著西裝。這豈不與美國在祭祀其先賢時，竟著長袍馬褂一般滑稽？

對於南宗之強調現在奉祀官是孔子七十五代孫孔祥楷，說他是「嫡長孫」，我也不以爲然。

孔祥楷當年承襲奉祀官是有爭議的。孔繁英與孔繁傑鬧了幾年，到一九四八年才經行政

院批示由孔祥楷承襲，原因是原南宗奉祀官孔繁豪無嗣，故以其胞弟繁英之子祥楷承襲，所以才有糾紛。糾紛雖經行政院裁定，但強調「嫡長孫」便無必要。何況，正式任命之委任狀根本來不及發給，國府就遷往台灣了。奉祀官只有孔德成到了台灣，孔祥楷既無委任狀，亦不可能在中華人民共和國裡當著中華民國政府讓他承襲的奉祀官位，則強調這些，甚或自刻一方印章說衢州這個家廟即是「大成至聖先師南宗奉祀官府」，不都顯得無謂嗎？

南宗所藏兩件聖物，一是吳道子所繪孔子像，一是子貢手雕孔子及亓官夫人楷木像。這兩件，我以為也都是不好拿出來說事的。

所謂吳道子像，當然是贗品，無庸討論。子貢手雕楷木聖像，也當然不是子貢所刻。道理很簡單：一、漢以前沒有刻人像做為崇拜對象的風氣，俑人是替代殉葬者供僕役之用的。二、即使是俑，孔子也不贊成，子貢為孔門高弟，不會幹這種事。三、亓官夫人是坐姿。中國人垂足而坐，時在晚唐以後，故此像至早不會早於北宋初年。宋建炎三年，孔端友奉此像南遷，固然大有可能，像卻絕非晚唐以前之物。再說，這一對雕像，據我所知，曲阜索去，就沒還過，現在供奉在衢州的，乃是複製品！

講這些不捧場的話，有點吃人招待還說人壞話的嫌疑，但我並不想毀謗孔府南宗。南孔之地位不容動搖，因此沒有必要和曲阜較勁，在輩分、嫡庶和楷木聖像上做文章。好好以南孔之特殊地位，做點弘揚儒家文化的實事，各界才會對之有更多瞭解和敬意。此理甚明，本無須我來說，孔祥楷先生及南孔諸賢達，若靜下來想想，大概也是會同意的。

發展國學之道

（2006.10.15）

日前邀集幾位學生喝咖啡，咖啡店裡有一群人正在開小會，討論教育問題。我沒太注意。不料其中一人竟起身來打招呼。原來是教育科學研究所的程方平先生，將近二十年不見，虧他認得出！送了我一冊教育藍皮書，是去年的中國教育發展報告，是他和楊東平教授等有心人編的，定期追蹤調查，提出針砭。

我看該書，覺得最有趣的，是其中關於國學現象的兩篇專文。年度報告中有兩篇是談國學的，可見國學現象確爲年度教育界之大事。

其中一篇，詳盡報導了關於發展國學的各派爭論，顯示了學界對於祭孔、科舉、讀經、辦國學院、成立儒教研究中心等事的不同見解。另一篇則是對北京、上海、廣州、鄭州、瀋陽等十個地區的民意調查。據統計，自認爲知道什麼是國學的，只有百分之二十三。但只有百分之二的人認爲國學是現代化之障礙，大部分人均視國學爲民族精神及文化之主體，而其

中之核心內容就是儒家文化。對於「已所不欲，勿施於人」「天行健，君子以自強不息」「君子喻於義，小人喻於利」「達則兼善天下，窮則獨善其身」「貧賤不能移，威武不能屈」等道理，民眾大抵均表認同。

這表示大家雖然對於國學是什麼仍不甚明白（所以選出的國學大師，第一名竟是魯迅，第二名是季羨林。郭沫若、陳寅恪也在章太炎、黃侃等人之前），但對其價值卻頗爲肯定。故若有人辦古文經典誦讀班，只有百分之二十八的人表示自己和小孩都不會去，且有百分之六十的人覺得現今國學發展有危機，替它擔憂。若問道：希不希望孩子接受國學教育，只有百分之二十一的被訪者不願意。

〈南方周末〉近曾有一評論謂：「和諧社會：難得的共識」。現在的社會，難得有什麼共識，對於國學，大夥兒的共識就不如「和諧社會」這句口號高。可是百分之七八十的人願接受國學教育，這個比例也就夠高了。在這種社會集體意識底下，學界若還在爭議該不該發展國學，豈不顯得無謂？目前的問題，是如何發展，並發展成什麼樣的國學。

例如百分之六十八的人認爲弘揚傳統文化最有利的方式就是透過教育，增加相關課程及考試科目，但政府對此，有何相應措施嗎？各地辦國學院、國學班、國學研究所甚多，可是迄今教育部的學科分類表就還沒修訂，仍無國學這個學科，同樣也無儒學等學科。在正式教育體制中，希望獲得國學教育的人自然只能求諸社會補充教育體系，這是各地兒童讀經班、企業家國學班紛紛開辦的原因。可是政府又對這些班不支持，常想取締之，這樣能發展國學嗎？又如各地弘揚傳統文化，祭孔、祭黃帝、祭伏羲，甚爲熱鬧，但祭不合義、禮不師古，流爲儀式性之表演，又豈是發展國學之正途。

諸如此類，對國學應開始有些較實質之研究，對相關體制也應有些調整，爭議及喊口號是沒用的。

大陸學生入台就學

（2006.10.17）

近日台灣的技專學校校長正與大學校長們商議，準備連署呼籲政府開放大陸學生來台就學。技專校長們對此感受急切，原因十分簡單：目前生源短少，學校都快撐不下去了。今年高中職及五專準備招生二十萬，結果只招到了十四萬。大學情形略好些，但錄取率亦已達到九成，很快就會和技職院校同樣窘迫。

生源減少，是台灣整體出生率下降所致。原因極爲複雜，因此短期內不可能改善。目前幾百所學校，面對此一形勢，辦法只有兩條：一是認賠殺出，結束營業。把已變更成爲公法人的學校捐給國家去收拾爛攤子，或設法轉型。二是開闢境外生源。前者不但辦學團體會覺得不甘心，損失太大，社會成本也高，因此走第二條路是學校及社會的基本選擇。

但境外招生，談何容易？歐美日韓的學生不會來，東南亞、南亞、東歐的學生不願來。就算來了，語言、生活習慣、就學津貼，都是大問題，學校恐怕還得蝕本。

反之，大陸就不同。大陸學生語言及生活習慣，與台灣基本相通，學費繳交亦不成問題，幾乎是我們爭取生源唯一的選擇。教育部陸委會等單位寧願花大力氣、大把銀子去東歐南亞招生，也不願做最簡單的一個動作：宣佈開放大陸學生可來台就學，無非是政治思維和意識形態在作祟罷了。

面對大學校長們的呼籲，官員們迄今仍在說：大陸學生來台，出入境、停留時間、保證人、學費等配套措施十分複雜，且容後議。其實這些技術問題哪裡複雜了？台灣又不是沒有境外青年來留學過，比照一般留學生辦理就得了。怕只怕官員們怕事，且以技術問題模糊政治考量，置大學之生死於度外而已。

何況，社會上呼籲開放大陸學生來台、開放台灣學生赴大陸就學之學歷採認，已十幾年了，政府面對未來勢必要開放的事，竟然一點腹案也沒有。尸位素餐，還好意思拿來說嘴？

作客大陸

（2006.10.22）

十五日赴天津參加環渤海經濟圈論壇，與南開大學諸君上下其議論。近年去天津，大都只是去聽戲曲，與南開諸師友交遊得少了。這次雖仍是匆匆來去，卻頗有舊遊之感，倒是戲曲沒時間聽了。

會議是南開台灣經濟研究所主辦的，台灣不少友人蒞會。該所名譽所長即唐樹備，以經濟爲主，在大陸研究台灣之機構中自樹一幟。以此機構而辦環渤海論壇，希望吸引台資赴渤海灣投資之意，不言可喻。

渤海灣，乃是大陸繼珠江三角洲、長江三角洲之後，崛起的經濟區，近年發展甚快，又具有人才及科研密集之優勢，因此前景看好，濱海新區之規畫尤具氣魄。可惜規畫時缺了文化眼光，對於京津地區之歷史文化資源未予關注，也沒設法使之發揚。例如天津之天后宮媽祖文化、民間宗教、武術、戲曲等，均可在新的文化產業架構下發展之。此意，偶於酒座中對當地台辦諸執事聊及，諸君說：「講得好，能不能寫個報告或建議書，交給我們送上去？」我哈哈笑，敬謝不敏。

這或許就是台灣人在大陸的尷尬處境了。雖然名義上兩岸一家，都是中國人，但大陸上許多地方仍是內外有別的。我們由台灣來，許多時候要守客人的分際。因此若主人垂問，不妨奉答；倘若忘其所以，越俎代庖，指手畫腳；或是上條陳，獻謀畫策，令人疑為謀私，都不甚妥當。何況，馭者控韁執轡，驅縱自有其想法，我人旁觀者，雖替他操心，他可不見得會聽你的。說得多了，或竟批評起他的方向與技術，他可是要不高興的呀。我自然不必取悅於他，但又何必費此一番氣力來冒險？

大陸人對台灣人，亦有別樣情緒，極為複雜。吸引台資、歡迎台商、認為台灣人都是同胞，覺得台灣人親切的，是其中一面；覺得台灣人在大陸趾高氣昂、自以為是，而實際上剝削勞工、包二奶、沒文化的是另一面。既欣賞台灣民主成就、社會進步；又瞧不慣議會打架、街頭示威。有時痛恨台獨，更會把所有台灣人都視為仇敵；自居本宗，又不免將台灣看作庶弟；或者老以為自己有多麼大，常要竊笑台灣人都有小家子氣等…，不一而足。這些複雜的情緒，也增添了台灣人在大陸生活的困難，應對進退，頗費斟酌。

會議期間，有台灣來大陸求學的學生談及在大陸謀職不易，我想大陸公私機構不太用台籍畢業生，除了怕麻煩之外，這些情緒及其關聯著的對台灣人之看法，或許也是其中一端。

在天津，接到友人電話，謂陳映真中風病危，亦不免頗有觸會。旅行在大陸的台灣人啊，秋風中，善自珍攝吧！

中醫的處境

（2006.10.23）

韓國於去年以江陵端午節向聯合國教科文組織申請爲世界文化遺產。消息傳出，大陸社會大爲震驚，沒想到中國傳統節日竟然成了韓國的文化遺產。因此今年就開始把中秋節定爲國家非物質文化遺產，也開始要重視傳統文化節日了。

無獨有偶，韓國近日又已啓動了把韓醫送去「申遺」的程式。各界聞之，自然又是一片譁然。但在驚愕與憤怒之中，不無尷尬。因爲正在稍早幾天，大陸才有人發起萬人簽名活動，許多醫藥衛生工作者聯合呼籲政府，要讓中醫退出國家醫療體系。此刻傳來韓國以韓醫申遺之消息，不啻救了中醫一命。大陸衛生部也立刻表態，認爲取消中醫目前絕不可能云云。

大陸現有中醫中藥院校三十二個，在台灣一般人心目中，其教育體系、藥材生產、成藥製作和醫療環境，應屬尚可。不是有許多人負笈大陸來學中醫嗎？但事實上，那只是傳統的光環所蔭庇，現實處境中的中醫已岌岌可危。

大陸在民國五十八年時約有中醫五十萬人，現今僅廿七萬人，能用中醫湯藥處方者僅一成左右。相較之下，西醫卻由八點七萬人增至一百七十五萬人，故中醫居於絕對劣勢。在國際上也一樣是劣勢。世界上中醫藥從業人員，大陸以外就有三十至五十萬。世界植物藥市場銷售額每年約一百六十億，日本漢藥就占了百分之八十，韓國占百分之十五，大陸僅有百分之三左右。對於韓國以由中醫發展成的韓醫去申遺，大陸人民在情感上或許感到不能接受，但現實情勢卻令人難堪。

同樣的問題，也出現在台灣。台灣的中醫，情況只怕比大陸更糟。起碼大陸的藥材資源無可取代，目前仍能提供一萬兩千種左右的藥材；而台灣對藥材的開發、中醫人才的培養、中醫治療護理體系、中醫學術研究等各方面也都是不足的。中醫教育，走的是中西醫結合的路子；中藥走的是則「科學中藥」的路子。這是在發揚中醫，還是把中醫銷融在西醫體系中呢？

秋遊瑣記

（2006.10.24）

女兒論文寫不出，就亂翻我的書殺時間，把《北溟行記》找出來看了看，跟我說：「我覺得你最近的隨筆都不好看，還是從前寫的較有趣」。我想想也是。近日貼在新浪網上的，一部分是社論，一部分是專欄，都有板起面孔來說話的氣味，少了私人的意興，雜事也不好多記。如今既被她說破，我就來寫寫近日浪遊的瑣屑吧！

（一）

在棗莊，政協安排住的旅邸，服務很好，但屢有電話來詢：「要不要做保健，要不要按摩？」有次午睡都被驚醒，敬謝不敏。不料晚上又來了，迷迷糊糊爬起來接，答以：「正睡覺呢，做什麼按摩保健，妳們吵不吵啊？」對方也不生氣，謂：「那麼找個人來陪你睡不是挺好？」「不要！」「爲什麼不要？」居然有此一問，倒令我愣住了，乃正色對曰：「因爲……我錢花完啦！」「去！」對方立刻就把電話掛了。早晨起來，跟同團人聊起來，眾皆哈哈大笑，說拒娼之法，莫妙於此。

（二）

到了衢州，想起郁達夫在〈爛柯記夢〉一文中曾說衢州西安門外，新河沿下的浮橋邊，原有江干的「花市」。雖然據他考察所得，比起蘭溪的江山船要遜色得多，可是畢竟是一景，不知如今尚存否。乃於會議期間，自攜一囊，獨自江干尋去。找了半天，才知浮橋早已拆除，今沿河闢爲綠地，林蔭下，老人聚眾唱戲曲的還有幾處，花市花船卻是早已成爲歷史了。

花事既已不見，便想起《聊齋》上又有「衢州三怪」之說，云衢州在清朝時，鐘樓上有鬼，頭上長角，貌像獰惡，聞人聲即出，見者輒病。又城中一塘，夜出白練一匹，過者拾之，即捲入水。又有鴨鬼。夜靜，作鴨聲，人聞之亦病。我反正無事，何妨便去找這三怪。於是覓人問了路，先去鐘樓。

樓在城北，但早已坍圮，只剩台基，高四五米，跨街而立。樓下門洞及其週邊，全是攤鋪，打燒餅、賣肉、煮麵、蒸糕、販雜貨，應有盡有，一派市井煙塵氣味，最合我之脾性。獨角鬼似乎早已遷走或與市民沆瀣一氣了。基座旁有一趙抃祠，卻甚雅潔，祠宋代趙靖獻公，參觀還不用門票。

由鐘樓往西，縣學衙中有一塘，即白布塘，今改名縣學塘，池波數畝，中立一亭，想是尚非夜中，白布還沒出來。鴨鬼塘則未見，詢之路人，多不知，只好罷了。獨去找天妃宮、周靈王廟、神農殿。

郁達夫說城裡有幾處是非去看不可的地方，其一是豆腐鋪作坊後面的天王塔，二是城東北的祥符寺，我都沒找著。衢州本應有婺劇可看，去天后宮問，云不恰好，近日演的乃是越劇。道情呢？那種盲人拍打著蛇皮毛竹筒說唱的技藝，彷彿也難見了，街上淨是流行熱門音樂。

（三）

由北京飛蘭州，天水派人來接。因還要等文幸福、黃坤堯二兄晚上由香港來了一齊去天水，因此我得了半天空，跑到西北師大找著劉志偉，拉了去街上閒逛。

本擬去看博物館，不料仍在修建中，只好去回民街上吃羊肉泡饃，再去黃河奇石館和館長聊天嗑瓜子。他藏有奇石、皮影、秦腔臉譜、儺戲面具等甚多，相與講論發揚保存之道，不覺日薄西山。遂回蘭州天水辦事處，大啖了一餐羊肉才乘車去天水。夜黑路遠，彎來拐去，到時便已深夜。

天水會議期間，組織安排了去看麥積山石窟、伏羲廟、卦台山等處。我跟周鳳五夫婦、呂正惠、高柏園等去了大地灣、女媧廟、街亭古戰場。有一天又和呂正惠、周鳳五去玉泉觀，不料正惠酒意湧上來，步履踉蹌。幸而觀前恰有某旅遊校學生在實習，一路攙扶照料，又惦說：「大叔，您走好」「大叔您喝口泉水」！而正惠神智不甚清楚，一直嚷著要喝茶，又惦念著關老爺在玉泉山降靈的事，對道觀遂不及留意。其實此觀不失爲西北名跡！有石刻甚多，唯趙孟頫草書四碑，我以爲不甚可靠。

又去看了李廣墓、南郭寺。李墓本是衣冠塚，民國時期重建，亦被毀，今再修葺者。南郭寺則是杜甫當年流寓之地，世傳李白亦有詩詠此寺，我亦以爲不確。李白沒有到過天水的證據，其詩是清編《直隸秦州新志》時載南郭寺一舍利塔頂石碣上刻了這首詩，到底是不是李白作，很難說，故《全唐詩》及《李太白全集》均未收。詩亦只是泛說禪寺，也未必就是指這兒，故不需以此增重，有杜甫就夠了。寺中二妙軒碑廊，乃清詩人宋琬所刻，鐫老杜秦州詩六十首，集王羲之王獻之父子字爲之，最堪摩挲。惜舊刻俱毀，今依拓本上石，略遜神妙。

本來遊麥積山石窟也很可一述，但邇來不喜說闍黎家事，所以就省略了。

（四）

會議後，組織安排了去參觀一農莊，據稱是新科技。我看得莫名所以，疑心是讓植物吃抗生素般的辦法，因此就出來等，在門口閒逛。門首有幾家木材場，我橫豎是無事，便兜過去玩。場裡竟然全都無人，只有一兩條狗在烈日下吐舌頭，好一派悠閒景致。看了一陣，看不出什麼道理。忽然抬頭見一木牌，才知原來是棺木店，專門備了木料來做棺材的。

由農場回來，組織又說要去參觀一電子公司，我就不想再去了，拜託市裡代爲安排武術表演。市裡體育局來電問了我，看我彷彿對其武術傳統還不陌生，便欣然安排去了，叫我下午去看。

下午，乃約林安梧、莊靈、呂正惠同去。找呀找，找到一個體育場。一看，大吃一驚，全場插滿旌旗，彷若一座城堡。裡面人人都一身勁裝，黃黑白紅，什麼都有，各門各派，不下百人。入得門來，一座體育場，四周全排滿了刀槍劍戟，十八般兵器。場中則安高座，肅請我們四位看演出。

偌大一個場子，就爲我們四個人表演？是的，而且排上三十幾個節目，老拳師八十四歲到小青年一一獻藝。場上翻翻滾滾，好不熱鬧。

天水武術，自成格局，四門拳、殼子棍，久著盛名。另有鞭杆及連枷。鞭杆即短棍，連枷是雙截棍，但與李小龍式雙截棍迥異。此次飽飫眼福，大體把天水武術看全了，只可惜崆峒派還未見著。

（五）

由蘭州返北京，再去了天津。因在南開開會，故只去了估衣街、天后宮、文化街。估衣街最醒目的就是壽衣店多，掛出一個大大的酒帘兒般的布招，迎風招搖。不知每天需死多少人，才能支持這麼多壽衣店大布莊的生意。文化街十來年一個樣，孔廟也依然堆滿了廉價瓷器。

文化街隔著海河的對岸，是袁世凱故居，但現在給一家餐廳霸住了開店。門口掛了一牌，說此宅乃天津歷史風貌建築，等級爲「特殊保護」。沒想到政府居然是如此保護的，除非進去用餐，否則不准進入。

它對面一排老屋，則是馮國璋故居，讓天津房產管理處自己佔用了，除非去洽公，也同樣不准進入。附近這類老宅子全都是如此，要不就破敗如廢墟，或成爲大雜院，一堆人家生火、養鴿、曬被單於其中。一座義大利舊的軍營，門口有警衛。我驅近照相，竟被厲聲喝斥，不准我靠近。我大表不滿，說這類歷史建築，既是天津歷史風貌建築，便是市民共用之歷史資產，且應有效保護；如今卻成爲私產，拿來辦公、做生意，還不准別人看，豈有此理?衛兵看我不高興，才默然站回他的崗上，呆立如木雞，裝聾作啞起來。

附近唯一整修後供人參觀的，似是梁啓超故居。有兩棟，一爲故居，一爲飲冰室。但中午管理員要睡覺，因此閉館兩個小時。這也是其他國家少見的。我在台北故宮逛，就從未聽說中午要閉館。倒是有一年我中午困倦，跑到歷史博物館，找到「國家藝廊」一處較僻靜的所在，倒在地板上睡了一大覺。後來一女館員來，含笑把我喚起，才坐到窗邊去看荷花。

楊傳珍論《美人之美》

（2006．10．28）

夜得楊傳珍信，云爲我《美人之美》寫的書評已刊於上海《文學報》，真是謝謝他。此書以談西方小說爲主，是我著作中較特別的。原由沈昌文先生介紹給遼教，已排定，竟因故未能出版。稽延數載，才在百花文藝出了。美人身世，不忌飄零，向來是如此的。傳珍善解美人心事，故特爲之抉幽探隱。錄其文於後：

久聞台灣文化學者龔鵬程的過人才華，也讀過他見解獨到、資訊密集的文章，一直無緣見面。在「海峽兩岸文學藝術高端論壇」上，有幸見到他，這位溫文爾雅、謙和從容的學者，竟然沒有絲毫的大學者架子，給了我一見如故的感覺。論壇結束之後，我完成了論壇綜述，開始閱讀他的《美人之美——閱讀經典與戲說愛情》（百花文藝出版社，二〇〇五年八月）。開始，只是佩服他的細心和智慧，爲他對某些文眼的解讀而擊節讚歎。可是讀著讀著，發現自己的文學路線圖被龔鵬程給修改了，一個個堅不可摧的城堡陷落下去，原先的空白區域成爲人氣旺盛之地。作爲一個從事西方文學批評史教學的人，我感到了這本書的分量。

文學創作不受物質材料限制，作家只要擁有書寫工具，就能最大限度地實現創造理想。這是繪畫、雕塑、音樂等藝術門類望塵莫及的。可是，因爲文學創作所使用的是人造符號，不像色彩、聲音這些自然符號能讓人直接接受，欣賞起來就相對困難。以閱讀小說爲例，讀者不僅要掌握這門語言，還要具備一定的理論修養，對作品的背景有大致瞭解，「前理解」與作品內容有呼應的可能等。爲了解決欣賞難題，歐美新批評、闡釋學、接受美學等理論應運而生。然而，誤讀、誤解仍然存在。

儘管中國文學源遠流長，氣象萬千，可是，我們對外國文學有規模的引進，也就是一百多年。如此複雜、龐大的異質文化闖進我們視野，想在短期之內理解消化，當然不是一件容易的事情。在沒有理由拒絕的情況下，各種評介外國文學的教材和一般讀物，發展成一項產業，成爲不少人士安身立命的職場。大學的漢語言文學專業，外國文學課程占到相當的比例。可是，如果讓中文系的高才生談談對世界文學名著的理解，恐怕除了主題思想人物性格和千篇一律的藝術特色歸納之外，別的無話可說。

現在我們看看龔鵬程是怎麼解讀《少年維特之煩惱》的：「你注意了嗎，小說是從『能夠脫身，我真高興』開頭的。一位女子麗諾癡戀著維特，維特卻只對她妹妹感興趣。然後，他逃開了，準備拋掉過去，好好享受眼前。」龔鵬程要我們留意的這個開頭，絕不是中國話

本的「開篇」，有了它，不僅增加了小說的張力，還豐富和改變了主題。龔鵬程說，「小說講的本來就不是一樁單獨的事件，而是一個普遍的難局。」他提醒讀者，「愛神總是在人最無法防備之處放置地雷……在癡戀還沒來攫捕你時，對維特、麗諾或其他陷身苦境中的人們，應心存哀矜與敬畏。原本訕笑別人且對之輕忽不以爲意的維特，怎麼會曉得他不久就會碰上這場瘟疫，終至不痊呢？」經過這樣的解讀，一部傷感苦情小說，不僅有了警世意義，而且成爲揭示人類普遍難局的大品。這高人一籌的解讀，來自對細部的留意，而不是「過度闡釋」的結果。我查了十幾種教科書，沒有看到一處提到這個開頭，那些導讀文字無一例外地煽動讀者對維特失戀自殺過程的閱讀期待。

當然，這僅僅是龔鵬程解讀作品的方法之一。在對《三個火槍手》、《復活》、《茶花女》、《傲慢與偏見》、《娜娜》等小說的分析中，龔鵬程由審視具體人物的心靈到洞觀人性的暗區，讓我們領略了他的高度。他在無情地剖析女性的自私、貪婪、殘酷的同時，對生命的困頓，人世的蒼涼進行了詮釋，並以藝術思想家的光束探照作家的潛意識，讓我們透過多層絢麗的裝扮，看到作家寄託在人物靈魂裏的辛酸。

欣賞文學作品，既要感受美，也要欣賞困難的克服過程，分享作家的患難情愁。王鼎鈞把文學分爲「胎生」和「卵生」兩種，說胎生作品是作家受到「心的傷害」，抒解痛苦的產物。（《**文學種籽**》，**爾雅出版社，二〇〇三年八月**）莫雷爾說得更乾脆：「沒有一個作家是爲表達時代精神開始寫作的，他是爲自己或多或少受到壓抑的無意識尋找出路，同時又會按流行的文學時尚予以掩飾。」（《**文學中的色情動機**》，**文匯出版社，二〇〇六年二月**）

對某些男性作家來說，最深的傷害往往來自女性。當他揭示傷害者殘忍歹毒的一面時，自然會調動全部智慧、集中全部激情去挖掘對方的人性暗區。技高一籌的作家，通過精心設置的結構、細節、人物關係、對比、隱喻等手法予以表現。這就使作品有了厚度、深度和高度，也爲後人透視人性景深提供了座標。浮淺的闡釋者，只看到了時尚和僞裝，遺漏了內核。龔鵬程獨具慧眼，在這類作品裏大作文章，從讀者熟悉的經典中，拎出一個個美豔的女性，分析她們的佔有、控制、復仇、破壞欲望，「她們是食肉獸，會吞噬男人，會把男人掏空，更會用婚姻把男人捆綁起來。」（四二頁）讀了這樣的段落，讓人在脊背發冷的同時，悟到自己知人閱世的浮淺，同時感到苦心經營多年的「地心說」文學史，正被三維的「日心說」模型取代。

龔鵬程從解讀文學經典中的女性入手，修正著讀者心中的文學圖景，並直言自己對愛情、對女性的理解。他說，「對愛情，我們若視爲值得追求崇慕之事，女人就是我們歌頌、讚美、吟詠，刻繪的神聖對象，具有美貌與美德、溫婉、細緻、和平、包容、善良等。若我們對愛情並無此意，則平視女人，只當她是個人罷了，不會予以崇高化、神聖化、神秘化、優雅化。若我們根本不看重愛情甚或不相信，就又常常輕視女人，謂其爲污穢、貪鄙、小心眼、好計較、心胸狹窄、善妒、喜饒舌、性淫、善變等。」（十九頁）有人由此猜想，龔鵬程「感情受到了打擊，故忽然批判起女人來了」（自序）。其實，他並沒把那些冰清玉潔的女子驅趕到視野之外，也不乏對男性欲望、野心的無情解剖。可以說，龔鵬程完全是在學理的意義上解讀愛情的，只不過，他把霧裏看花的讀者拉到日光下的花叢裏，讓人突然面對真實在感情上無法適應

而已。

在一個私人場合，龔鵬程說這本書是「遊戲文字」。我相信這話出自他的內心。可是，這位博古通今、見解高遠的大學者，通過不經意的文字，卻改變了我對外國文學的認知視角。這就像一棵紫檀樹隨便伸出一根枝條，或許是不經意的，可枝條中的紋理，卻是楊柳桑榆這些樹木所不及的。出版《美人之美》，對於龔鵬程來說，也許增加不了他多少學術高度，可是，對愛好文學特別是靠此安身立命的人，卻不能錯過這本書——它將帶你步入一個新的境界。

秋天的思與不思

（2006.10.31）

秋風颯颯，天候漸涼。但木葉仍未黃脫，看來北京今年是寒得較遲了。

秋天是思考的季節，故《文心雕龍》物色篇說：「春秋代序，陰陽慘舒，物色之動，心亦搖焉。是以獻歲發春，悅豫之情暢；天高氣清，陰沈之志遠。」北京之秋，雖談不上天高氣清，但陰沈沈的感覺，確實也該是個適合沈下心緒來思考的季節。

無奈現代化的大都市，早已讓人喪失了因物色變化而帶來的對大自然之興發與感覺，也就是喪失了詩與思。在應該秋遊、賞菊、登高之際，仍為日常生活及職業所縛，只能在水泥叢林裡蠕動。蠕動，用來形容北京交通堵塞下人們的活動狀態，或許也是適合的。那個堵塞，並不分春天或秋天。

現代都市裡的專業分工，又使得如今的人們已然喪失了對人生、宇宙、家國等等的全景式思考。我們大抵只能想想周邊的一些小事瑣事，或針對專技職業上的事去想想。這是想業務，故亦無美感可言，無詩。

最近這段期間，又恰好是上級開始檢查業務的緊要時刻，要填各種報表、說故事、衝業績，誰又有什麼閒空去效法羅丹般兀坐沉思呢？

就是我們做研究、寫文章的人，以做研究爲職業，可也是寫了文章亦不知要與誰溝通的。因人各有其學術專業，彼此間無共同之話題。你的觀點、意見，只有一小撮同行會感興趣。而這一小撮人，對你的論見，亦常是工具性地使用，成爲他的論文資料或注解罷了。偏偏論文出版又不發達，你可能看不見；就算看見，亦在一年半載之後，事過境遷，詩興與思致早已消歇或轉移了，故亦無庸對話、無法討論。

在此情況下，思考就只能存在於大眾傳播中。由報紙、電視、網絡來製作論題，導引公眾思考，並操縱公共議題。

近年大陸媒體在這方面表現突出，與從前只能擔任黨之喉舌頗有不同。但議題規畫仍是有些局限的，除了反貪腐、建立社會新秩序之類議題外，近受港台影響，也是大股煽色腥，麻辣勁爆得很。影視娛樂、小資緋聞，日不絕於耳目，供人茶餘飯後嗑牙。閒嗑牙當然不能代替思考，可是腦袋全給這些塞滿了，腦汁還能活動嗎？

文化議題自然也不會沒有，例如趙麗華詩引起的爭議、關於玄幻文學的討論，或探究文學是否已死、中醫是否該活、秦始皇陵應不應挖開、國學要不要復興等，均足以見一時之社會意識。但這些爭論恐怕也都是虛假的。因爲爭議雙方不會因討論而改變立場，例如趙麗華從此就不寫詩了嗎？如此，討論就喪失了溝通倫理的意義。各方人馬各抒己見，爭鳴亂鳴了一通，既不知於事何補，亦不能貌充深沈。現今報上網上的一些話題，本來也就只是要引出話來而已。

陳興武《廿四史對勘述評》序

(2006.11.01)

一九八三年，我擔任台灣淡江大學中文系主任時，偶過學校圖書館，看見工人正在清理雜物，以板車將一些廢置不用的桌椅文具拉走，其中有一大堆破舊雜誌棄紙。我跑去把那些廢紙翻出來，大大吃了一驚：竟有一大套商務印書館的百衲本《廿四史》。我問館員爲什麼要扔掉這套書，館員說這樣大的套書佔地方，且既已有了新校標點本《廿四史》，誰也不會再看這種刻本書了，它放在館裡多年，原本就幾乎沒人查考過，今後更成了廢物，不清理掉幹什麼呢？我不知該跟他說啥，便道：「我替你代勞，把它清理了吧！」他大爲感謝，遂讓我另僱了人用板車把書拉了回來，在系辦公室專做一櫃子貯存之。我每天去上班，看見這套書，都是既欣慰又感慨。

陳興武作的《廿四史對勘述評》，跟這個故事有奇妙的呼應關係。

中華書局的點校本，是一九四九年以後大陸最重要的古籍整理成果，據稱也是最正確、最有用的版本，匯聚當時一流之人才，歷時二十載，才克告成。因此刊行以後，迅速取代了各種史籍的舊刻本。除了版本專家或為了特殊的版本研究，學者所讀所用之廿四史，都是中華版。包括現今各種電子資料庫的文本，大體也逕採中華本，連台灣亦不例外。

在此情況下，舊槧如係古籍善本，尚可收入善本書室當成古董供奉，聊發思古之幽情；像百衲本這樣只是影刊舊本的，在圖書館員眼中，自屬廢物無疑。何況，點校本在校勘時本來就大多採用百衲本為底本，或以百衲本為主要版本依據，再予加工，因此百衲本之精華盡萃於點校本。猶如人蔘伏苓，既經提煉，舊軀骸便與藥渣無異，不傾棄了還要幹什麼？

我把這批藥渣拿回來珍什藏之，除用以充我系所之門面外，乃是知道它還有些點校本不能取代的價值。但我學殖不足，又無暇將之與點校本一一覆核，故亦僅能搶救保存之，無法對它做更多的事。

興武就不同。他認為當年點校廿四史，編校未得其時、取據未得其本、領事未得其人、任人未盡其才、舉錯不得其法。是故體例不一，用捨無恆；多取近體，亂廢古字；且隨意改竄，頗失本真。取與百衲本往覆對勘，更可發現許多百衲本不誤而點校本錯了的現象，因此發憤撰成這一部《廿四史對勘述評》。

廿四史卷帙浩繁，常人要瀏覽一過都很困難，興武卻要通體核校，其難可知。幸而他師從欒貴明先生，利用欒先生主持的同文資料庫檢索核對，省事許多。考校之際，又得到欒先生不少指導，故創獲甚豐。但其進學之勇以及精力之盛，也可以想見。他本是工科出身，自修文史。詩文爾雅，乃我素知，初不謂其板本校讎之業、訓詁名義之學亦竟精邃至此，觀之頗爲感嘆。

他的做法，是以百衲本和點校本對校，發現點校本存在著各式各樣的問題。我把他發現的問題歸納爲兩大類，一是體例可商者，一是文字錯謬者。前者如點校本《史記》把《集解》《索隱》《正義》之序及《正義》論例全部移到書末，而且把小司馬的〈補史記序〉刪掉了，內文又把小司馬所補〈三皇本紀〉也給刪了。此外，《索隱》中商榷體例、考證異說之處，也動輒刪去。這些涉及體例的問題，不只《史記》如此，其他各史亦多有之。文字錯謬者，則是說點校本以博採善本、精校標點著稱，而其實校勘不精，且喜改竄，故反而不若百衲本可信可據。

由於他對勘出來的異處，也就是點校本的誤謬之處極多（光是《晉書》就達二千四百餘條），逐條考辨，不免支離，因此我想替他把他工作的幾個重點綜合起來說說：

一是存古體。點校本喜歡以今體俗體字代替古字，陳興武則認同顏師古所說：「舊文多有古字……後人……以意刊改，……彌更淺俗」，因此一一核檢，以存古體。這或許有人要以爲是佞古，其實不然。改易俗體，往往致誤。例如《梁書》卷一武帝本紀：「負糧景從」，點校本把景改成影。一般來說，影爲景的今體是不錯的，二字同義，但此處卻不能如此改。雲集景從之景，只能寫作景，猶如說高山仰止、景行行止，不能講成影行那樣。又，某些字，是那個時代通用常用的，例如訓，漢魏南北朝時多用之，今一律改爲酬，就令人不知語言的時代性了，喪失了讓人知古今之變的作用。

二是明本字。《晉書》武帝紀：「淮南王允鎭守要害，以彊帝室」，點校本改彊爲強。

強本是蟲名，借爲彊。此類音近假借字，興武亦以爲當依本字。又《後漢書》文苑傳：「伯牙鼓琴，淫魚出聽」，點校本改成遊魚，興武考證淫魚指沈潛深淵之魚，不可改爲遊魚，則是本來該是某字，不可以意近之字替代。

三是審辭例。《南齊書》陸慧曉傳：「會稽舊稱沃壤，今猶若此；吳興本是堉亡，事在可循」，點校本作「事在可知因循」，興武以爲不通，因不合駢文的文例，只有事在可循，才能與「今猶若此」對得起來。文例之外，又有書例，如同書豫章文獻王傳：「性汎愛」，點校本增一字，「嶷性汎愛」，興武謂史書於傳主之名例多從省，故不需補。又《梁書》侯景傳：「破掠吳中，多所調發」，點校本改所爲自，其實「多所」經書中常見，不應改。此外還有時代的辭例，如《陳書》宣帝紀：「民天所資，歲取無記」，點校本改天爲失，不知「民天」乃食之代稱，流行於漢魏南北朝隋唐五代間，凡此，皆辭例不審而致誤者。

四是辨典制。校勘之學，不僅是讎校異同，且須藉以明典章制度、名物度數。如《魏書》韓茂傳：「贈齊州刺史，諡曰成侯」，點校本作涇州。興武考證北魏人臣多於卒後贈齊州刺史，無贈涇州者；涇州刺史多爲生前實授。《南齊書》虞玩之傳：「或戶存而文書已絕，或人在而反託死板」，點校本改板爲叛，興武考證指板籍即今之戶籍，故不應改。又呂安國傳，點校本校勘記說：「安國前封鍾武縣男，進爵則爲侯」，興武亦以爲此乃不明典制之誤，男進爵爲伯，伯再進爵才是侯。《北史》魏本紀：「車駕始於藉田於都南」，點校本藉作籍，亦是不知藉田制度之誤。

五是考史實。《三國志》虞翻傳：「大司農劉基」，點校本改爲大農，其實三國時統稱

大司農，不作大農。呂蒙傳：「賜尋陽屯田六百戶」，點校本戶作人，實則賜田應以戶計。《晉書》齊王冏傳：「居宰衡之任」，點校本改作宰相，不知宰衡之名始於王莽，此乃借王莽事以譏齊王冏。《北齊書》文宣帝紀：「梁主蕭繹即帝位於江陵」，點校本作梁主，不知該年已詔進梁王蕭繹爲梁主，故再由主進而爲帝，今改作王字，即乖於史實。

六是定義理。《梁書》文學傳：「乃出大心寺」，點校本改大爲天，不知大心爲佛教語，指菩提心。同卷：「通生萬物」，點校本通作道，這又是不明白「通生」也是道家習用語。這些，都是義理不明造成的錯誤。其他因點校者不明文化義理而誤者甚多，興武於此等處，語多諧嘲，慨義理之不彰、悲文化之淪胥，故出語不免激伉，與尋常讎校家「詩中無我」者迥異，可見藉校勘以定義理，乃是他所極重視的。

其他還有許多值得討論之處，但我恐怕不能如此一一敘列下去，讀者披覽其文，自行考索，當會比我繼續饒舌好些。興武這本對勘，似乎處處在爲百衲本辯護，但其意義並不僅在這兒，因爲此非爭一二版本之是非，而是討論一些校勘學上的原則，例如可不可以依類書而改古本、可不可以隨便刪竄舊書之類，筆鋒所向，還隱隱然要批判一種從事文化工作的態度，覺得近人處理古籍、對待文化，處處顯得矜張、輕率、無知而妄作。關於這一部分，我不好多說，也只能請大家觀文玩辭，從容體會。

我本想寫一篇古文，以與興武此書文體相呼應。但落筆既成今體，亦不煩改作，即以此序其端可也。

丙戌寒露，序於燕京小西天如來藏

人民的勝利

（2006.11.06）

今天台灣的報紙，大概除了扁府溢領公務費用的阿卿嫂喜歡讀的《人間福報》以外，都以扁嫂吳淑珍遭起訴爲主標題。在大陸的台灣人，得聞此一消息，大抵都是高興的。原因十分簡單，只是阿扁支持者不能理解，所以且讓我略說一二。

大陸在改革開放之初，一般民眾大多對台灣之經濟發展頗爲艷羨；知識分子則期待台灣的民主改革能對大陸有先行的啓示作用。故一個經濟自由化、政府民主化的台灣，雖然小，卻總能令人生出敬意。

可是李登輝主政後期，兩岸關係陷入僵局，甚或數度緊張，大陸民眾對台灣的感情便漸漸出現變化。覺得台灣在走跟中國政權不合一的路時，也日益離開了中國的歷史、文化和人民。去中國化，在台灣可能只是奪權的一種手段，但在大陸，卻會激起義憤。那是和大陸當年文革破四舊時，台灣人反共一樣的情緒。是緣於因對方破棄文化而生發的憤激之情，並因此而憎厭這樣的政權。

此種文化義憤開始發酵，便會在文化上漸生輕藐台灣之心，覺得台灣人除了有幾個臭錢之外什麼也沒有。

偏偏這些年台灣鎖國內鬥，以兩岸關係爲籌碼，弄得優勢盡失、財政日蹙。而大陸經濟一天好過一天，形勢消長，結果如何，大家心知肚明，無庸細表。

政治呢？本來台灣之政治民主化及言論自由，深受推許。後則發現其中多是黑金、派系、政黨惡鬥、置入性行銷、司法操縱、民粹、媒體控制。於是台灣民主，竟成了個貶義詞，幾乎等同於「亂象」，喪失了做爲大陸先行者或典範的價值。甚至還造成了若干反作用，讓大陸某些反對民主、反自由主義者倚爲口實，教訓人說：你們要民主嗎？看看台灣成了什麼樣子？

在此情況下，在大陸的台灣人，除了本身的專業可能還能讓他擁有一些自尊和獲得一點尊重外，談到台灣，其實多不免虛憾。因爲別人誇台灣好時，自己曉得台灣這些年的表現稱不上好；旁人批評台灣時，又艱於措辭，不易辯解。邇來政府弊案頻仍，總統家人牽連甚深，而毫無知恥改過之表現，強掰硬拗，荒腔走板，連我們自己都看不下去，又何能爲台灣辯護？此爲一種倫理上的難局，令人無比遺憾。

如今，具有深綠背景的檢察官陳瑞仁，無懼壓力，毅然起訴總統及夫人（**總統不是不起訴，而是因目前他尚未卸任，故只能待其離職後追訴**），使我們終於舒了一口氣，可以抬頭見人。台灣的民主及司法體制，畢竟展現了它可貴的一面。

在此一期間，媒體鍥而不捨，刨根揭弊，亦終於有了成果。老百姓沐雨櫛風，遊行呼喊，也終於聽見了歷史的回聲。因此，這時我們感到的，並不像某些人所說，會因自己的領導人貪瀆而羞愧。恰好相反，我們覺得驕傲：一個健康的社會才能鑑別它自身的毒瘤並切除它；誠信與廉恥，也不只是我們老百姓才需遵行的道德。台灣正在用自身的發展，說明這個真理！

述書賦

（2006．11．07）

有朋友要我在網上發些論文或筆記。我也很想如此。無奈論文太長、筆記太多，都不好處理。且網誌猶如櫥窗，但可擺設琳琅，並非專賣店，亦非學報或講堂，故亦不好瞎折騰。偶然肆筆，或嚶鳴以求友，或巵言以適志可也。

今日無事，且附一文。文章緣起，是因舊作《書藝叢談》要出大陸版，友人命我作一短賦以代新序。嗚呼，此調不彈數十年矣，體式頗覺生疏。幸好只要求作短，並不要〈三都〉〈兩京〉那般宏侈，故還能勉強應命，略述書體、書藝、書學而已。文附後，大家看著玩玩吧：

余征人善懷，感思秋風。故縱浪遊戲，懶役雕蟲。而《書藝叢談》忽欲重槧，乃爲緒語，以繼談叢。曰：意以象立，神由思至。象麗乎天、存乎地、感其人、而見於事。摶彼意象，遂成文字①。離合動靜，詰屈陰陽，蟉虯回迂兮，或隅或方。軒雲龍龜鸞之妙婉，肆刻符金錯之鏗鏘②，破鴻蒙而結篆，飛靈寶之玉章，五十六體，狀式琳琅③。唯其體以時變，流略斯紛：周秦以上，契骨甲而鏤金玉，彬奇籀而蔚古文④；斯篆代興，懸針玉筋⑤；僮隸濡翰，解圓爲分。一時蠶頭雁末，鑿石運斤，碑碣銘頌，勝構如雲⑥。又或馳驟而爲草，亦嘗急就以成篇⑦。墨氣入紙，會玄素而多妍；筆形見勢，生陰陽以合天⑧。虛實剛柔，體象翩䙰，徐疾掠澀，妙在筆前⑨。後人追味其妙，寖多筆法之傳。八法九宮⑩，外拓內擫⑪，頗中戈戟之威赫，亦效遊女之便娟⑫。摹山陰而智永，誦黃庭而法印。建霓旌，宣閣帖；附崇墉，譜筆陣⑬。然撥鐙授書，隱術竟湮訛於宋明；妙諦刻板，風力乃莫窺彼魏晉⑭。於是旁求碑榜，取象金石，霜毫若刃，骨氣斯振。惜乎橫釘植槊，巧密難藏形拙；方頭逆尾，支離反矜勢峻⑮。故道遠而迷，帖學復進。雖時序之或因或革，亦人心之有逆有順也。原夫書道奧區，歸本性情。心閑手妙，宛轉關生，謬以筆法繩尺，未爲的評。顧筆墨裁度之雅、鋒鏃提按之精，安排布勒，豈其可輕？學由默識，跡以心清，筆正者寧非心正？技進者終於道成。作者仰天風而寫流水，擬大象而陣甲兵，縱橫藝苑，便可擅名。至若義路仁居，養其剛大之氣；史鋤經畬，備茲慎獨之娛，閎中肆外，文與道俱。又或邈乎兩儀未判之始，立於一畫無朕之初，偶然欲書，路遠愁予，其道集虛，澹泊之餘。是皆哲匠眇思，示人坦途，吾欲與之而遷化兮，非其人而誰與？

丙戌霜降，盧陵龔鵬程寫於燕都小西天如來藏又、草賦述書，豈堪言志？附說示友，聊葺斯文：

①古云立象以盡意，此就畫卦言之耳。天地成象，人則觀象生意，法象取譬焉。

②龍、雲、龜、鸞、金錯、刻符、仙人、麒麟、虎爪、鶴頸等，見唐韋續〈五十六種書體〉。

③靈寶赤章，謂靈寶道以真文赤書為天地開化之源。三元八會，玉字龍章，無文不生、無文不度、無文不成、無文不立、無文不明、無文不光。

④此謂古文奇字、籀文大篆，及六國文書。

⑤懸針、垂露，本係書體，見北朝王愔〈古今文字志目〉卷上；後指筆法，而唯李斯玉筋篆足以當之。

⑥漢隸殆即八分，改圓筆為方筆，變長體為扁形。

⑦〈漢志〉但云〈急就〉一篇，而小學類末之敘錄逕稱史遊作急就篇。故《北齊書》云李鉉「九歲入學，書急就篇」。〈隋志〉始作《急就章》。後人以其書變草法，遂名為章草云。

⑧蔡邕〈九勢〉：夫書肇自然，自然既生，陰陽生焉；陰陽既生，形勢出矣。

⑨疾勢、澀勢、掠勢，亦詳蔡邕〈九勢〉。

⑩八法，即永字八法。然八法無心之乚、九乙元也之乚、句卩之㇆、了阝之了，其法實未能備。且其法僅可施諸行楷，篆籀隸分皆未盡合用。今人喜談筆法，奉以為圭臬，非也。

⑪沈尹默〈二王書法管窺〉云外拓筋勝、內擫骨勝。大王多內擫法，若定武蘭亭、十七帖、榷場殘

本大觀帖之廿二日、建安靈柩、旦極寒、追尋諸帖，及寶晉齋帖中王略諸帖皆是。王獻之多外拓法，後世徐浩朱巨川告身、顏真卿劉中使、祭姪稿等法之。

⑫骨力與姿媚二途，至唐始中和之，詳余書中各論。

⑬今人或云「半生師筆不師刀」，謂碑乃石鐫，不足為憑。然帖亦刻棗而成，同屬刀法而非筆法，唯習閣帖者未見刀也。

⑭撥鐙四法，唐林蘊說。授筆要說，唐韓方明作。又晚唐盧雋自言得永興家法，刪《玉堂禁經》為《翰林隱術》，並編《臨池妙訣》。蓋書論於漢，以論形勢為主，六朝而有書品論書法論。其法一在點畫、一在結裹、一在執筆。嗣後始論筆意。此書學之三變也。

⑮王僧虔〈筆意贊〉：「努如植槊，勒若橫釘，開張鳳翼，聳擢芝英」。此境碑書輒能有之。然寧拙勿巧，或失虛和之道，故康有為曰：作榜書，須筆墨雍容，以安靜簡穆為上，若有意作氣勢，便是傖父。又曰：六朝人書無露筋者，雍容和厚，禮樂之美，人道之文也。為碑榜者，於此多不理會。

被領導的文學

（2006．11．12）

中國作家協會第七次全國代表大會、中國文學藝術家聯合會第八次代表大會，本周在北京聯合舉行。台灣方面，邀了黃春明、詹澈、施善繼、曾健民和我來當特邀嘉賓。我上次已來過，此番再來，仍然深有感觸。

相較上次，這回少了些儀式性的活動。例如全體人員與黨政領導合照這類沿襲自當年「領袖接見」的陋習，今年就省了。不過也許另有其他形式，我不曉得。但政府對文學與文學家的重視，不應表明在握手、照相及「表示親切的問候」上，而應體現在政策施爲上，乃是十分顯然的事。

政策上，目前大陸政府對文學當然也不能說不重視。我在會上，看見黨政部門各主要負責人幾乎全員到齊，這就是台灣不可能有的盛況。據胡錦濤在會上的說法，黨對作協及作家也有許多期望，希望作家能弘揚主旋律、促進社會主義文明發展，特別是要對中國之偉大復興做出貢獻云云。

這些宏偉壯觀的辭彙，到底是什麼涵義，我不甚明白，因而也就不太瞭解現今作家真正的使命為何。

再說，作家或許確應肩負若干任務，如戰士般捨生忘死地去完成上級交付之命令。但筆桿子往往不比槍桿子那麼容易駕馭。作家聽得見的號令，有時來自他靈魂的某一特殊地域，而不來自政府或政黨。這就難辦了。過去每次召開文代會，輒為此大動干戈，掀起整風或運動。如今幸而平靜矣，往後若能再少談點使命，就更好了。

作協這些年，因社會條件改變，威望及組織力大不如前。但文藝體制改革，看來也非毫無成效，此次組織兩三千人的大會，就是明證。此外，自二〇〇二年起，每年出資支持中華文學基金會及作家出版社遴選出版青年作家叢書；二〇〇三年起，作家出版集團又正式掛牌，擁有十二家文學報紙、刊物、出版社和六家文化公司；並派出八十一個代表團去訪問了廿多國家。這都顯示了它仍然甚具活力。不過，胡錦濤講得很明白：作協乃是「黨領導下的人民團體」。這樣的定位，倒令人為其命運添了些憂慮。

在黨及組織如此關懷下的文學發展，自然也是令人好奇的。

例如「主旋律」目前是促進和諧社會，那麼，尖銳批判、揭發社會黑暗，如魯迅那般，是否會違背主旋律呢？組織作家深入社會實踐，在「南水北調」「三峽工程」「青藏鐵路」「西氣東輸」這幾項重大建設上去采風、去體驗生活，當然也是大大的好事，可是我們好像就從來沒讀過經此組織形式去寫出來的作品有批評、質疑這些工程的。凡此等等，對文學發

展到底好不好，我也頗爲疑惑！

人民兼聽則明

(2006.11.19)

由北京返台灣開會，旅途中立刻有所感受的，當然就是氣候。北地風寒，而香港、台灣顯然溫和得多。居民多半一襲短衫，但街頭巷尾卻仍隨處可見叫賣驅寒進補諸吃食的，令人會心莞爾。

在飛機上看報，才曉得本屆大陸作家協會選舉，鐵凝在主席團選舉中本來敬陪末座。黨雖然強力運作，在同額競選的情況下，膺選爲主席，可是票數如此，不免顏面無光。作協本係黨組主持之團體，主席向來不起什麼作用。過去這麼些年，巴金一直臥病在床，後幾年根本也無甚意識，卻還經常可見署名巴金的作協文件，便可讓人知其運作之實況只是如此。現巴老過世，作協換屆，原是個契機，海內外文化人亦對新的作協領導班子寄予厚望。不料看來仍是黨組說了算。實在形象大壞，令人失望。幸而作家雖不敢公然反對黨的安排，藉投票聊抒其不敢苟同之意，倒也還不乏其人。此固然不能改變大局，但起碼已表達了某些訊息，值得重視。

不過，若非兩岸形勢特殊，這種訊息也是透顯不出來的。我在大會現場，待了幾天，耳不絕「和諧」之聲（因為胡錦濤說現在作家寫作的主旋律就是要促進和諧社會），看到的也只是大家對新領導班子鼓掌、讚美、送金牌之表像。根本沒有人告知我選舉內幕，也沒有媒體不識相敢予報導評議。因此，每逢碰上這等事，我就會慶幸台灣還未被統一。

兩岸分裂，原是民族的不幸，然而不幸中又有大幸，便是這一類事。試想，若當年大陸「解放」了台灣，台灣能倖免於三反五反大躍進大煉鋼文化大革命嗎？傳統文化一線之延，正在此不幸中之大幸裡。現在大陸官方整天在講建國神話，又是長征又是抗日，又如何反腐敗，濟民於水火，其中不能說沒有真實的成分，但虛構誇飾，何可勝道？若不藉著台灣香港的報刊、雜誌、研究、著述，我們又如何能考見真相？在這個觀點下，我就覺得目前兩岸不戰不和不統不獨的情況，反而是對民族文化發展有益的。

在台灣內部，藍綠分化對立嚴重，近日來大揭台北市長特支費之舉，令人覺得烏煙瘴氣。許多人對此惄焉憂之，以為不利台灣之發展。我則以為未必然。就像兩岸一樣，在甲方之論述中，才能看見乙方的某些真面目。而乙方的情僞，也有待甲方予以揭發剖析。民眾「兼聽則明」，政治與歷史的黑幕，才能逐漸撤去。這對一個健康社會的發展，無疑是好的。假如台灣五六千個官員，甚至歷來擔任過首長、領過特支費的人，全部都能把錢像馬英九一樣捐出來給公益團體，那就更好了。可千萬不能繳回國庫，繳回幹嘛？讓貪官繼續汙錢嗎？

天涯行旅

（2006.11.26）

在台灣開會期間，匆匆去來台北、中壢、台中、新竹幾間大學，便又飛香港，在中文大學、科技大學演講或開會。這樣的旅程，當然只能說是我極個人化的特殊經驗，但細細體味，便也會發現它可能也顯示了當代知識人某些生活方式。

例如學者們所生存的社會，除了他所在的邦國，更重要的，或許還有其學術社群。而那個社群恰好是跨國界的。因此若要積極參與該社群，就常要進行跨國界的旅行。古代那種「三年不窺園」的皓首窮經方式，在今天不能說已無意義，但離群而索居，有時就不免孤陋。連孔老夫子都說不能獨學而無友，都歡喜有朋友從遠方來論學，我人又何能例外？如今世界若比鄰，學術社群早已四海一家，同行相見於異國，更屬尋常。且常是稍早才在某邦某會議場合班荊道故，俄而又在另一國另一地另一講會聚首，感覺就如剛回家洗了澡出門倒垃圾又撞見了鄰居一般。又或者，本國老友卻久不得見面，反而屢在國際會議中相逢，不知要

令人慨歎世界太小，抑或感傷居地人情太疏。

而知識人文化人本來也就旅居不恆，誕育於甲地、就學於乙地、謀食於丙地、謀道於丁地、遷徙流轉於戊己庚辛各地者，比比皆是。今日在港，逢吳宏一、鄭培凱諸先生，皆久寓香江之台灣學者。近年大陸學者進入香港上庠中者則尤夥。因此香港一些朋友就非常希望台灣學者也能多赴彼處執教，或到香港讀學位、進入香港學術社群。而所謂香港學術社群，遂顯然也是國際的。港人既不乏遊走於英美澳洲加拿大者，各地之知識人文化人也麕集於此。

在香港中文大學這個會，名爲「世界華人旅遊文學會議」。議旨相關，更襯托出這個文化人天涯行旅的意味來。蒞會者比一般人還要旅泊得厲害些。有些人，我才甫在北京遇見，又再重逢於此處。談起來，有些馬上還要去台北，真是人生如寄。如鄭愁予從北美到香港來任教，亦已經年，匆匆見面，也說本周亦將回台灣一趟。他的名句，曾說：「我不是歸人，是個過客。」如今，何處才是歸程，何處又是客旅，恐怕愈發難說了。

台灣近些年來，張揚土地意識，批判過客心態，爭著做土地的主人。其實茫茫逆旅，人生誰非過客？天不屬於你，地更不屬於你。偶然我們落籍於某處，偶然可能又攜行囊他去。定庵詩：「偶賦凌雲偶倦飛，偶然閒逐慕初衣」，人之或居或行，大半出於偶然，而且一時居一時行，誰也不會是永遠的歸人或居人。

過客對暫居之地，據說繫戀之情常不如居者，因此過去我們常聽到「愛台灣」「根留台灣」等口號。可是誰都知道：過客因爲他只能暫居，故有時格外珍惜旅居之歲月。旅遊者的紀錄，往往比居人更能照見隱微，比居人更能體現出對該地鄉土的感情來，正因此故。

說孤獨

（2006.12.05）

由香港返北京，又往成都，日昨歸來，旅中雜記數事：

一

在香港沙田麗豪酒店等車去機場時，看見一夥人簇擁著一位盛裝少女。女孩燦若紅霞，步履端嚴，身旁的人呵護著她，並爲她高撐著一柄紅傘。雖非那種紅羅傘，卻也看得出傘的品相不俗，不是我們通常在便利商店買來聊遮風日的那種。

我問大堂的服務員：「爲什麼在屋裡還打著傘呀？」她笑咪咪地說：「啊！這是我們香港的風俗，新娘子出嫁都要打著傘，送上車，去夫家呢！」我看酒店大門口，果然停著一輛禮車。我來香港不知多少次了，竟都不曉得有此風俗，忽覺欣喜起來，彷彿也和酒店服務生一般，沾了喜氣，沒由來地高興著。打傘，顯然是爲了要避煞，以求保佑女孩好福氣。受了

這樣祝福的女子，定是「宜室宜家」的。

我看一群人在大門口送她上了禮車，揚長而去之後，當然繼續在大堂上等車，翻看王性初送我的詩集《孤之旅》。但不一會兒，竟見女子與方才登車的幾位親友從側門走了進來。紅傘收起，幾個人靜默地穿過大堂上樓去了，沒有驚擾到任何人。我大吃一驚，隨即憬悟：剛才持傘送別登車也者，原來只是一個儀式。禮車由大門開出，在旅店周邊繞了一圈，便由側門再回宿旅邸了。

這個儀式，大概出於變通。古人出嫁及迎娶，都在家中，今則往往在旅社。故出嫁登車而去，仍得回到酒店來。以致看起來似乎有些滑稽。但旅館自古便有「定婚店」一類故事，如今在婚俗文化中扮演更重要的角色，好像也沒什麼可怪的。若說儀式有些「虛文」矯飾之成分，那也未必然。孔子曰：「爾愛其羊，我愛其禮」。若無那紅傘送嫁的場面，住在旅店裡的新嫁娘，可顯得多麼冷淡寒愴哪！

二

王性初送給我的《孤之旅》，我原以為是狐之旅，仔細看，才知其中多孤獨之感。老友劉登翰有序，申論他「寧願孤獨，享受生命之輕」的詩情。我性孤涼，自然很能體會他的那種感覺。但我之孤獨感略異於是。

我小女兒小時，我們忙得無暇管她，她也就只得一個人在屋裡自哭自笑，一下咿咿啊啊唱歌，一下咭咭唔唔演戲。我們初甚喜之，喜其不來煩我。後忽驚懼起來，擔心這娃兒有自閉症。有天她媽問她：「小呆，妳寂寞嗎？」言下不勝歉疚之意。不料她抬起頭來，呆呆看著她媽問道：「什麼是寂寞？」

每想起這句話，就覺得有趣。人生憨直，原不知孤獨是什麼，又有什麼可怕。故熱鬧過了，才覺淒涼；喧嘩之後，才能感到靜默之可愛或可畏。倘或根本沒有熱鬧繁盛的經驗，孤獨感從何而生？原本習慣於孤獨的人，更可能已「習與性成」，偶然把他放到熱鬧場中，他反而要渾身不自在了。此即所謂性耽幽獨。隱士之隱，人以為難，其實有許多乃是天性如此，故入山唯恐不深，連「友麋鹿」都未必有興趣，何況是與俗人相周旋？又有些人，未必是天性或習慣於孤獨，但在世俗名利場中打滾久了，孤獨對他，宛若一劑清涼散，便也喜歡了起來。

因此孤獨在某些人看來是挺可憐的狀態，在某些人生活中，卻可能是最適志適性的。我性孤涼，故耽幽獨，頗以寂寥自喜。但旅人生涯又並不都是寂寞的。一個旅人，總是在路上一個人孤獨的走著，但偶爾會遇上幾個同行的夥伴，走上一段。在這一段路上，言談諧謔，起居相從，又總是熱鬧的。然後分袂，各奔東西，繼續獨自走向孤獨的旅程。偶或到達一處山莊水寨，村寨中歡然把酒，歌舞遨遊，亦盡朋聚從眾之樂。可是「樂群」之後，仍是要走的。這樣的旅途，孤獨為其本質，群聚亦可樂也，兩者兼之，方符遊道。

三

在香港開會之餘，去找了陳國球。在科技大學講了一次，談文學理論研究之現況。然後

再去找我小女兒玩。父女倆在街上閒逛，八千里路雲和月，毫無目的、毫無主題，亂逛了一通，講話也全是亂搭野扯，極盡漫遊之能事。

我這當年不知寂寞爲何物的小呆瓜女兒，現在一個人在香港讀書，獨在異鄉爲異客，看來比我更像個漫遊者。問她寒假要不要跟我結伴去玩，她也沒興趣，說準備一個人去澳洲避寒呢！

四

由香港回北京，也不遑寧處，立刻住到香山去開了個會。然後又拎上行囊到成都。曹順慶川大的博士生要答辯，我這次來考了七人，都是煌煌巨作，看得我兩眼酸麻。七人中有一人未通過，把關嚴格，甚好！

考畢又做了兩場演講，更累。幸而劉綏濱由青城山來，約邀了喝一趟茶，我便去拉了王小盾、吳銘能等人出來雅聚了一番。又同去黃龍古鎮玩，得逢巴蜀琴王王華德。老先生八十矣，猶精神矍鑠，甫新婚。撫琴，不以清微淡遠爲旨，趣在流水，作激昂聲。手法繁巧，撥挑出勁，頗有獨到處。

由黃龍趕回成都，本要去熊貓基地看熊貓。但路上忽竄出一狗，車行太快，煞車不及，遂撞了過去，令人愴然，只能爲牠唸唸往生咒。抵川大，下車看，才知車子本身也破了個大洞，車牌都撞丟了，只好送廠修理，熊貓也就沒法去看了。人生隨緣，只能如此，倒可憐了那隻狗！

推介梁啟超《國學入門》

（2006．12．21）

由成都返北京。程恭讓拉我去首都師大講了一場，談儒學新方向。介紹人從網上錄了資料，說我是「天下第一才子」。哈哈！自來文無第一、武無第二，既說是天下第一才子，可知必是假的。且凡有譽者必有毀。誇我的言論不難找，謗我罵我的，恐怕也多得是。我有自知之明，故罵我不生氣，誇我也不會飄飄然。

張澤珣、單文經由澳門來，約與共飯。單兄原在台灣師大，隨趙寧到佛光大學待了一陣子，轉去了澳門大學。談起佛光經驗，仍覺噩夢一場，對光頭們不敢恭維。慨歎外界不知，尚爲佛光山之表象所蔽。

接著就去了重慶。跟林忠山、黃冠欽等同去永川考察，忙累個不了。工人出版社擬出梁啓超《國學入門》，命我作序，只好在路上胡亂寫了。梁先生說他在翠微山，行篋中無一書可供參考，而竟寫了這本著名的《國學必讀書目》來。如今，我也是在旅中，也無一書。後

先呼應，可發一笑。今且將文章附於後：

《國學入門》原先只是一篇文章，原名是「國學入門書要目及其讀法」，是一九二三年梁啓超應編《清華周刊》的學生之邀而作。深入淺出，對現今社會上一般毫無基礎而又想略知國學門徑的人，尤其適用。

目前的氣氛，跟五四新文化運動之後頗有些相似，整體社會是在發展現代化，可是大家又覺得有增加傳統文化認識的需要。當年也是如此。兩種力量的相互激盪，一是向西方學習，迎接德先生與賽先生以促進現代化；一是以科學方法整理國故。這兩種力量看起來彷彿是矛盾的，可實際上相輔相成，且彼此脈絡潛通。這只要看五四新文化運動的代表人物如胡適之作爲，便可知道了。

當時清華學校甫由清華學堂改制，學生大抵皆是準備再出國去留學的青年，符合第一項方向。但只是出去留學，學習別人的東西，並不符合整體的社會期待及自我之期許。當時的大學生，希望自己雖未必將來就要從事整理國故的工作，但至少不能不對國學有點基本認識。因此就去請胡適先生開一個書目，好讓他們得到個國學入門的門徑。

胡先生明白這些年輕人的想法，所以擬書目時聲明：「並不爲國學有根柢的人設想，只爲普通青年人想得一點系統的國學知識的人設想」。不過，胡先生野心太大，開書目時還附帶了一些別的目標，例如設想該書目「還可以供一切中小學校圖書館及地方公共圖書館之用」，這便不免把將出國留學的青年家中看成公私機關的書庫了。他又還想藉這個書目，教人一種歷史的國學研究法。這也不免把一般人的國學知識教養，和準備從事國學研究者的學力混爲一談了。

因此胡先生《一個最低限度的國學書目》刊載在一九二三年《讀書雜志》第七期上時就立刻引發了爭議。向胡先生提問的學生首先表示不滿。《清華周刊》一位記者寫信給胡先生，認爲範圍太窄，只限於思想史和文學史；可是單就思想史和文學史而言，又顯得太深，舉書一八四種，包括工具書十四種，「我們是無論如何讀不完的」（收入《胡適全集》第二卷）。胡先生對此，亦有一答覆，略謂國學之最基本部分便是思想與文學二部，書目則可再精簡爲卅九種。

顯然學生們對胡先生之說仍未盡愜意，故轉而請教梁啓超先生。梁先生對胡先生之書目也不贊同，覺得胡先生有些文不對題，且不顧客觀現實。客觀現實是什麼呢？就是一般青年對國學根本不瞭解，也不是要做國學家，所以胡先生開的書，沒必要都讀，甚或「十有七八可以不讀」。其次，梁先生又覺胡先生範圍太偏，選了一堆小說而把《史記》等史部書全都拋開，實有不妥（見《清華周刊》二八一期：書報介紹附刊三期，一九二三年五月）。

所以梁先生的擬目，一是範圍比較完整，凡分五大類：甲、修養應用及思想史關係書，三十九種；乙、政治史及其他文獻學，廿一種；丙、韻文類，四四種；丁、小學及文法類，七種；戊、隨意涉覽書，卅種。共一四一種，總體上包含較廣，符合所謂「國學」之涵義，而書目卻較胡氏所列精簡。二是每列一本書，大多有導讀式的說明，對初學者極爲有用。三、列的書雖然仍是不少，例如廿四史，卷帙浩繁，只算一種，一四一種合起來，一般青年人恐怕仍是看不完的。不過，梁先生在其中均有針對讀者設想之斟酌。比方將此目再精簡成廿五種，廿四史只讀前四史，算是四種。或者在隨意涉覽類中即表明此爲隨意自由翻閱之書，不必照頁次讀，也未必要讀完。又或說小學及文法類書，若不是有志就此深造，也可不讀。其他還有《樂府詩集》只須讀漢古辭，餘不必讀；《楚辭》屈宋以外亦不必讀；《廿二史札記》中論校勘者也不必讀等等，七折八扣下來，讀者之負荷大爲輕減。這便可以顯示梁先生有「優柔善入」的詩人氣質與爲讀者設想的體貼之意。

由於梁先生的書目有這許多長處，加上梁先生胡先生分別開列書單且又形成爭論，在社會上具有話題效果，故影響甚大，即使到今天還令人津津樂道。一般社會人士，若想接觸國學、增加些傳統文化認知，梁先生這個書目也仍是必備的入門指南。

其實入門指南一類書最爲難作。專家之學雖然專精，卻常缺乏接引後學的本領，而且容易陷在專業框套中，不見大體。胡適所開書目不列《易經》《尙書》及各朝史書，而列了《綴白裘》《兒女英雄傳》等十三部小說，便是一例。他開列的大型總集，如《全唐詩》《宋六十家詞》《元曲選一百種》等都也不便初學。梁先生對此予以矯正，自是因梁先生對國學有比胡先生更通博的根基，且與他早年辦報以啓迪民智的經歷有關。爲初學者說法，梁先生較胡先生更有經驗。

故梁目除上文所述各點之外，還有幾個重要的長處，一是通博，不拘限於本身專業和學派觀點，二是接引有方。以下分別做些說明。

梁先生是康有爲弟子，在經學立場上是今文經派。此派疑《周禮》晚出，不信《左氏》是《春秋》的傳，對於屬於古文經學派的《毛詩》也不以爲然。但梁目在政治史及文獻學類中不僅將《周禮》《左氏傳》列入，在介紹《詩經》的注解時，唯一推薦的也是古文家系統的陳奐《詩毛氏傳疏》。對於康有爲批判古文經學的名作《新學僞經考》或今文學派崔適的《史記探源》，胡適都列入了，梁目卻刪去；只收康氏學派氣味不強的《大同書》，以及曾是論敵的章太炎《國故論衡》。這些，均不僅可以徵品格，且足以觀識見。

因爲這不是枝節問題，而是整個書目的平衡，他在舉《論語》時，就推薦宋學派的朱熹《集注》與漢學派的焦循《論語通釋》，兼及顏李學派的戴望《論語注》。胡適未列《墨子》，他也以爲：「孔墨在先秦時兩聖並稱，故此書非讀不可」。凡此等等，可見他處處留心，要提供給初學者一個通博寬廣的空間。他自己在清華教人辨僞，開講「古書真僞及其年代」，可是列書目時並不排斥僞書，告訴人僞書也可以看，該怎麼看，亦是本於此一態度。

此外，胡目列了佛書廿四種，在真正最低書目中也還有四種，梁先生則只在隨意涉覽類中列了一本《大唐三藏慈恩法師傳》。梁氏佛學造詣不弱，著有《佛學研究十八篇》等書，可是他覺得那是專門之學，「其書目當別述之」，故未納入。

又，小說類，胡目甚多，梁氏也不列。是他不重視小說嗎？非也。梁先生曾說：「小說爲文學之最上乘」，並認爲其感人之力最大，故倡言「欲改良群治，必自小說界革命始；欲新民必自新小說始」（**論小說與群治之關係，一九〇二年，新小說，一號**）。對於小說，梁先生自然是極重視的，但放在整體「國學」之比重中，小說該占什麼位置呢？梁先生這便不得不有所權衡了。因此，他說：「一張書目名叫國學最低限度，裡頭有什麼《三俠五義》《九命奇冤》卻沒有《史記》《漢書》《資治通鑑》，豈非笑話？」「文學範圍，最少應包

含古文及小說。……苟非欲作文學專家，則無專讀小說之必要」。

凡此等等，亦皆可以看出梁氏比胡適善於接引。胡先生雖企圖藉著書目來示人以門徑，以歷史的線索做爲治國學的歷程。可是具體說時，卻又自違其例，像思想史部，按理說在康有爲章太炎崔適之後才該是胡適自己的《中國哲學史大綱》，胡先生卻把自己那本列在《四書》及先秦諸子之前，做爲第一本，這豈是歷史的順序？就算次序不錯，依著歷史的順序讀書，恐怕也未必就是好方法，因爲從先秦讀下來，讀到清代，鬍子都漸要白了。何況胡先生還主張讀總集，無總集的時代才讀別集，這就更令人望而生畏了。相較之下，梁先生的書單雖也大體依歷史順序排列，但一因有分類，二因各書底下說了讀法，三因並不強調歷史研究法，故在接引初學方面確實較平易可行。

以上介紹梁氏書目，都是對比著胡適的書目說，這固然與其緣起有關，但也想趁此機會略談一種時代風氣。

胡先生梁先生都是引領時代的文化巨人，梁先生對胡先生擬的書目，如此不客氣，直言批評，且另提了一個書目，這在人情上是犯大忌諱的。我們現在學界中人，若非仇敵，斷不會幹此等事。可是兩君並不以爲嫌。在此之前，梁啓超去北大三院大禮堂講演，就曾以「評胡適之《中國哲學史大綱》」爲題，這幾乎是上門罵陣了。但胡適只理解爲：「這都表示他的天真爛漫，全無掩飾，不是他的短處，正是可愛之處」。梁亦雖對胡適《哲學史大綱》有所批評，而仍列入思想類必讀書目中，亦是如此。這一方面可以看出兩位學人的修養，一方面也可以看到一個真誠論學的時代。

梁先生曾在〈治國學的兩條大路〉中強調：除了用客觀科學方法去研究文獻外，更應用內省躬行的方法去砥礪德性的學問。這個提醒，不僅可以彰明梁先生治學何以能有如斯胸襟，更對今日學人深具啓發。

據吳世昌和周傳儒記錄的《梁先生北海談話記》，梁先生在清華執教時，每於暑間約學生同遊北海，並邀名師同來講學。有一次，約的友人未來，梁先生遂自己講，而且集中討論了當時的教育制度。認爲現在的學校，完全偏於智育；老先生嘛，又偏於修養，因此梁先生期望新一代學人在做學問方面，能創造一種適應新潮的國學；在做人方面，能在社會上造就一種不逐時流的新人（本文《飲冰室合集》失收）。

這兩面兼顧，「兩者打成一片」的說法，也就是治國學的兩條大路之說，路雖有二，人卻是一，今日讀先生書者，切勿歧路亡羊才好！

時光倒影

（2006．12．22）

由重慶返北京，見台灣新聞，謂星雲獲輔仁大學頒給榮譽法學博士學位。我是在網上看到這則消息的，點進去看閱者反應，果然絕大多數認為是無聊。想來老和尚八十矣，何需再添此虛名？何況，其企業經營及政治縱橫稗闔之手段，又與法學何干乎？君子愛人以德，吾甚惜其老而不能戒之在得也。

周志文對我上回寫的序不甚滿意，希望再多寫寫。我早說過為人作序跋乃大苦事，如今只好再苦些，補寫若干，附錄於此：

為人作序跋，乃大苦事。敘交情、說友誼，不惟與讀者了無關涉，往往也跟要推介的書籍內容無關。若是誇譽作者，以供讀其書者知人論世，亦輒令人懷疑是拐了彎在罵人。古代不是有個故事說了嗎？某位仁兄喜歡作詩，某日將詩稿送請某公品題。該先生仔細看了，說道：「你是個好人」。這仁兄忙問：「我是請教我這詩怎麼樣？」某公說：「你若不作詩，更好！」替人寫序，而大談作者是個好人，無乃類此，擺明了就是說作品沒啥可談的啦！而不幸，大多數人之文稿，其實都沒什麼可說的。要勉強胡謅一些場面話，哄住作者，讓他以爲你在替他鳴鑼喝道，固然不難；萬一把讀者也瞞過了，真掏錢買了一本爛書回去，豈非罪過？屆時他不怪那渾蛋的作者，反而常會埋怨是寫序的人糊塗，胡亂推薦。

我曾替周志文寫過好幾本書的序，卻沒經歷過這些苦況。大抵文章送來，先睹爲快。讀畢即有若干感受盤薄積鬱，欲借紙筆一吐之。故縱筆放言，俄頃而成，不亦快哉。料想其他讀者亦與我同懷共感，是以也不必考慮什麼措辭的問題。

因此這本《時光倒影》交給我寫序時，我亦如往常一般，隨手插入行囊中，帶在旅途上。心想：略看看，序馬上就可寫好了。

不想，稿子在旅中愈看心情愈沈重，漸漸擔心起這位老友來了。他本來就是個靜僻的人，這本文集更顯得他近年孤寂可念。書分五輯，第一輯乃是人物，可是廿篇裡所談的全是古人。其他各輯中，老實說也極少與人交往的記錄。偶誌一二，亦多是慨嘆語，或藉以興懷。這是一種心境的顯示。世乏可與語者，又無什麼人物典型足供景從，故他只好尙友古人，講些徐青藤、柳敬亭的故事，聊以銷憂。

此書的第三輯是故事，第四輯是書及其他。其寫作型態大抵亦與第一輯類似，講些書上或書外的故事，藉以諷世感懷。就是第二集論詩歌、第五輯誌時光，我看也不乏此種味道。整個情調是回溯既往，沈浸於故人舊事中。取名「時光倒影」，大概也就是表達此等心情。

在時光之流的河畔，撿拾一兩片風景倒影，令我想起一句古詩：「更無人可語，只有月堪親」。那些時光之流的花月風景，經他拈出，固然都頗爲可觀，足供咨嗟嘆賞，但老友而今心境如此，殊令我憂也。

當然，在我們這樣的時代中，恐怕也很難不有此心境。他曾引龔定庵詩說：「猿鶴驚心悲皓月，魚龍得意舞高秋」。在魚龍曼衍，山魈木客猖狂的時代，我輩自將如猿鳥般驚心了。所幸周志文的態度倒還不是悲，似乎也談不上憤。他只是臨流而觀，在倒影中回味人生、歷史、世情變化，從而於其中發出一點點喟嘆、講一兩句悟理的話而已。

因此他的筆調是冷的、態度是靜的，無聲色喧嘩之容，亦無跌宕慷慨的事蹟點染穿插於其中。他講一個人、一棵樹，常用史家或植物學家的敘述法，說某人爲某郡某邑人，年齒爵秩如何，該花木爲什麼科什麼本，藥用食用功能爲何等等。這都是冷的寫法，要讓人以爲敘述者於此淡然莫介乎懷。其實若真不介懷，不掛念那歷史上某個人、山巔某一株樹，又何必考爵里而敘花木之身世哉?他論史、敘事、說理，也全都是如此。可是一種態度仍會由此顯露出來，讀之便不難知道他在乎什麼、想說什麼。

但此等靜淡的風格，未必能爲時流所重；他想說的一些道理，或許一般讀者也不易體會。故整個文集，頗似獨白，臨流抒感，自吟自嘆。

他的知識結構中，晚明是非常重要的一部分。這一點，相信只要翻翻這本文集，每個人都能輕易地發現。但他的精神狀態，實大異於王陽明，也不類李卓吾、袁中郎、張岱、徐渭。他無狂者氣象，卻有狷退之風格；而文章沈吟自賞的韻致，亦與晚明小品頗不相同。對此，我雖極爲欣賞，可又甚爲自責：是近兩年我雲遊禹甸，害他少了對話的人，以致生命缺少激揚，時光之流也就少了浪花，河流中的倒景才會這麼靜，沒有縠紋蜃光與幻影濁波吧！

這不像序，倒像私人的感懷。臨文懷遠，故寫得亂了。不過，這也無妨，且由此進而論其文。

志文談晚明，嘗曰：「晚明文人強調個性，喜標性靈，其優點則在露才炫奇，語不驚人死不休」。晚明小品，乃現代散文之祖禰，因此現代散文的基本寫法也是炫奇以張揚個性。要藉特殊的題材、特殊的構句方式來抒情誌感，以見性情。如此露才炫奇，一方面是令文章缺了深遠平淡之趣；一是性情太半未經思慮之凝攝及書卷之烹煉，以致性而不靈，等而下焉者，乃以身體欲望書寫爲能事；又一則是縱有思慮，亦往往刻意好奇，立異鳴高。

此不僅中國是如此，你就看現代散文的另一源，英國古典散文，亦往往如是。名家如蘭姆，講讀書，竟說休謨、吉朋、馬爾薩斯《人口論》、亞當史密斯《原富》等皆不可讀，把它們看成跟日曆、法規、跳棋棋盤一樣的東西，謂排除這些之後，世上之書固無不可讀也。

此類妙論，實即謬論。此言說出，自然立時便可見得此翁之性情，文章亦紆縱作勢，頗見文姿。但這足堪效法嗎？明人喜歡說春日宜讀何書、夏日又宜讀何書，或月夜宜讀何書、對什麼友，冬雪又宜如何如何。或說浴桃宜少婦、浴梅宜美婢、浴菊宜俊童之類話。話都要故意講得漂亮，但浴梅浴菊事實上只是澆花，灑點水罷了，何須如斯作態？不幸家中美婢遣嫁、少婦老醜，遂令花樹枯死乎？故此皆不中情理者也。然而散文一道，在現代就偏要如此，否則大家便彷彿不視之爲散文了。

志文針對這點有所批評，亦即可見他的文學趣味大與俗異。他本人雖個性孤涼，可是應世諧俗，最善作滑稽語，有時竟稱得上是語妙天下的人物，何況他精熟晚明那類冷語、俊語、雋語、放曠語、機鋒語，要在文章中掉弄齒舌，以矜智巧，可說一點也不難。但這裡所收的上百篇短文，卻不是此等風格，而是上文所說流俗風氣之反面：平淡深遠，有書卷烹煉及思慮凝攝，且不立異鳴高的。

他論人，談文天祥、史可法、左宗棠、章太炎、馬伏波；談詩，論李杜、朱熹、龔定庵；講故事，說喝酒品茗吃糖炒栗子；讀書籍，言國學西學烏托邦呻吟語；感時光，則云春茶秋叢上元重九。都不是就畸人異事、奇聞怪談方面入手，可是雋永深遠，寓於平淡之中。本來，正經講點道理、談些對人情世故的體會，是我們寫文章的人所最該做的。但這其實甚難。文家之立異炫奇，泰半亦由於要取巧。志文在此，看來恰是認真的，故其中多心得語、本色語，跟明末文人之獨抒性靈頗不相同。

但志文之性情亦不因此便隱晦起來，反而因這些文章而顯得格外溫厚。他娓娓道來的，乃是他讀書讀世的一些體會，例如論呂坤而說名利之假相需得打破，論馬克白而說人不可如鐘擺在兩邊擺盪，坐車而想到杜甫的病馬，說雖面對廢物亦應有不捨之情……等等。這都使得他貌若隱遁，不干庶務，而實對此世仍甚執著，不是佛家道家式的人物。可是，他又不是老婆心切，一時熱乎起來就要摩頂放踵去做什麼的人，就連孔子那樣棲棲遑遑也不，所以我說他靜，有狷退之風格。熱而不太熱，故溫厚，與世有情。此等人，卻又崇信自由主義、重視個我意識，是以又不是與世不隔的。

他與別人的隔，包括他不喜歡跟別人談自己的作品，審美體味又常非他人所能瞭解。他有時也會對人說解一番，但常選擇默然，只在文章裡寫寫；或以這種跟別人不同不合之處做爲文章的引子。對於自己這獨特的生命，他是以審美態度在欣賞著的，但這又不礙於他的與世相接或與世有情，這是因爲他又能超越個我的緣故。他自己曾說：悲涼本身便是一種美感，但欣賞自己的悲涼，須要有超拔的生命態度；因爲我們自己的悲涼即是眾生悲涼之一部分，我們愛惜眾生，便不能捨棄悲涼。此似悟道語，而實即是他本身性情之一種說明。

生命能超拔起來的人，又常有歷史感情，撫今追昔，彳亍於此一時一地之上。周志文的刻畫時光倒景，也表現爲此意義，並不是一般說的感時傷逝。莎士比亞有首十四行詩說：

啊，那美的消失恰似光影流逝，
日晷之針剛指此處，瞬已逝去！

看來跟周志文有些暗合，但傷感太重，超曠之意便不足了。我亦曠澹人，隨筆胡謅如此，是爲序。

丙戌消寒錄

（2006．12．25）

北地風寒，等閒不敢出門。陳興武來找，乃同去吃火鍋。興武云前此有孔祥吉、張偉等撰文稱駐日公使何如璋為日本間諜，以日本外務省檔案館為證。然此檔案係潛伏於何氏公館中之日人井上陳政所書，劉曉峰有駁文。何氏為廣東大埔人，乃興武同里前輩，興武亦嘗為校其遺集，故深信何氏斷不致為日人作倀也。因我前此亦曾引述張孔二氏之說，特轉送何氏資料數種給我參考。

我對何如璋本無研究，但知彼於馬尾中法戰爭時與張愛玲祖父張佩綸同獲遣戍而已。展讀遺編，才知他與張佩綸一樣，竟都校註了《管子》，有《管子析疑》三十六卷。張氏平生遭際，我曾擬之為唐之李義山，所注《管子》台灣商務曾影印之，何氏注本則未見。其〈序〉以管子為道家，謂近於法家者為偽篇，別擇具手眼，惜世人不太瞭解他。

周末又出門一趟。則是學生送我一票，邀我去梨園劇場聽崑曲。去了才知是北京昆曲社成立五十周年紀念演出，有長生殿、牡丹亭、寶劍記、玉簪記、蝴蝶夢、慈悲願等曲目。社員或清謳或粉墨，亦中規中矩。水準雖不能說如何好，在北京，如此便可謂難得。

這個社，是俞平伯先生發起的。俞夫人愛唱、能唱，俞先生也婦唱夫隨，不僅校訂了縮編牡丹亭，也參與組織及演出。他在清華大學還成立過一個谷音社。

現在這個研習社，看來頗有規模。北大哲學系樓宇烈先生還當過上一任的社長，我來了才曉得。我於一九八九年初次率團來北大開會，就賴樓先生支持才能開成，當時政治環境不比現在，況且又在六四前後，實在令我感荷。可是識荆近二十年，竟只知他是哲學名家、佛道兼治、古琴也很精，不曉得他竟於崑曲一道也有這般造詣與事功，真是比不識何如璋還糟糕。今人尚且當面不能深知，何況古人？可見知人之難。

耶誕夜，劉建華又來邀共餐，以慰我岑寂。但我懶得動，故杜門讀章太炎《國故論衡》《訄書》以度良夜。作一小文，略解章先生之惑。不知章先生九原之下，亦將以我爲知己否。

今則仍不出門，買了幾張碟，在家把李連杰的「霍元甲」補看了。李打得賣力，但不精采。霍元甲之迷蹤拳，乃是猴拳；精武會的基本拳則是彈腿。李拍此片，對霍氏拳風、天津武術現象及精武精神卻都不曾下工夫研究，可惜。

張藝謀「滿城盡帶黃金甲」，宣傳嚇死人，但看來仍是色厲內荏，外強中乾。故事本不算好，誇張視覺效果，而於服制、官制、儀注，幾無一不錯。梁代無這樣的王，作戰也不是這種打法。整體感覺反而不如劉德華演的「墨攻」。

但墨家以守城聞名，兼愛非攻，片名墨攻，便已不通。燕趙間之梁城亦不可考。既非魏之大梁，又只四千人一小城，竟有如此受民山呼萬歲之梁王，不奇怪嗎？

演戲嘛，誰都知道是瞎編了來作耍的，但違背歷史知識太遠，氣了懂的人、愚了不懂的人，那又何必？

丙戌冬末雜詩

（2007.01.03）

丙戌冬末雜詩數章，時客燕京逾二載矣。

一、大澤龍歸漸及春。燕城雪霧正侵人。余懷澹漠燕城裡。殢酒題詩自養神。

二、將沙洗戟認吾戈。羈旅天涯好放歌。流水通天河畔望。前身戰鬥勝頭陀。
（西遊記以孫行者為戰鬥勝佛，又云人於通天河流去過去身）

三、伶俜少日曾遊俠。握手相從十萬家。送者厓歸行者遠。一人聚義蓼兒窪。
（莊子：送者皆自厓返，君自此遠矣）

四、四十奢繁五十休。孰知休致最風流。恩讎暫了人都忘。我在須彌頂上遊。

（舊嘗作《四十自述》，今五十而退居避世）

五、瞢騰老夢漸星星。只有殘書到眼青。不怕伶倫吹苦竹。知音我自訴蒼冥。

（義山詩：伶倫吹裂孤生竹，只恐知音不得聽）

六、書生冷坐空書咄。仗劍行來氣類孤。今日英雄耽逸樂。更無人肯擲頭顱。

七、小恙聊當趁夜航。昏然若入黑風鄉。橫流不解將趨向。為是軀殼自主張。

八、北鄙沙寒氣肅高。椎牛割彘涮羊羔。俗移情性堪驚詫。不慣江南醉剔螯。

九、我執我慢我多情。藏識無明俱妄生。燈下夜來箋攝論。卻聞深巷賣餳聲。

（楞伽阿跋多羅寶經云：如來之藏，為彼無始虛偽惡習所熏，名為藏識，生無明住地，與七識俱，如海波浪）

台灣民間講學之風

（2007.01.17）

這兩天起大風，比下雪時還冷。陳衛平、沙永玲由台北來，遂拉了黎湘萍同去找他們。他們住在國子監後面的「國學胡同」裡，地名甚佳，小院落也很雅飭。天氣好時可在院裡坐聽天風，如今太冷，只能在屋裡閒聊。

湘萍是社科院文學所台灣研究室主任，對台灣之瞭解，自不用說。但聊到一些連他也稱奇的事，他便囑我在網誌上略爲介紹。沒想到聊天吃飯還有任務，只好隨便交代幾句：

一是民間講學。

台灣自來有民間講學的傳統。這幾十年，現代教育體制雖已若銅牆鐵壁，但老師宿儒散在民間自說自唱、自開自落，依然不絕。其中一部分是宗教界支持的，如佛學院、道教學院、天帝教的華山講堂、軒轅教一貫道的國學班等，自成體系，也有一部分建制化。另一種

則是私人團體所辦，例如過去鵝湖所辦，或我《國文天地》的文化講習班均是。「新儒家」雖都在大學執教，但其民間講學的性格仍一直很強，目前也還在推動自設基金會。此外，就是私人自己開講了。

自己開講，不同年代各有大師，而講得最久的是毓鋆。毓老一九〇四年生，今已百零三歲。什麼時候開始講，我不曉得。但是早在一九七〇年代我讀大學前就已開講了，所以約有三四十年。台北的文化人，凡喜歡聽點傳統文化的，許多都在那兒聽過，如蔣勳、辛意雲、劉君祖等等。講堂名「天德黌舍」，又名「奉元書院」，有匾曰：長白又一村。有些老外也來聽，如美國漢學家夏含夷，即出毓老門下。

毓老是滿清宗室，系出禮親王那一支，年輩與溥儀相當，小他幾歲。學問出於康有爲、梁啓超、王國維，爲公羊一脈。故所講爲四書五經，下貫管、老、墨家、法家、春秋繁露、史記等，欲以經世開太平。

他身世特殊，平生遭際亦有傳奇色彩，曾在僞滿工作。來台後，在文化大學哲學系教過書**（文化的張其昀先生，本人雖曾在國民黨內任過高職，但頗能用此等政治異類，如胡蘭成返台執教，也是在文化）**，後來乾脆自己開講。

他既是講公羊學，自然與學院中那種學究式的講法不同，有經有權、有體有用，加上見多識廣及身世傳奇，故享譽數十年不衰。他不宣傳，也不上媒體，無世俗名氣，但圈內人都曉得。情況與南懷瑾不太一樣。南老講佛講道，他主要是四書五經。機權作用，不免有些江湖，但不如南老之野。至今亦無講記出版，亦不見著述，倒還真有公羊家重口說的趣味。

毓老只是一個例子。民間講學之生機就在民間二字，個人生命自相映照，自宗自派。此爲台灣文化之一景。民間自有學問，不在學院門牆之內。

二是藏書。

大陸學者一般藏書較少。文革中燒了搶了，爲一大原因。前些年居住條件差，工資又有限，故藏書條件不佳，書自然也不易積聚。我當年曾想購下王瑤、唐弢兩先生的書，後未果，但因此對兩先生的書略知一二。兩先生所藏，在大陸就算是多了，但若與台灣一些老先生比，那就只能是小巫。

例如王雲五先生的書，在我辦佛光大學時，捐給我的就有八萬本，還未盡罄所藏。我自己先後所有，大概也達十餘萬冊。友人陳信元，光是大陸文學類書放在學校供人閱看的，便有二萬冊以上。老輩則從前楊家駱、嚴靈峰、俞大維、鄭學稼、任卓宣、胡秋原、沈雲龍等，書皆如山如海。嚴先生無求備齋，有全世界易經、老子、莊子版本，曾刊印集編數種，士林德之，亦可略窺其所藏之富矣。

在兩岸睽隔的年代，再加上禁書政策，我們要看大陸書，理論上是很難的；但因有這些老先生，事情就變得很簡單。他們什麼書都有，什麼書都能進，又快又齊。世界、里仁、鼎文、明文、河洛……等出版社，一些門生故吏，成天進進出出去他們家中搜羅，或根本就假借他們家做郵箱，在那兒等著包裹來，拆封便取去用，或索性就翻印了出來。此亦台灣文化之另一景也。

藏書的另外一型，是兼做出版或二手書買賣的。此類人數眾多，有些專做台灣史，有些專收大陸書，或某類書。我想大陸應該也有類似的一批人或小社群，不過因台灣出版並非壟斷性體系，因此藏家自兼出版、銷售、進出口或許要自由些。

當代台灣文學與中華傳統文化

（2007.01.20）

廈門大學的徐學先生寫了本談台灣文學的書，命撰一序，錄如下：

桑塔耶納（George Santayana）在一次世界大戰期間一直住在倫敦，後來寫了一冊《英倫獨語》，文藻豔發，是學者中難得的筆墨。據他說：決定英國人性格的，乃是他內在的氛圍、他靈魂的氣候。亦即植根於靈魂深處已經定型的性格傾向。它賦予他生活的方向感。這種內在氛圍，倘若非要具體用語言說出來不可，可能只會像政治口號般，是幾句簡短的語句或過於簡化的理論。因為單純的語言無法表達這種內在氛圍，它的思想層次遠比任何語言或想法都要深邃，它是無言的本能和靜默的堅持。

桑塔耶納所形容的英國人靈魂氣候，看來迷離不著邊際，說了彷彿沒說。但用來描述台灣人的性格，恐怕恰好適用。

邇來台灣主體性思維大行其道，某些朋友因之倡言台灣人不是中國人、台灣文化不是中

華文化。理由各式各樣，例如說台灣自古乃無主孤島，海上商旅海盜據之、荷蘭人據之、清政府據之、日本人據之，國民政府又據之，各色人等及文化混雜施用於此福爾摩沙島上，故中華文化僅與荷蘭日本西班牙等文化相似，均屬於台灣文化內涵中之一因素而已。若說台灣文化，則爲此混揉而成之另一文化，早與中華文化不同云云。此類說詞，自然伴隨有若干政策、行動及話語，例如強調台灣早期漢人移墾時與原住民之衝突與融合的，重視台灣文化裏原住民的因素；強調日本對台灣有現代化貢獻者，大談日本文化對台灣之影響等，妙緒紛綸，頗動時會。

但我以爲這些都是理論的言說構作，非台灣人內在真正的靈魂氣候。內在的氛圍或所謂靈魂氣候，該怎麼看呢？

日本人在台灣五十年，台灣人不乏自幼住著日式房屋；日本料理也是一般民眾常吃的飲食；台灣人還喜歡日式泡湯，也就是洗溫泉；日語辭匯也夾雜在我們的日常用語中；老年人緬念昔日「日本時代」，年輕人哈日、趕時尚；去日本旅遊、用日本汽車家電，更是司空見慣。如是等等，細細羅列下來，幾乎令人要懷疑日本文化已經浸潤到我們靈魂深處了。

可是，且慢，台灣人住日式房屋、睡和式榻榻米，但膝蓋迄今還沒法柔化，跪不住。去吃日本料理時，榻榻米總要挖個洞才好擱腳。台式日本料理，用料及烹飪方式當然很地道，但跟日本料理硬是氣味殊絕，畢竟不同。其他各種事項，大抵均是如此。若再深入談人際關係、做事態度、倫理思維等等，那就更看得出台灣人絕對不同於日本人。

日本文化尚且如此，若說台灣人靈魂氣候竟是荷蘭的或法國的美國的，豈非更是河漢其談？在台灣，某些主張台獨或台灣人非中國人、台灣文化非中華文化者的言行，常會讓觀者感歎：「唉，到底是中國人嘛！」優美的性格本諸中華文化，劣根性也一樣來自中華文化，這才是台灣！

不只如此，有時我甚至還會認爲台灣的中華文化氛圍可能比大陸更要濃些。此語無褒義，自然也非貶義。台灣雖乃海上一島，看起來不像是個中華文化之中心，而是邊緣邊陲，但明鄭以來，心態上反而常以正朔自居。即使在日本統治時期，依然講習漢文化不輟。近六十年來，又無大陸文革之類反傳統浪潮的衝擊，因此中華文化之底蘊，巍然尚存。近些年，去中國化，成爲政治操作之手段；民主化，成爲現代化之標幟。可是撥開表層的符號與形式，我們就會看到分類械鬥、地域宗親組織與觀念、地方豪族與紳權、宗教動員、黑社會幫派運作等傳統社會的那些東西。而那些傳統的組織及運作模式，在大陸大抵久已不存在了。也就是說，中華文化，在台灣，還不只是一種靈魂氣候的存在，它還有社會實體組織性存在的基礎。這些社會性存在，也會有些變貌，以符合新時代之需。但就像台式日本料理一樣，看起來是日式的，吃在口裏，卻不折不扣是中國東西。

徐學兄，是在大陸的台灣研究圈裏，我覺得能寫出類似桑塔耶納《英倫獨語》那樣深入觀察台灣之作的朋友。他大概亦有見於此，故特寫了這本書，以台灣文學作品及文學觀念，來說明中華文化在台灣是如何表現爲台灣人的靈魂氣候。

書分三部分。上篇談母題，從歷史、故國之思、個體與族群觀、天人合一思想、樂天知命心態等幾個中華文化的重要母題，看台灣文學如何涵蘊之、體現之。中篇就散文、詩歌、

戲劇、文學批評幾種文類，分說它與中華文化的關係。下篇我覺得最有見地，談漢語形象思考，亦即文學創作應如何利用漢語聲律、語素、句式之特點，而避免中文惡性西化。此乃當代文學創作之大問題，徐學以台灣在這方面的探討來闡述它，發人深省。

我一直覺得，在大陸做台灣研究的人，不能只是拿著台灣與中華文化有緊密關聯這一點來論證台灣是中國不可分割的一部分；也不能只把它當成區域性事務來研究。而應是透過對台灣之中國性的研究，來深入討論何謂中國性，現實上的中國又該如何才能更好地體現中華文化。亦即由對台灣一地人文發展之研究，有貢獻於中華文化之發揚。徐學兄此作庶幾近之。故略述靈魂內在深契之旨，聊相印詮。匆匆不文，知者諒之。

豬腳記

（2007.01.21）

友人於網誌上見我江湖載酒，不免時來關切，勸我以有用之暇，好好讀書作文，勿縱酒嬉遊爲妙。

良朋嘉言，敢不拜聽？不過，喝酒是可以拿來說事的，讀書做學問，猶如日常呼吸，有何可說？活著就要呼吸，呼吸才能活著，讀書也一樣，但我很難想像人專門寫文章談自己如何每天呼吸。看別人寫他每天如何讀書，文章大都好看，也令人佩服，但我總不免惜其工夫不到。讀書，不擇時、不擇地，行所無事，自然而然，真要如呼吸一般，才是與生命合而爲一呀！

至於作文，友人相勸，我知道是說要我好好做學問、寫論文。這也是過慮了。遊嬉詩酒，既與日常呼吸不相妨礙，自然也不會妨礙寫論文。只是寫論文做研究，亦無甚可說，因爲那是每天都在寫的，猶如一日三餐。今年元旦以來，便寫了〈論馬一浮之國學〉〈書藝旁

徵〉〈土默熱紅學小引〉〈經學如何變成文學?〉等等，害苦了替我打字的學生們。

近日真正倒楣的事，是腳摔傷了。

一日，友人招宴，我先告退。出餐廳時，因急著走，下台階三步做一步，一大踏步往下趕。不料底下積雪未褪，地面結了一層冰，右腳踩上便滑了開去，霎時在餐廳門口表演了個大劈腿。但此時左腳卻還在三層台階上。結果一坐下去，左腳即結結實實磕在台階上。一陣劇痛，左腳隨後失去知覺，我想大概是斷了。跌坐在餐廳門口，大約五分鐘。北京也奇怪，居然人來人往，餐廳侍者更是站在門裡迎賓送客，卻無人來管。所以等到知覺漸復，才勉力把左腳抬起，試著站立。然後再試著拄地強行幾步，叫上計程車回家去。

回去細看，腳幸而未斷，但筋錯骨轉，已腫得個德國豬腳似的。女兒看了，又哈哈大笑，說：「你上回寫了篇〈落齒記〉，這次可再寫一篇〈摔跤記〉了吧！」想想又說：「去年你的遊記，名叫《孤獨的眼睛》，我不是都稱它做孤獨大眼睛嗎?今年你的遊記，要編成《自由的翅膀》。正好，兩個做一對，這就是快樂大蹄膀啦！」

如此劣女，真堪痛恨。忙叫她休得取笑，快想辦法來救治老爸。她想了一番，查書、上網，先定出一個計畫，再確立了些步驟，最後決定仿效華陀治療關公那般，好生整治整治。於是，先冷水浸泡，再熱水燙滾，然後施以推拿，用力按摩。我疼得半死，說：「嘿，妳有虐待狂啊?」她說：「唉呀，老爸，我好難過呀！你養我到那麼大，連我有虐待狂這一點你也不知道?」

我少年時本來練拳打架，配有不少跌打損傷藥酒，可惜旅中未能帶來，否則何至於如此任她折磨？但後來想起，嘿嘿，我還有一帖膏藥可用。不妨也貼上，以助治療。如此如此，在膏藥及女兒「辣手回春」的辦法下，逐漸也能走了。

說起膏藥，倒也有趣，不妨聊聊。

原來，台灣台南有一張義煌先生，家中本拜關帝。後以奇特因緣，關帝指示須迎奉一張將軍。供奉以後，屢有奇異感應及因緣，乃爲張將軍建了一座廟。廟將落成，請問張將軍名諱，始知係三國時張飛之公子張苞。一般奉神，很少拜張飛的，更別說是張苞，因此極爲稀罕。尤其奇特的，是張將軍指示！廟將落成，須有一碑記；碑記該找誰來寫呢？須找一個名叫龔鵬程的人。這龔鵬程是誰，張義煌先生並不曉得，後詢其友人台南立法委員某君，某君說：啊，我認得的。乃替他聯繫了我，邀去參觀。

我聽說此事原委，十分好奇，乃專程去了趟台南。見張先生知書達禮，十分誠篤。其廟，建制合度，有理有法。廟中並設文教基金會、獎學金、會議中心、讀書室，十分感佩，便答應試試。

我寫了碑記並代撰了廟中一些楹聯之後，因卸任佛光大學校長職，來了大陸。此事便漸佚忘。浮生浪跡，類此者多矣，誰都能記得呢？豈知張先生後來一直在找我。去年秋天，打電話來北京找著了我。說廟已建好，碑記須要刊刻，囑我書之。

我乃趁要回台灣開會前，找了一天，清早爬起來研墨書之。可恨我自己寫的那篇碑文又臭又長，伏案作字，寫畢，腰就幾乎直不起來了。痛了兩天。回台灣交差以後，張先生特趕到我家致謝，並送了一帖膏藥。原意是要我貼腰傷的，此刻正好用來治腳傷。世間事，因緣

一環扣一環，乃有如是者。略爲誌之，以爲治豬腳時之談資。

古典詩歌研究彙刊

（2007.01.25）

田青由巴黎返，約了去喝酒，又拉上張慶善。他們現在主持非物質文化遺產研究中心，事關重大，感觸自多，所以談了不少。吃完飯，田青說山西左權有一人在北京開足浴連鎖店，也叫田青，於是又去找他。未遇。我說：下回也要辦個活動，把名叫龔鵬程的人都找齊了聚一聚才好呢！

但文化遺產這個名字，我卻不太喜歡。人死了才有遺產，文化本身是活的，怎好說是遺產？遺產可任憑子孫瓜分處置，文化豈能也是如此？故我向北大建議成立的研究中心，即稱爲文化資源。資源之保護、研究、開發、運用，則爲我輩之事。

我平生好創新事端，過去曾創立道教學院，未來學、生死學、非營利事業管理、藝術管理、生命學、出版學系所等新學科，文化資源中心或許也可算一個吧。

不過我在中心沒做什麼事，只編書而已。因杜潔祥恰好覺得在佛光大學氣悶，辭職不幹

了，自辦槐下書肆，做大掌櫃。故與我商量，即以中心策畫名義，輯編了《古典文獻學叢刊》。去年已出版三編，共九十冊。今年新計畫是編《古典詩歌研究彙刊》，初編十六種二十冊，已大致編好了。今日無事，且做一序，略道其緣起與旨趣罷！序曰：

中國人喜歡自稱是詩的民族，把詩的地位推崇得極高，說是：「靈祇待之以致饗，幽微藉之以昭告；感天地，動鬼神，莫近於詩」（《詩品》序）。這不是其他任何文類所能比擬的。

以文類說，詩因早先與歌之關聯較深，《尚書．堯典》所謂：「詩言志，歌永言」，詩歌往往合在一塊兒說，故「詩」歷來均指韻文，可以依永和聲者才叫做詩，以與不入韻之「文」相對。但有時我們也會把詩當成是整體文學的代稱。例如說詩言志，此「詩」固然指與歌頗有關係的詩歌，卻也不妨用來描述整個文學創作之性質，謂文學皆當言志。在文學批評史上討論詩言志抑或詩緣情時，大家都是這麼用的，其他文類當然也無此地位。

正因爲如此，故每個時代文學之盛衰、評騭之指標，主要也是詩。詩，是每一時代文學之代表。一位文學家，若只能寫其他文類、文體，而不能作詩，其作家身分，有時就不免令人存疑。倒是詩人除了詩以外，若不嫻熟其他，亦無所謂；事實上詩人大抵也不擅其他文體，詩歌本身就足以讓他屹立於文壇了。凡此等等，皆足以說明詩歌地位之優越。

文學研究，當然反映著文學現實。詩之地位特殊，最受重視，研究者自然遠多於其他文類。研究者多，成果豐碩，自然又使得這個領域無論在思考深刻、視域廣袤、論次謹嚴等各方面，都勝於在其他文類上的表現。也就是說，無論質或量，詩歌研究都較佳，亦最足以顯示我們文學研究的水準。

關於台灣地區的中國古典文學研究，我曾主編過一冊《五十年來台灣地區的中國古典文學研究》（二〇〇〇，學生書局）概述其經緯。勾畫盛衰，以觀大勢。如今更覺得這項工作值得繼續且深入地做。但除此之外，輯編歷年優秀論著，令人足以參見其持論之是非、觀玩其間風氣之趨移，恐怕更爲必要。而要這麼做的話，詩歌研究，當然就是首應介紹的項目。這就是編輯整理這套《古典詩歌研究彙刊》的基本原因。

詩歌研究，主力在各大學之中文系所，故輯刊首以各校博碩士論文爲主。近代學院教育在學術規範之建立、學術話語之形成，以及學術生產上的操控，其作用已不用再解釋，想來人人均已知之。博碩士論文，理論上僅是學子獲取學術社群入門憑證的敲門磚，也是晉身於此社群的練習之作；但撰述時年富力強、精思銳志而爲，往往新意迭現，令人倦眼乍明。有許多成名學者，其實平生主要著述，即是他的博碩士論文，原因亦在於此。是以歷來均將這批論文視爲整體學界學術成果之主要區塊。本編首輯選刊這些論文，便是著眼於此。

所輯內容，爲廣義之詩歌，包含詩辭歌賦。這也是歷代論詩之通義。今人所見或有不同，有的把詩和賦分開，有的讓詩與歌劃界，別有勝義，亦能自成倫類，然未必合乎古。故今不用其分，仍以「詩歌」標目。初輯十六種二十冊，其餘賡續編之。總一代之翰藻，詮歷世之芳菲，發緣情述志之妙，次依聲和永之緒，其足以供學界參考，無庸贅敘焉！

推薦何炳松

（2007.03.18）

返台以來，閒居浪蕩，網誌久未更新，實在對不住費神來此瀏覽的朋友。不過差可告慰於諸君者，是本人幸尚健在，依舊在人間喫貓狗、罵禿驢，盛氣長歌，不減吾狂。只因現在台灣已是個「驚奇之島」，每天如在劇場，看著變幻莫測的戲劇，情節離奇，令人驚異不置。目不暇給之餘，竟已無法騰出心力來評述這不知該讓人悲還是怒的局面，頗有無從下筆之感。

時事既不好說，姑論往事，兼談點學問吧。大陸工人出版社要重印何炳松先生《世界簡史》，我有一推薦序，附在後面：

何炳松（一八九〇～一九四六）是現代中國的第一代新史學家。先生字柏丞，金華人，以官費赴美留學，就讀威斯康辛及普林斯頓大學，鑽研史學、經濟學、國際政治。歸國後，任教於北大等校。一九二二—一九二四年出任中學校長，一九三五年起擔任暨南大學校長，凡十年，爲暨大校風之重要奠基人。一九四五年調任國立英士大學校長，次年七月即卒於上海，享年僅五十六歲。這是先生鞠躬盡瘁於教育的一面。

先生所從事的教育，並不限於體制性的學堂。他長期供職於商務印書館，曾主持百科全書之編譯，後任史地部主任兼國文部主任，一九二八年升任編譯所副所長，後並任所長及副理。商務印書館編譯部門是清末民初最重要的社教文化機構，對於啓迪民智、創新學術，起著很大的作用。何先生供職其間既久，貢獻可知。上海商務於松滬戰役中被日軍炸毀，先生有〈商務印書館被毀紀略〉，刊《東方雜誌》廿九卷四期；東方圖書館復興，先生又有〈感言〉刊《浙江圖書館館刊》三卷一期，均非僅是對一個出版社的睠念，而是對於通過編譯出版以改造社會這椿事業的感懷。這是他盡心力於編輯出版、社會文化的一面。

以上這兩個面相，又都與他本身是位傑出的史學家有關。他是最早譯介美國「新史學」一派來國內的人。在此之前，雖也有梁啓超等人提倡新史學，但取途日本，未盡其奧窔。何先生先後譯介魯濱遜（Robinson）《新史學》、班茲（Barres）《史學史》、亨利（Henry Johnson）《歷史教學法》等書，影響至爲深遠。史學由中國傳統式的，轉而接上西方現代史學之學脈，先生實具有關鍵性的作用。

由於他留美的學術訓練，譯介新史學的功績，可知先生史學之長，正在於能吸收歐美新的觀念、方法，並利用歐西資料。他在西洋史方面，著力甚深。但先生卻不是崇洋的人，一九三五年他還與王新民等人聯合發表了〈中國本位的文化建設宣言〉，簡稱十教授宣言，

是五四新文化運動以來，極重要的文化自覺宣言，與「全盤西化」論恰好唱反調。後來何先生擔任暨南大學校長時期，也多次勗勉學生應具有民族情操。認爲：「要造成復興民族之鬥士，不要造成爭權奪利之政客。況且暨南比其他大學另有特殊之使命，將來本校畢業同學必須能向外發展，能在世界立足」。也就是期望培養能在世界立足之中國人。此一精神，是極可敬的。

在史學上，除譯介西方史學以改造傳統史學之外，何先生一九二四年曾作《中古歐洲史》，係依魯濱遜 *Anintroduction of the history of western Europe* 前二十九章編譯而成。一九二五年又作《近世歐洲史》，以魯濱遜及比爾德（Charles A Beard）合著的 *Outimes of Europear History* 第二卷爲藍本，並取材於二人合著之 *History of Europe, Our Own Times* 篇章之安排。余楠秋《歐洲近代現代史・序》曾推崇爲：「中國近年來研究西洋史的唯一善本，可與威爾斯（H.G.Wells）《世界史綱》媲美」（一九三三，世界書局）。現在我們要介紹的這本《世界簡史》，就是在上述兩書基礎上重新編著的。

據何先生說，本書上古部份以威爾斯《世界史綱》爲藍本。歐洲部分，以他自己那兩本書及布累斯德《上古史》爲主。印度與南洋群島部分，參考斯密斯《牛津大學印度史》、伊利奧特《印度教和佛教》。安息、波斯部分，參考勞林生《東方五大帝國史》。月氏、突厥部分，參考《大英百科全書》、吉朋《羅馬帝國衰亡史》。蒙古部分，參考霍渥爾特《蒙古史》。伊斯蘭教部分，參考福禮門《伊拉森人的歷史和武功》。也就是說：充分吸收了西方史學界的研究成果，允爲本書第一項特色，許多資料都是第一次被引用到中文世界來的。

讀者看上述參考書目，或許會遺憾：爲什麼都沒有中國史學界的貢獻，足資何先採挹呢？這是無奈的事。中國傳統史學本不關心世界大勢，故於世界史，除四裔傳一些簡略的材料外，根本尚未形成爲一種學科的規模。就是中國周邊各民族之歷史，如蒙古及西北民族史地，也要到清末才開始有王國維、沈增植、屠寄等人展開研究。東南亞史、中外交通史則正在開拓中，整體成績畢竟零碎不成統緒。雖然如此，何先生仍採用了向達對紙傳入歐洲的考證、翁文灝對中國石器時代的敘述來補充西方論述之不足，藉此以建立世界史這一學科之基本論敘框架，這是此書第二個值得重視之處。

參考西方學術成果，並依西方的世界史論敘框架而形成的何先生這本書，卻又跟他留學西方而不忘提倡中國文化本位一樣，與洋人所編世界史也有個立場態度的不同。

他說得好：「我們試看尋常所謂外國史或世界史，多半是歐洲中心擴大起來的西洋史。歐洲固然是現代世界文化的重心，值得我們格外的注意。但是我們中國人既係亞洲民族的一分子，而亞洲其他各民族在上古和中古時代對於世界文化，又確有很大的貢獻，似乎不應因爲他們久已衰亡，就可附和歐洲史家的偏見，一概置之不理，因此著者很想在本書中用一種新的立場，把亞洲匈奴人、安息人、月氏人、突厥人、蒙古人等向來受人輕視的民族，根據他們在世界文化史上活動和貢獻程度，經以相當的位置而加以敘述」。這種非歐洲中心主義的世界史觀，正是本書另一可稱道之處。

這個新的史觀新的架構，我以爲重點還不在將蒙古人突厥人等之歷史事功補充式地插入其中而已，實是調整了一個視域。也就是把由歐洲中心擴大起來的西洋史與世界史，改成以歐亞互動構成的世界史。

我覺得這是本書很可注意的嘗試。因此本書第一編談世界文化之起源，是從亞洲講起的。第二編才講歐洲文化的發軔，並說歐亞如何開始爭雄。第三編則講羅馬嗣興及歐亞如何繼續爭雄。第四篇講羅馬衰亡、印度佛教廣傳。第五編再論東方文化之發展，及亞歐北方民族如何因羅馬之衰而進入歐洲中南部。第六編續說歐洲之混亂和亞洲北方民族之興起。第七編講中古歐洲人之生活和世界形勢的轉變，也就是文藝復興和地理大發現，改變了世界形勢，歐洲人要開始翻身了。於是第八編再敘歐洲之宗教改革與戰爭，結束了歐洲長期衰弱之局面，逐漸成爲世界殖民者，下冊即由世界列強的形成和殖民事業的發展講起，談歐洲列強如何主導著近世世界史之進程。

這樣一個論述結構，不是以歐亞互動爲主軸展開的嗎？長期在歐洲中心主義的世界觀之中，做爲與歐洲文化對立面的亞洲，例如希臘時期的波斯、羅馬時期的安息、波斯，乃至與基督教對抗的伊斯蘭教文化，必須轉換成這樣的親視角才能重新獲得該有的重視。

因此我們會看到何先生說安息人之文化大略等於現今土耳其，有受中國影響之處，態度之開闊更勝於羅馬，製造和文明則略與羅馬相當，且長於語言，善於經商。匈奴遺族厭達西遷，滅西羅馬、波斯薩桑王朝、印度笈多王朝，何先生也不像某些史家說此乃蠻族入侵，而說當時東羅馬史家多贊美厭達爲文明的民族。突厥人在七世紀時被唐朝所敗，但十世紀後復興，不但建立花剌子模國，更進入印度，造成阿拉伯人所創伊斯蘭教實際是由突厥人廣爲傳播之事實等等，何先生也三復致意。

總之，通過這個史觀，何先生要告訴我們：從世界史之大勢看，亞洲民族不是天生就不行的，上古以來，除了亞歷山大短時期東進之外，大體是亞洲人和歐洲人爭衡，而亞洲大占上風之時期。中古時期，歐洲黑暗，而亞洲東有唐代之隆盛，日本朝鮮之開化，南有佛教之傳播和南洋諸國之興起，西又有大食帝國的建設和文化發展。中古後期，更有突厥與蒙古之崛起，把亞洲文化傳入歐洲，大大促進了歐洲的進步。歐洲之盛與亞洲之衰，實僅在近世歐洲進行世界殖民之後。因此我們亞洲民族殊不應妄自菲薄。

何先生在本書最末，講述日本之崛起，形成帝國主義，侵略我國，我國無力抵抗，但「將來如果中國成爲統一強盛的國家，那麼不但這次的塞翁失馬，焉知非福；就是古界的各帝國主義，在亞洲爭持的局面，亦要根本動搖」云云，我以爲跟上述歐亞史觀一樣，均有勉人勿因一時帝國主義猖獗之現象而灰心之意。

不過，因何先生這種論敘畢竟只是新的嘗試，他所藉助的材料又仍是歐美主流史學的論著，因而此種史觀不免偶有不能貫徹之慮。如第五編以「亞歐北方蠻族的南下和東方文化的發皇」爲題，這所謂的「蠻族」，乃是歐洲史家基於歐洲中心所形成的稱謂。在內文中，何先生已說明這些匈奴人文化甚高，但在標題上卻仍沿用歐洲史家習慣性的稱呼。且依何先生的看法，真正的蠻族，並不是這些匈奴人，乃是北歐來的日爾曼人，可是把匈奴遺族西遷也一併敘在這個章節中卻是容易令人誤會的。

又何先生參考的西方材料，都是詳於歐洲而略於亞洲的，故何先生雖然力求平衡，但整體看來畢竟失衡。古代部分，希臘羅馬特詳，而與之對抗的波斯安息等，雖強調其文明昌

大，足堪敵體，但真正論列時，卻少資料可說。中古時期，歐洲混亂黑暗而亞洲昌盛文明，可是敘述起來，亞洲大概僅有四五節，而歐洲竟要占到三十七八節左右。到了近代，也就是下冊，更是以歐洲占絕對重要之位置及內容了。

除歐亞輕重失衡外，何先生頗留心亞洲對歐洲之影響，因此對造紙、印刷術傳入歐洲，特為書之。但或許由於當時他所參考之西方論述已不再關注歐洲十七八世紀的「中國熱」，以致何先生亦未敘及在歐洲近代文明創造期中，中國之法律、道德觀念、造園藝術、服飾、飲茶習俗、政治體制、生活用品曾如何影響著歐洲。換言之，亞洲對歐洲的影響，本書所談，似乎還少了些。

就歐洲來看，何先生所參考的，基本上以英美資料為主。這在歐洲史內部看，就是有偏頗的。對近代歐洲勢力的描述，以英國法國為主，西班牙、葡萄牙雖說霸權較早衰落，但一種偏重中歐史的立場，卻使得本書對北歐及南歐的文化創造缺少關注，於西班牙、葡萄牙之世界擴張文化貢獻較少著墨。

再者，因以歐亞交流交衝為敘述主軸，故世界大勢中便缺乏對非洲、中南美洲、澳洲的關注，篇幅皆甚少。寫文章編書，不能沒有一個立場和敘述的主線，但每個立場和主線也不能不遺漏某些東西，這本是沒辦法的事。何況世界史上下千萬年，縱橫百萬里，論敘更是難周。對此，今日讀者對此需能矜諒，並善於體會先生的用心。

顧頡剛的《中國史讀本》

（2007.03.21）

有朋友要我談俞大維先生。我非談俞先生之適當人選，所知一二瑣事，不足以論先生之事功與學術，故姑置之。因大陸的工人出版社要出顧頡剛先生之書，所以別論顧先生如下：

一

本書爲著名史學家顧頡剛、王鍾麒編著。顧先生女婿張振聲先生對此有個簡略的說明，可令我們明白當年編印這本書的原委及所引發的爭議：

這本書原是上中下三冊《現代初中教科書・本國史》，由顧頡剛、王鍾麒（伯祥）編輯，胡適校訂，商務印書館於一九二三年九月、一九二四年二月、六月陸續出版。

一九二二年春，顧頡剛向北京大學請長假回到蘇州家中陪侍病重的祖母。由胡適介紹他爲商務印書館編輯初中本國史教科書。後因祖母去世受大刺激，失眠症大發作，無法定心編

書，遂交於好友王伯祥續編。同年十二月初顧頡剛到商務印書館編譯館任專任編輯員，與王伯祥合作編成了這套分上中下三冊的初中本國史教科書。

此書不提「盤古」，對「三皇、五帝」僅僅略敘其事，加上「所謂」二字，表示並不真實。一九二九年二月，山東省參議員王鴻一等聯名提專案彈劾此書，說它「非聖無法」，要求查禁。主持會議的戴季陶說：「中國所以能團結爲一體，全由於人民共信自己爲出於一個祖先；如今說沒有三皇、五帝，就是把全國人民團結爲一體的要求解散了，這還了得！」又說：「民族問題是一個大問題，學者們隨意討論是許可的，至於書店出版教科書，大量發行，那就是犯罪，應該嚴辦。」雖經民國元老吳稚暉說情，免除了原議中對商務印書館的巨額罰款，國民政府還是嚴令禁止了該書發行及學校之使用。顧氏爲自己給商務招了大禍向總經理王雲五道歉，王認爲遭禍另有原因：「商務營業既大，爲他書肆所忌，而此書尤暢銷……」，又謂：「商務有此事亦甚榮耀」。

工人出版社現在重排出版此書，邀我寫點什麼作爲出版前言。自知水平不夠不敢承擔，但盛情難卻，只好提供上述這麼點背景材料來交差。至於這本八十多年前編的歷史教科書有些什麼特色？爲什麼會暢銷一時，幾年之內竟印刷五十版（次）？說實話，我自己此前也從未讀過此書，前些日子從書箱裏把它們找出來拍照時翻了翻，直覺得跟我中學時用過的歷史課本很是不一樣。在天翻地覆大變化了的今天，來讀一讀這本八十多年前由剛經受了新文化運動洗禮的青年學人所貢獻於社會的歷史讀本，一定會有不同尋常的感受，這是我敢於告於讀者朋友們的。

此書不提三皇五帝而遭彈劾並禁止發行，自然與顧頡剛疑古的立場有關。但禁而不能止，此書仍然暢銷，迄今亦仍有再讀之價值，也與顧頡剛之學術觀點有關。因此底下謹就顧氏學思狀況，對本書做些介紹。

二

首先應先補充張振聲先生所說關於顧氏這本書在當年遭到攻訐的事。這種事，並不只顧先生遇到過，例如呂思勉先生於一九二三年刊行《白話本國史》時就也碰過。呂先生後來在《三反及思想改造學習總結》中回憶道：此書曾爲龔德柏君所訟，謂余詆毀岳飛，乃係危害民國。其實書中僅引《文獻通考．兵考》耳。龔君之意，亦以與商務印書館不快，借此與商務爲難耳。」由此可見當時借史述生事者本不罕見。王雲五先生對顧頡剛說的那番話，也未必非事實。只不過，顧先生因疑古而遭謗，情形又遠比呂先生嚴重罷了。

顧頡剛是二十世紀學術發展史上的傳奇人物。他得名雖在胡適之後，治學方法也深受胡適影響，但胡適撰《中國古代哲學史》，只從老子講起，上古史部分並未述及，故中國上古史的開拓，自應推功顧頡剛。其次，民俗學的整理研究，他雖晚於劉半農，而開山大師之位，亦非他莫屬。另外，古代地理和邊疆地理的研究與提倡，居功厥偉；譯注和點校古籍，流澤萬世。皆足以起後學者無窮之思。

而且顧氏不僅本人能做開創性的研究，也善於結合同道，開創術事業，因此影響格外深遠。有些人，儘管不盡贊同《古史辨》和顧頡剛的意見，對顧氏爲人處事之誠懇愨謙，卻極

有好評。如錢穆，在《師友雜憶》中就提到顧頡剛本與他不相識，第一次見面，讀到錢氏的著作，便立刻將他推薦到中山大學；錢氏不去，遂又邀爲《燕京學報》撰文：「此種胸懷，尤爲余特所欣賞，固非專爲余私人之感知遇而已。」

不過，顧頡剛的傳奇，並不僅建立在此。他考辨古史所引起的爭辯，乃近代思想發展和學術史上夾纏複雜的大問題。顧頡剛當然不是這一切問題及風潮的唯一中心，但他是極關鍵的人物。可供後人探索的面相，遠比當時許多知名學者都要複雜、豐富。顧頡剛的傳奇，也就是在這種情況下，才逐漸形成的。在某種程度上，顧頡剛的努力，也象徵了那個時代中國讀書人的焦慮與探索，既自信又卑屈、既積極又迷惘。長期失眠，而又神經衰弱的顧頡剛，遂成爲「對一般讀者來說，多少帶點神秘的色彩」的傳奇人物了。

這個人，生於光緒十九年，幼讀唱本小說及簡明古書，好聽神話故事。八歲時即曾將盤古以來堯舜禹湯等事，聯串成一篇古史，起於開闢，終於孔子歿、門人欲以所事孔子之道事有若。因此我們幾乎可以斷言他是個天生有歷史癖的人。

等到他逐漸成長，在晚清今古文爭論的漩渦中打轉時，這種癖好便主導了他一生的事業方向。尤其是入北大後，受胡適影響，又與錢玄同討論，開始點校《僞書考》、編《辨僞叢刊》，展開歌謠和孟姜女故事傳說的研究，並在三十歲那年，發表了著名的「古史層累地造成說」，已把他畢生努力的主要規模和面對歷史的態度方法，做了一番美麗的開端。

民國十三（一九二四）年二月八日，胡適撰〈古史討論的讀後感〉認爲：「顧先生的層累地造成的古史的見解，真是今日史學界的一大貢獻，我們應該虛心地仔細研究他」。顧頡剛的史學地位於焉奠定，當代中國史學的大風暴於焉展開。至今翻開民國十五年出版的《古史辨》，仍可以嗅到滿紙的硝煙。而就在這煙硝戰火瀰漫之際，顧氏南下廈門與廣州，任中山大學歷史語言研究所主任，這也即是現在中研院史語所的前身。在此，他除繼續其《清代著述考》之外，並推動民俗學。旋返燕大，轉而進行古代地理和邊疆的研究。

民國廿年，他撰成〈研究地方誌的計畫〉，次年在北大、燕大開講中國古代地理沿革史，籌組禹貢學會、出版半月刊。又因探考古史地理而經常往西北考察，進而組織邊疆研究會，設立了邊疆文化研究所。這部分工作，大概持續到抗戰結束。錢賓四先生謂抗戰期間，顧氏即已不太談及早年《古史辨》中的問題，而「晨夕劬勤，實有另闢蹊徑，重起爐竈之用心」者，即爲這個階段。這部分的成果，最重要的，當爲《浪口村隨筆》，是結合歷史、地理和民俗知識而撰成的著作；其他筆記，則散見於責善半月刊、文史雜誌等處。

顧氏爲學，甚爲勤劬，幼讀《日知錄》《困學紀聞》，愛其時出新義，即時常在自己所讀的經注上，加上許多批抹。後來在北大，因愛看戲，就作〈論劇記〉的筆記，寫了好幾冊，又有讀書記，自云：「二十歲後，略識爲學途徑，始經常寫作筆記，思慮偶有會悟，聞見或喜愜心，便縱筆錄入」（**史林雜識小引**）。這批筆記，民國十二年起，以〈讀詩隨筆〉和〈讀書雜記〉之名，發表於《小說月報》，多是衍鄭樵姚際恆之緒，而與孕育完成古史層累構成說有關的。

《古史辨》出版後，顧頡剛繼續研究五德終始說，並開始探討秦漢間的方士與儒生。這個時期，他同時也在《民俗集鐫》上發表了〈周漢風俗和傳說瑣拾——讀《淮南子》《呂氏

春秋》筆記〉。抗戰期間，旅行西北西南，從事邊疆文化及古地理之研究，賃居昆明北郊浪口村，又撰成筆記若干，分期發表於《責善半月刊》等，抗戰勝利後整理成六卷《浪口村隨筆》（民國四九年曾揀擇其中十九篇輯入《史林雜識初編》），自謂：「半係讀書與教學時之所感觸，半則旅行少數民族地區之所見聞。藉斯啓發，往往可以評論戰國遊士之臆說與漢魏經師之誤解，不負少年時所蘄望」。在此之後，顧頡剛便幾乎不再有論文發表了，但筆記仍然不輟，民國三十年起，他主編《文史雜誌》，便陸續刊有他的〈寶樹園雜記〉，多討論戲劇、傳說及古史地理，中間偶有與《浪口村隨筆》重疊者，如論「抛綵毬」一條，即先見於《浪口村隨筆》，後又增補收入《史林雜識》。

這些筆記，跟他的論著間，有種特殊的關係，一方面是他撰寫長篇論文之前的準備，因他自幼即患神經衰弱，每遇値得注意的問題或材料，便抄入筆記，以代記憶。一方面又與他的論文相發明，例如《小說月報》十四卷八號載有他〈古詩與樂歌〉的筆記一條，認爲詩三百篇是樂工歌詩，而非徒歌；其後遂本此意，於民國十四年撰〈論詩經所錄全爲樂歌〉一文；到了編《史林雜誌》時，仍有〈徒詩與樂歌之轉化〉一條考論此事。可見讀顧氏書或文，不能忽略了這些零縑散記，因爲在這些筆記短論中，可能就蘊含了一個大問題、一篇大文章。而這些筆記，有些長的，本身就是一篇論文了。

三

顧頡剛的學術成就，自以《古史辨》爲中心。民國十七年一月三日傅斯年曾致函顧氏，說：「史學的中央題目，就是你這累層地造成的中國古史，可是從你發揮後，大體之結構已備就，沒有什麼再多的根據物可找。……而你這一個題目，乃是一切經傳百家的總鎖鑰、一部中國古代方術思想史的真線索、一個周漢思想的攝鏡、一個古史學的新大成」。如此評價，可見顧氏在當時人眼中的份量。

不過，古史累層地造成說，只指涉了傳說變遷發展的一面。古代歷史，在後世的歷史敘述中，固然不免有所增飾、扭曲或變形，但這並不即是有意的僞造，也並不能據以否定歷史存在的真實性。換言之，疑古未必足以考信。且像顧氏那樣相信有一「歷史的真象」是客觀而穩定不變的，只要揭開後人傳說層層增飾的面紗、排除後人僞造的成分，即能顯現出來，更是充滿科學想像的浪漫歷史觀。需知所謂歷史的真象，並不是客觀穩定而唯一的，也不是一個超然的存在，它不斷流動於每個時代的詮釋者和敘述者之間，是不斷被「改寫」與「重組」的人文成就，其中充滿了「對話」的過程，捨離了這些詮釋與敘述，即無所謂歷史的真象。

而這些詮釋與傳述，又不僅僅是「層累」而已。語言在傳播的過程中，無可避免地會擴散、斷裂、衍異、流失。故基本上，它不是層累地「造成」，反而是解構（deconstruct）的，飽含分裂、變化、矛盾以及難以掌握的播放。傳說的語意內涵，遂因此而隨時變衍，永遠受制於閱讀或傳述者的閱讀經驗，不僅無法產生定點的指涉，「傳說」和「閱讀」根本就是互爲指涉或互補的。我們既不可能掌握並瞭解傳說所有的流傳狀況，則任何傳說或故事的母體或本源，就都是不定的、或不可能的存在。企圖以文件資料的堆積，外加堆積者心機上

的附會，以建立或溯求傳說的原始型態，恐屬緣木求魚。顧頡剛喜歡看戲，由看戲中發展出對傳說轉變的意見，且至老篤信此一意見，未能覺察到這個意見有嚴重的缺陷，不能不說他爲時代所限。

但經由顧頡剛的努力，開啓了有關上古史、民間傳說的研究，卻在材料和視野的拓展上，達到了前無古人的成就。反對他的人，縱或詆毀《古史辨》爲洪水猛獸，對此亦當低首下心，深致敬仰。

四

顧頡剛雖在民俗、傳說、歌謠、歷史地理等各方面都有建樹，但成名主要在編《古史辨》，因此往往予人古代史研究專家之印象。而且疑古成名，認爲三皇五帝並非信史，大禹之史亦多由傳說層累堆積而成，引起許多非議，有些人雖贊成其撥開歷史迷霧的事功，卻也不免批評他「有破壞而無建設」。

其實顧頡剛對中國史是有通貫理解及論述能力的，不只能考古，亦能述今；不只能破壞，也能建設。《現代初中教科書·本國史》就是一個證明。

寫這部書時，顧頡剛還沒編《古史辨》，也還沒提出「古史層累說」，但爾後一些基本觀念，卻早蘊於此。且此書通貫古今，具有通史的識見，足鈐後來者批評之口。

顧先生曾在評論呂思勉《白話本國史》時說：「編著中國通史的人，最易犯的毛病，是條列史實、缺乏見解。其書無異爲變相的《通鑑輯覽》或《綱鑑易知錄》之類，極爲枯燥。

自呂思勉先生出，有鑒於此，乃以豐富的史識與流暢的筆調來寫通史。方爲通史寫作開一新的紀元。」（《當代中國史學》下編）。這段話，用來評價顧氏自己所編的這本書，恐怕也極爲恰當。

本書不依朝代敘述，而將國史分成五編，也就是五期：秦以前爲上古、秦到五代末爲中古、宋到明末爲近古、清爲近世、中華民國時期爲現代。這樣的分法，是參照歐洲史上的上古中古近古之分，再加上近世現代兩期，顧先生、王先生雖未說明其分期之依據，但當時胡適寫《古代哲學史》《中古思想小史》，用時也是這樣的分期。後來「唐宋變革期」及「資本主義萌芽」引起的爭論，則跟五代、明末做爲哪一個世代的下限有關。依馬克斯史學之分法，上古爲奴隸社會、中古爲封建社會、近世爲資本主義社會，當時馬克斯史學尚未流行，本書亦無此種觀念，故只是依歷史本身所呈現的段落來區分。

因不依朝代來敘述，是以本書亦不附帝王世系表、不用帝王年號紀年、不承認正統觀念。民國初年史學界倡議新史學、反對傳統史家只以廿四史爲帝王一姓家譜者，大抵都具有這種觀念，如梁啓超在《歷史研究法》中便曾倡議之，本書則是一種實踐。

在這個新框架內，上古時期被他們稱爲「域內文明的成人時代」，就是中華文明誕生到逐漸成熟的時期，建立了國家政權及封建制度，思想上也有許多開創。秦到五代末，則是「中國民族文化蛻變的時代」，封建之局結束了，但政治上一直是統一的中央政府和分裂政局相起伏，華夏民族和四裔相爭衡，而文化上又相融相斥的時期。中國固有的文化，由於吸收了新血，所以蛻變成更燦爛的文明。宋代到明末、遼金元入侵，構成了對中國民族更大的

挑戰，形成了中國內部各民族的爭存時代，而此亦是中國近世文明演進的時期，文化有較大的發展。清代，不但是異族入主，也是西方文化對我造成衝擊之時代，故稱爲「東西文明的接近期」。至於中華民國肇建，乃是結束帝制，創立共和國家，而且一切學術都帶有世界化之色彩，故爲現代的「中國文明之世界化時代」。

如此分期，自然就體現了他們對中國史的整體看法，一是注重民族間的關係，二再由此擴大到中國與西方世界之關係，三則由此民族間之文化衝突與融合，推動著中國史走向世界史，形成進化的歷程。

在本書印行之前，梁啓超曾於一九〇一年寫過《中國史敘論》，提出中國史三階段說，認爲上古至秦，是中國自主時期；秦漢至清中葉，爲中國參加亞洲歷史之時期；清中葉以後，則是中國參加世界之時期。其後，傅斯年也有一種分法，反對用西方上古中古近古近世四期，主張用種族的標準，分上古至南朝爲純漢族之中國，隋至南宋爲胡漢混合之中國（**中國歷史分期之研究，北大日刊，一九二二年四月十至廿三日**）。當時學界占勢力的，乃是日本桑原騭藏的《東洋史要》四期分代說，梁傅均是不同意該說的。顧頡剛、王鍾麒這本書無疑近於梁傅，皆是著重中國史擴大與緜延之問題，而就地域、種族、文化等方面著眼。如此論國史，不僅可突破傳統講中國史只注重於政治的方面，更可打破漢族中心主義，而亦非以歐洲史爲框架來削足適履地看中國史，因此至今仍是值得參考的分期架構。

在各期內部，具體論述時，本書除上面所談，頗注意民族間之衝突與融合外，在政治部分，較注意制度之變遷，而非政權之更迭，例如官制、地方制、稅制、選舉制、兵制等。在社會部分，風俗、宗教、家族制度、社會組織，及學術文化部分，如儒學、玄學、理學、文學等，也都花了較多筆墨。這些，都是本書深具價值之處。像在中古編特闢專章討論尊重儒術的影響、表章氣節、佛道教之興起、科舉與古文運動；近古編談書院與學派之蔚起、明代思想與士風；近世編談獎勵黃教與特開詞科、考據與時勢、民教衝突；現代編談文學革命和國語運動，更都能把學術思想或風俗社會上的一些現象及政策，如何與政治甚或國族命運之發展結合起來看，這是很不容易的。

另外，可注意的是：編本書時，顧氏王氏均當青年，顧氏的主要學說尚未創立，但本書首揭歷史與地理之關係，指出治史者，往往「即地可以證史，就史可以證地」，打開了近代歷史地理學的視野，也成為顧頡剛後來在北大、燕京大學講古代地理沿革史、籌組禹貢學會等工作之發軔。本書關於民族問題，則為爾後顧氏西北考古與邊疆研究之先聲。而本書「把荒遠難憑的傳說存而不論」，認為傳說中的帝王只是文化史上幾個時代變遷的象徵，堯舜的故事，一部分是神話，一部分出於周末學者的「託古改制」等，更是《古史辨》時期顧頡剛著力發揮的論點。故本書雖成於早歲，且係與王鍾麒合作的書，卻不難看做是最能代表顧氏整體史觀與史學規模之作。許多在本書中簡單的論斷，後來顧先生也會用較繁複縝密的論著來說明，但說來說去，大旨其實亦不外本書所述。試比較他《秦漢的方士與儒生》和本書論漢儒「把方士的迷信硬披上儒家的外衣」云云，就可明白了。據此而言，本書在近代史學史上之重要性，顯然要遠超過一般歷史教科書所能具有之意義。

純就教科書而言，本書分編分章既如上述，具有條理及史識，其文筆與觀點又頗具特

色，當然極受歡迎。我覺得最可稱道的是它的敘述能力，在史事繁賾駁雜之中，甚能提綱挈領，說得不蔓不枝。像五胡亂華、五代十國那樣紛紜的變局，要用如此簡練的筆法講清楚，真是不易。它的輔助工具，乃是圖表和附註。凡史事之不易敘明者，或用圖表以助理解；凡觀念之需考辨、史蹟之待補充者，則附註以申發之。有些註，如論正統論、考雕板印刷術始於隋等，都很重要，不容放過。時賢所作歷史教科書，固然學力各有優長，但普遍筆舌木強，話講不清楚，且往往輕重失倫，比起顧氏王氏，不免有愧。

五

當然，每本書都烙著時代的印記，此書亦不例外。本書論九流諸子不出於王官、論崔述疑古，用胡適說；論正統論、論匈奴與羅馬盛衰有關，用梁啓超說，都屬這類例子。謂任俠出於墨家，則用蔣智由說。梁啓超於光緒三十年作《中國武士道》一書，推溯俠之淵源本於孔子。蔣智由〈序〉卻主張出於墨家，謂：「墨家者流，欲以任俠敢死，變厲國風，而以此爲救天下之一道也。」後來此說較俠出於儒更爲流行，顧氏王氏也採用此說。但此僅出於今人之歷史想像，俠既與儒無關，當然也與墨無關。《史記》說得很明白，俠是「儒墨皆排擯不載」的人物，怎能說俠風出於墨行呢？此即可見本書論事，所採當時研究所得及通行之見解，在今天看來，有不少是還可商榷的。

例如五四運動以後，批評儒家成爲一種風氣，認爲儒學都被漢儒宋儒搞壞了，漢儒迷信、宋儒玄虛，故凡批判儒家者，往往就獲推崇，如漢代的王充、清代的戴震，就是被推崇出來代表反省批判儒學流弊思想的人物，本書也不例外。因此說王充為自然主義，一掃漢人把天看成是有意識的天帝之虛妄。這是那個時代的「意見氣候」。現在脫離了那種意見氣候，我們才知道王充根本跟自然主義無關。他批評當時儒生藉天變災異來警示帝王，可是他贊成講聖王賢德天就會降下祥瑞，又相信占夢、相信有妖怪、相信謠讖、相信氣會變化出兵書，這都不是自然主義的態度。本書由胡適校訂，論王充及漢魏思潮也深受胡適影響，故未及細勘王充《論衡》原書，以致論析不免失中。凡此之類，皆是時代所限，然亦不妨說恰好可視為瞭解當時思想界一般意見之史料。

又如本書說南北朝分立以後，南北融合、隋唐之習俗、宗教、官制、族望等大多上承北周後魏，與漢魏兩晉不同。此種意見，實亦為矯正以往論史者偏於漢族本位故於南北朝較重南方之弊而發，如後來陳寅恪《隋唐制度淵源略論稿》，即是把這種意見詳細論證了的名作。但此等矯枉之言，實亦僅得一偏。因為唐代制度源於南朝者卻也不少，文學與思想更是南勝於北，唐初修纂《五經正義》便深染南學，唐人所修《隋書．經籍志》且明說：「南人約簡，得其英華；北學深蕪，窮其枝葉」。可知說南北融合而特別注意北方異民族對隋唐文化之貢獻，是偏頗的。

這些都是在當時意見氣候及研究傾向中形成的問題，另外還有一類問題，則來自作者的疏忽或知識不足。

本來，歷史涉及了人類總體記憶及活動，要掌握它，所需要的知識，可謂浩瀚無涯。可是史家無論如何、知識總是有限的，某些地方即不免照覽不周。像本書論宗教，說唐代時伊

斯蘭教「已托根於天山南路，因回紇人以傳入內地，於是回教之名便由此成立」；說西晉滅亡以後，生出悲觀消極之思想，「所以自然主義的道家哲學，末流竟一轉而成爲求仙鍊丹的出世主義」；說佛教「北派先來中國、南派至梁武帝時始顯」；說摩尼教出於祆教等等，就全是錯的。伊斯蘭教來中國，主要由海路。天山南北路在唐宋時期尚無伊斯蘭教之傳布。回紇信仰的是佛教與摩尼教，回教之「回」，並不來自回紇。道教則在漢代已盛，非西晉滅亡才興起。東晉葛洪那類講鍊丹的人，更不是由道家哲學轉來，其《抱樸子》不但直接批評老莊，內篇也只講儒學，不談道家。至於佛教，本身無所謂南派北派，只有大小乘、部派佛教、密教之分。傳入中國以後，先在北方，東晉時南方卻已甚盛，並不遲至梁武帝時，因此這是誤把禪宗達摩來華的故事當成是整個佛教南派始傳來中國。五四那一代的新青年，因反對宗教迷信、提倡科學，以致對宗教事務並不十分熟稔，發生這類失誤，也是很容易理解的。

除了這些偶可商榷者外，本書確是一本簡要清通之中國史讀本，我很希望所有關心中國史的朋友都能仔細讀讀它！

校園偶誌

（2007.03.16）

返台期間，主要是去台南成功大學講課。但因這個「傑出學人講座」對我頗爲優待，故其實要上的課很少，不過每週去講二次，趁便訪友聊天罷了。

至今才去了兩趟，一次卻先到了台中，一次先到嘉義。與王明蓀、雷家驥、杜志勇、邱瑞達諸老友串門、喝酒、吃田鼠，好不快活。到了台南，更是餐餐被拉去品嘗美食。台南是舊城。舊城本應顯得滄桑斑駁，但此番來見，卻甚具風華，小吃尤其可觀，感覺更勝曩昔，幾頓西餐亦甚佳。不只是菜好，餐廳經營佈置及主人風格均見巧思，令我有每周去南部享受陽光度假之感。

我在成大教書，是在廿五六年前。舊時同僚，或逝或散矣；見在者，亦由昔日青衿年少，一變而爲白髮人。但校園的感覺還是差不多，老榕鳳凰木之外，木棉等也開得燦爛。偶荷書囊，穿過樹林，便常誤以爲仍是那時少年。想起許多在這個校園中我曾經有的故人和往

事，不勝低迴。懷舊的年紀，碰到了這適合懷舊的環境，可真要命哪！

上課的情形就不說了。不過可以談談在另一個校園裡授課的事，聊為對照。

這個學校，就是我去年曾去教過的珠海聯合國際學院。這個新學校，那時我去教書時才二百來人，如今已擴招至數千人，亦建了自己的校區。雖然仍然塵土飛揚地在趕工，但教學活動似不受影響，生機勃然，跟成大或這兩年我待得較久的北大、清華、北師大等百年老校，自然形成鮮明的對比。

老學校，靠的是傳統，以及高素質的學生。學生進來就很好了，老學校提供他一個自由成長的機會，他就會抽枝發幹，長成大材。所以辦學者主要是「為道日損」式的，勿剪勿伐，不要亂搞亂整亂興作，學校就會很好啦，不需用什麼教育手段。新校恰好相反，一切均屬草創，學生亦如璞玉，有待雕琢。因此，「為學日益」，須用許多辦法，興作鼓舞之，才能建立風格、奠定傳統。

我於三月十四日來澳門，轉珠海，到聯合國際學院上課，講中國文化。看見他們辦學的一些設計，特有感觸。

一是大班講課，搭配輔導教學。我在淡江讀大學時，校長張建邦先生就倡議「大班教學，小班討論」，但實施起來頗不理想。大抵只是老師應付著大班上課，缺乏助教講師之輔導，這種教學法就很難成功。後來各校通識課，也常有三五百人之大班，效果也都一樣不佳。聯合國際學院走國際化的路子，以英語教學為重，但利用中國文化課強化學生之通識修養，本就難得。為這個通識課，大老遠，花這麼多錢、這麼大的精神找我來講課，正可以看出辦學者的用心。這個課，我講時，輔導教師及助教也都來聽。有一次我弄錯了時間，遲了半小時去課堂，助教便撮述上一堂課之大意，爲學生們複習。故雖老師遲到，學生也不躁亂。其實我每月才去一次，其他都要靠這些輔導教師去帶學生，這種教學法，學校需有許多行政及教務之配合才辦得到。而最有意思的是：學生似乎並不以此通識文化課爲營養學分。我在學校兩天，碰到三次學生來問我什麼時候開講，他們要來聽。就是本來無課的，亦願再來聽講。這在他校，確實少見。更少見的是：還有不少教授及家屬們也來聽，並熱切與我討論。此等風氣，我在辦南華佛光時，亦嘗有之。可能是新學校，才會有一股以「論學團體」自我期許的氣氛，老學校就難得見了。

二是全人教育。這學校提供全人教育，因此除上課之外，還有許多增進其他知能之訓練。例如義工服務、野外求生、逆境突破、環境保護、團隊合作……等，有八個大項目。去年去雲南做義工，今年準備去青海，要在青海湖淨山淨湖、去小學做服務等，再去西藏會合，開會討論心得。我看過學生去年的學習心得報告，有些連我都很感動。我在佛光辦過「移地教學」，但只是帶學生去玩，可還不敢帶學生去做工呢。

今年該校還準備仿英國牛津劍橋的學院晚餐制度，每周四舉辦一場「高桌晚宴」，學生著禮服，遵守禮儀參加；每次並請一位嘉賓做主講。如痖弦下月將去香港浸會大學任駐校作家，故該校便邀了他擔任五月份的晚宴嘉賓。這個制度，我在佛光也想辦，可惜沒辦成。因此格外想看看他們辦得如何。

我在校時，恰好該校又成立了一個龍獅隊。原來本學期另安排了高爾夫文化、日本弓

道、中國舞龍舞獅等結合體育的文化課。學生本來較心儀高爾夫等，舞龍舞獅顯得太土，不太願意選，但成立舞龍舞獅隊以後，玩卻玩得很高興。我在時，恰好找了佛山黃飛鴻第五代弟子們來，舉行龍獅開光採青儀式，找我跟幾位主管去爲龍獅點睛開光。鑼鼓敲打起來，令我又想起在南華時，也成立了一個鼓隊，還差點弄了一個女子舞獅團。可見辦新校，走全人教育，大家的思路都是差不多的。

當時我也要進口日本弓，發展弓道。經費有限，最後只好用西洋箭比賽弓。大家在南華小小的籃球場上，把幾張榻榻米拿來做靶子，克難地射著玩。比起聯合國際學院，看來要寒傖多了。雖然如此，我仍辦過一場「射禮」，大家著古裝演射，依然頗爲好玩；至於鼓隊嘛，沒錢買太多器械，就去市場買了一堆桿麵杖來冒充打鼓棒。此等奇懷妙想，如今煙逝矣，只能祝福該校賡續嘗試成功！

過澳門

(2007.04.08)

王順仁送了兩顆鱷魚頭來。上回與他及杜潔祥等人去吃鱷魚，庖人此番又治了幾尾，特留了頭給我，遂由順仁送來。我還來不及烹調，即飛澳門。

到澳門，見到張多馬。陸委會舊友，今各有際遇，多馬頃調澳門，任經濟文化中心組長。我正要找他，他上周帶一交流團到台北，也恰好在找我，結果時間湊不上，只好約了在澳門見。

澳門今日狀況如何，老實說我已不清楚了。十五年前，我可是台灣有數的澳門專家呢！台澳文化交流，實居推動之功。但這幾年澳門脫胎換骨，我又沒時間研究，因此已頗爲隔膜。這次特就此與多馬請教，並略商辦一二活動。

澳門的賭博事業，較前更甚。除葡京外，金沙、巴比倫等如雨後春筍，越開越旺，美國業者手筆尤大，競相來此設局，無非看中了大陸豪客到澳門來賭最方便。

台灣最近嚷著也要開賭，一樣是寄希望於大陸客。可是兩岸局勢如此，大陸旅客什麼時候才能如觀光旅遊博彩業者期望地大批來台呢？就是來了，台灣能取代澳門嗎？開賭之後，色情與犯罪問題如何解決？台灣治安現在又已如此，一旦開賭，情況更不可想像。可笑蘇貞昌內閣，治安無方，還厚顏無恥，尸位素餐，不但吃了諾言，且更要進覷大寶。弄得小丑跳樑，在電視上公然亮槍放話，才找電視台晦氣，懲治TVBS、鬥李濤。如此治事之本領，唉，不說也罷！

在澳門，又聽到「草山行館」被燒了。這棟老建築，久經滄桑。日據時期建了，說是要接待日本太子，後因老蔣撤退來台，便做爲臨時官邸。士林官邸建好後，老蔣夫婦仍每年上山來住幾個月，蔣逝世後則荒廢了沒人管。我與龍應台商量，改成官辦民營形式，重新整修。即由我當時主持的佛光大學去經營，命名爲草山行館。記得要開館時，何振盛兄等住進去裝修佈置，滿山衰草，一座廢墟，夜裡老是鬧鬼。振盛等跟我說了好多，繪影繪聲，都是絕妙的筆記小說題材。後來整理好，我又徵得不少老蔣文物，開館時竟亦蔚然可觀，成了陽明山一處景點。門上的橫匾、屋內的廳堂名牌也都還是我寫的。如今居然天火劫燒，俱化灰燼。我在澳門遙念，不勝唏噓矣。

講習國學

（2007．04．24）

在成大兩個月的講座，今已是最後一節。友人說：「啊，想不到兩個月就過了，真是歲月如梭！」我說：「如今科技進步，已是如太空梭了，時間比從前更快呢！」

享受了兩個月的南台灣陽光，也享受了友情的溫暖和台南的美食，法式德式日式美式義式土耳其式都拉我去嘗過了，問我：還有一家「老友」，去過了沒？說還沒，於是一夥人就又跑去老友。

其實只是水餃滷菜，但牆上多有名家字畫。詢之，謂主人儒雅，多書畫友。于大成、吳璵先生主持成大中文系時，即嘗以字畫義賣所得捐爲清寒講學金。每年發放，若不足，則主人自墊。市井多俠行，此即其一例。

上周在台南，還意外見到柳存仁先生。與先生久不見，每年都能收到先生的賀年卡，但我遺失了記事本，許多舊地址電話都覓不著，因此也就無法回信。去歲在劉夢溪先生《中國

文化》上刊了兩篇小文，據說柳先生還跟劉先生問起，而我竟仍未與柳公聯絡上。頃柳公遊香江，再來台灣，應法鼓人文講座之請，要在成大講三場，故得驚喜相見。

先生九十矣，然神明不衰，不但站著一講兩小時，且記憶驚人，隨口舉示人名地名書名年號，累累如貫珠。我去聽了一場，由利瑪竇講到李約瑟。另講道教與養生等，我有課，不能去。問去聽的朋友：柳公是否曾傳授養生祕訣，曰：「未授功法，看來對你偏心！」因昔年在新加坡開會時，柳公見我疲殆，要我夜半去他房裡，親授了我一套功法。

我自己在台南時，也是跑來跑去演講的。上上周由台南去高雄，在高師大經學所講了一場，上周去嘉義中正大學台灣文學所講了兩場。若加上這兩個月跑了兩趟珠海，還去政大講了一次，也是夠瞧的了。

高師，大概已二十年沒去。昔年在此講說，課餘便隨張夢機、曾昭旭老師等同去門口茶藝館喝茶，情景猶在眼前。而昔年栽成者，今皆名宿矣！

中正，也距上次來演講已十年。上次來，恰逢九二一大地震。學校招待我住在市區旅館，結果半夜大震，差點從床上掉下來。趕下樓來看，牆面磁磚皆已剝落，對街小販煮麵鍋的油水全震了出來，而三層樓的市場則震坍了，變成兩層。晨赴學校，強作鎮靜，還大談了一通學校該如何發展人文精神，而學校實驗室震損爆炸的消息隨後便傳了來。此番來講，沒那麼刺激，倒是與江寶釵、毛文芳、孫隆基、陳韻幾位見著了。早晨的校園，爲霧所環，如浮在海上，尤美。

如此憶舊，無大理趣，聊以見在台生活之一斑！

不過，所謂人文精神，半賴敘事。懷舊講故事，正是人文精神維繫的方法，因此姑且再說說。

昨，成大中文學報開審查會，林慶勳先生來，我說起三十四年前去銘傳商專參加國學研習營的事。那一年是由孔孟學會主辦，方東美、程石泉、陳立夫、華仲麐諸老主講。方先生尤其元氣淋漓，一口氣講了四個多小時，紀錄後來刊在全集《演講錄》裡。但我們小朋友除了聽講外，玩得更快樂。記得結束晚會上我還代表我們這一組反串「蘇三起解」的蘇三，把同學們笑得打跌。而我們的輔導老師就是林先生。

結果林先生說他們當年之所以去參加輔導工作，其實也是去玩。因華仲麐先生說晚上要喝酒，找他們去作伴。華先生是貴州茅台酒廠的少東出身，當然酒量甚豪，飲饌亦精。他去英國留學時，隨身帶了一個司機，一個書僮，還有一個廚子。哈哈，你說這是去讀什麼書呢？

王偉勇兄則謂當年留洋者不乏此類，徐可熛先生去英國，也帶了兩個轎夫去。但扛著轎子上了街才發現不妥，隨即下轎步行，把兩轎夫遣回了。此類逸事，大抵與京師大學堂開辦初期學生帶著僕隸去上課差不多。

因說及國學研習營事，我今年也想賡續舊事！在暑假期間辦個廬山國學研習營。計畫已擬妥，與白鹿洞書院合辦。相關報名辦法及活動內容會掛在網上，有心參加者可去查看。今年以台灣學生爲主。下次若找到錢，再來爲大陸有心向學的朋友辦個國學講習會吧！

基於我的個性及我上述參加國學營之經驗，我辦的國學營自然與眾不同，一定是又好玩

又能對中國文化深有體會的！怎麼樣，要不要參加？

文化旅遊王陽明

(2007.04.26)

廿四日上完最後一堂課，可愛的學生們拿了個蛋糕來，遂在班上分吃了，然後匆匆趕車回台北。廿五日清晨再趕飛機，轉香港，飛杭州，來參加王陽明會議。

會議其實只是陽明國際文化節活動中一小項目。餘姚近年大打文化牌，去年我來開過黃宗羲會議，今年則以陽明故居修建完成爲由，大辦活動。配合陽明故居及四明山旅遊，有電視片〈王陽明〉播映、陽明書跡展、研討會、全國陽明紀念地旅遊合作聯盟成立大會、全國陽明紀念地聯合旅遊宣傳等。日本團就有上百人來，其運作模式，正可見大陸各省市發展文化旅遊經濟之一斑。

因此今天一早就被拉去故居廣場曬太陽，聽領導們講話，即所謂故居開放典禮是也。

領導們在台上坐著，一一輪番講之。他們對陽明學一竅不通，念著別人捉刀的稿子，而讓我們這些真正懂得陽明的專家和看熱鬧的市民擠在烈陽下聽。令我想起當年我與李瑞騰籌

劃七七抗戰紀念研討會，主辦者是國民黨文工會。可是開幕即由瑞騰開之，請錢穆錢先生來主講，講完開始研討，閉幕時主任才來道謝、宴請。此一方式，今不可見矣！

我因懶得聽這一干人亂扯，便逕自先溜進去故居看了。因是修整的，故無太大的古蹟價值，唯院落修飭可觀而已。所展示及介紹，也可見主辦者之用心，但錯誤仍不罕見。如泰州學派缺趙大洲；耿定向字天台誤為天白之類。徐渭在浙中王門、李卓吾在泰州，皆非主要人物，而特予介紹，亦可見其眼光。但陽明後學文集數種，尚不經見，複製亦不易，未可一律抹煞其勞績。

我出來後，開幕式才完，一干人又轟轟然進故居去參觀。此時門口舞台則有餘姚一舞蹈團跳貴州舞，一泗水銅錢橋舞犴隊舞犴。可憐我們那些來開會的學者們恰好又因進故居去了故沒瞧見。

貴州舞，當然瞧不瞧無所謂。餘姚人跳貴州舞，怎麼可能地道？無非找個名目，說陽明在貴州悟道，故編此舞，讓觀眾看個新奇罷了，跳得拙稚可哂。舞犴也一樣拙劣。跳貴州舞時，一女子的裙飾差點掉了下來，舞犴時一人的頭巾也鬆脫落地，觀者匿笑。

但舞犴之拙，卻恰好。犴舞本與舞龍差不多，但比舞龍土氣得多。光那個犴，就像個土狗頭。因此舞起來就要拙樸才好。此舞旁處沒有的。中午吃飯時，說與台灣同來的謝大寧、林月惠聽，他們都懊惱沒跟著我跑。

發揚陽明學

（2007.04.27）

陽明研討會中，逢去歲在餘姚開黃宗羲會時之記者，問在故居開放典禮中余秋雨為何說此次陽明會議十分重要，乃向世界昭示中國人精神轉向之重要標示。余秋雨說法如何，我未聽見，不好評。只能告訴她：陽明在過去幾十年，被視為唯心論，是遭批判的。整個中國，都向西方學習。且主要是學馬列、講唯物。如今幡然改途，回頭重視傳統，重勘陽明心學，自然有重大意義，全球之中國觀，自應改觀。唯如今大談儒家，高揚陽明甚或孔子，與過去批他們，似又無本質之不同。過去是政治鬥爭，拿古人拿文化來做文章；現在是發展經濟，一樣拿古人來做文章。陽明復生，能同意現今人人昧著良知撈錢嗎？

我自己在會上談的是王學如何經世。自以為文小而旨遠，但或許人未必能知。怎麼說？論陽明學，近代有一陋習，即是妖魔化程朱理學，說程朱如何禁錮人性，如何與官學結合，與政治宰制結合，如何類似歐洲中古經院哲學等等。然後再說王學如何革命，如何反

對，如何顛覆。這是近代革命氣氛底下的產物，歷史好像非斷裂一下，非反一下，不足以言進步。此真大謬也！

且不說程朱之學不能如此看，以陽明學來說，陽明本身何嘗自以爲是革命是顛覆？陽明撰〈朱子晚年定論〉，正是想藉此說明自己之說不悖於、不謬於朱熹。而其定家禮、論合族法、論祭法祭禮、論鄉約，哪一種不本於朱子？昨在陽明故居，見其後學孫應奎所著《朱子抄》，可見陽明一脈，非與朱子爲敵者。今人喜歡革命，於是東也革命西也革命，其實陽明未必是要革朱子之命的。

再說陽明實際上顛覆了朱學嗎？當然也未！且不說晚明東林顧憲成等之反王學，整體學術界大趨勢亦是批王學的。今人以爲晚明爲王學之天下，正是腦中文化地圖錯亂使然。至於陽明本人之學術格局，當然也沒超出宋學，只能說是宋學之發展或延申，與明道、五峰、象山關係甚深，又何可忽視哉？

近代論王學，又有一陋習，即大談良知本心而未甚理會其「知行合一」之行。行是什麼呢？就是政治實踐、社會實踐及個人身心實踐的問題。於是王學成爲學院之清談，而其書院、家禮、宗法、祭禮、鄉約之教亦不彰。

大陸在一九四九年後，共黨中央到地方，直接管理了人民所有生活。不但所有中介層、中間團體，如家族、宗親會；鄉里地緣團體、同鄉會、會館、行會、同業會、慈善團體、善堂；地方宗教團體、神明會、民間自助團體、互助會……等都遭收編或消滅，連家庭也差點摧毀了。因此，若由陽明、朱熹之論宗法鄉約處，重建一民間社會及倫理秩序，不是很重要的思路嗎？

書是毒藥

（2007.04.30）

由餘姚乘火車往上海，把黃永武曾昭旭兩先生的稿子交了。只一宿，便再轉到南京。上海南京間，新開通動力車組。不知道爲什麼如此命名，只覺得坐起來像台灣高鐵。直達，車程兩小時，比高鐵略慢。

乘車時，向例在火車站入口要檢查行李。這是台灣所沒有的。而更絕的，是其他人皆無問題，獨我被攔下，要開箱檢驗。我問：「有何違禁品？」曰：「爲什麼有那麼多書？」喔，原來書本跟炸彈、毒品一樣，都是危險的。

好不容易找著鑰匙，開了箱，保安人員一本本翻開來看。什麼王陽明、龍場悟道、良知教、巴哈伊教，越看越覺我可疑，大喝一聲：「你是搞什麼的？」眼看就要逮人了。幸好浙江省儒學會聘我爲顧問的聘書湊巧掉了出來，才勉強解決了他們對我身分的疑惑。而我，也更加理解了一件事：在這個社會中，書，常與毒品炸藥被視爲同類，讀書人則常被視爲嫌疑犯！

在南京看報，又知王才貴兄去廣州一中學演講，推動讀經。報上對其言論，以奇談視之，頗有質疑。夏蟲不可以語冰，這也難怪。何況兒童讀經這套觀念與做法其實意在顛覆現有教育體制與觀念呢！

現在的做法，是讀新編課本，由淺入深，再花大時間教數學、學英文等等。實踐了一百年，證明是徹底失敗了的，而死不肯改，不知是何道理。

兒童讀經有什麼大好處不敢說，我自己可是過來人，少小花死勁學的英文數學，後來一點用處也無，徒然浪費了我多少精力，害我挨了多少板子、跪了多少算盤！唯有孩提時背的四書五經、讀的詩詞小說，至今永不再複習也不會佚忘。而且那些道理，孩童時未必欣賞，如今卻越來越覺得醰醰乎有味。

因此，才貴的言論，依我看，實在是夠溫和、夠鄉愿的了。若照我的看法與經驗，頂好是小孩子讓他認真讀四年小學，背點書，讀點詩詞小說，便放他去好好玩八年，愛幹什麼幹什麼。中學全給廢了。將來想再讀書的人進大學，想學點技能的人進職技學院，要謀職則進職場的訓練班。各得其所，誰也甭耽誤誰。偏激嗎？你仔細想想，就會知道我說得太有道理了！

在南京，還看了電視「百家講壇」。這個節目越來越像說書了。講歷史，該啓發觀眾關心歷史的大變遷、大關鍵，而不是如此雞零狗碎，東一個揭密西一個真相，一會兒明清，一會兒三國，一會兒漢武，宮廷鬥爭、人事糾葛，乃八卦狗仔隊的歷史化，非述史之正道也！

澳門珠海去來

（2007．05．13）

到北京才休養了幾天，便又南下廣州，轉往珠海。在珠海上了兩天課，再入澳門。繼而又由澳門返珠海，去廣州，返北京。折騰一大圈回來，筋軟骨散，幾乎說不出話來。

此番去珠海，邀了青城派掌門劉綏濱夫婦也到珠海，爲聯合國際學院的學生演講一場，並演示青城武術。

傳統武術門派，在今天，看起來很是興旺。武館武術學校遍地開花，電影電視推波助瀾，各地武術比賽、打擂台、海選武林之星，一個接著一個地辦。然而表演跟比賽就能代表傳統武術嗎？非也非也！表演都是花招；硬氣功則半真半假，靠的是道具和竅門；套路嘛，光講究著好看，跟體操沒什麼不同；兵器演練更是拿棍子鞭子劈哩啪啦甩在地上亂打，這能叫武術嗎？比賽呢？在規則底下，無論散打或自由搏擊，看來都是死勁蠻打，什麼門派招式也瞧不出。因此我有時很悲觀的認爲：傳統武術到今天，只怕快要滅絕了。在珠海，便建議學校請一些傳統門派的掌門或傳人來講講，綏濱算是第一場。

講畢，夜裡到湖畔野店中，喝了一盅酒，再請他打兩趟拳，彼此講論一番。四野蛙鳴，夜風習習，亦浮生之一樂也。

去澳門，則是去交涉暑間辦研習營的事。大抵談妥了在澳門活動的安排，也去路環看了黑沙青年活動中心，將來學生準備住在那裡。

黑沙海灘依舊美麗，路環與氹仔的漁村也依舊迷人，但澳門畢竟變化甚大，住宅博物館前海灣幾乎全被即將落成的拉斯維加斯新賭城擋住了。整個澳門，現已有賭場廿六座，十一日又有皇冠賭場開幕，號稱六星級，不知到底奢華到什麼程度。我對賭，任何賭都無興趣。不是清高，而是我這賭徒，早已將人生孤注一擲在做學問上了，所以對其他事既沒資本賭、也沒興趣賭，只能觀察觀察罷了。

澳門多舊友，得此機會相見亦甚好，張多馬並帶我去看了國父紀念館的場地，準備十月在台灣辦完書法展覽後就移來此地展出。此地原為國父故居，國父元配盧慕貞夫人晚年一直住在這裡，民國四十一年才去世。四十七年改為紀念館，門榜為于右老題字。內中雖資料不多，但佈置簡素廓泰，仍足以興發志意。

臨別，多馬送我一小盒澳門餅，並開玩笑說：「這不是火腿！」彼此大笑。因為昔年去浙江，袁保新託我帶點火腿肉回來，結果楊樹標先生送一腿來，害我抱著這腿，如抱吉他，經杭州、紹興、奉化、寧波、舟山，到普陀去拜觀音！觀世音菩薩在普陀山開道場，殆已千年，從來沒有人懷掖一條金華火腿去看她，故此事堪稱一奇。袁大嫂刻在澳門，負責外交部

事務，與多馬同署辦，故他知道這段軼事。保新曉得我到了澳門，則打電話通知嫂夫人，替我點好了菜。饕餮舊友，故如是也。哈哈哈！

講學

（2007.05.17）

今在北師大開始講課，旅途疲勞之餘，幾乎累殺。

我去年在北師大，開的是「新國學講座」，凡六講。四月底，于丹去台灣，在記者會上答記者問，說她講《論語》，曾受南懷瑾、李澤厚和我之啓發，並在北師大聽我說過《論語》。友人把這新聞發了給我看，我很感謝她的抬舉，可是我在北師大其實並未講過《論語》。《論語》多難講呀！誰講都要挨罵。當年錢穆在台灣，於報端連載其《論語新解》，也一樣備受批評，我小子豈敢隨便亂說？在北師大講的是：（1）國學與新國學、（2）方法與方法論、（3）六經皆文、（4）文士與經學、（5）國學領域中的佛學、（6）非國學領域中的儒學。

因其中有一講講長了，拖了兩周，故後來最後一講便沒說。這回續講，自然就要由「非國學領域的儒學」講起。

國學云云，歷來都以儒學爲主，什麼是非國學領域中的儒學呢？哈哈，簡單說就是光研究國學的老師碩儒所不懂的儒學，亦即傳統儒學之外，它在現代、在國外之狀況。時間有限，今只能講六講：（1）儒學的現代化轉型、（2）儒學的現代性批判、（3）「儒學經世」在當代、（4）儒家的法學與政學、（5）儒家的心學與性學、（6）儒家的文學與美學。

預計每周一講。聊陳隅見，以切時用，其實於儒學之真精神恐怕還是無法敘及的。不過，講學嘛，大概也就只能如此了。

本學期另在珠海聯合國際學院講八講：（1）儒、（2）道、（3）佛、（4）回、（5）宗（**祖先崇拜**）、（6）社（**土地崇拜**）、（7）文（**文字崇拜**）、（8）俠（**英雄崇拜**）。

這類講說，難在縱貫，比一般專題演講可難得多了，須有博稽之功、綜攝之力，而聽者未必曉然，不如專業題目討巧。因此每次講畢都大汗淋漓，累得半死。禮經有云：「人之患，在好爲人師」，許多人的確能講、也喜歡講，我卻實在是怕講的，不得已才講講。

今日講畢，學生領我去找周志文。他頃由台大辦了退休手續，也來北師大講學。三月就來了，而我恰好不在，仍在台灣講課。他一個人不免有些岑寂，前兩周竟溜回了台灣。但那時我又到杭洲去了。待他再偕夫人同來北京，我卻剛好南下了廣州，故給他一信說：「人生不相見，動如參與商，此之謂也。」今日課畢，乃來找他相見。以後賴他替我講講吧！

地板、書院、酒莊

（2007.05.20）

去歲秋間，我住的小區公寓，樓下女士忽來興師問罪，謂她們家屋頂漏了水，必是我屋子管線有問題，故要來索賠。我每日在此讀書嘯歌，不料竟是以鄰爲壑，私心甚感過意不去，因此通知物業管理人員來做勘察，確定責任歸屬，以便睦鄰媾和。孰知左查右查，我家管線沒什麼問題，而她家照舊漏水。她去找物業抱怨，物業也就只好繼續來反覆查找弊端。

一日，工人又來我宅查勘。東搿搿西敲敲，忽聽他喊了一聲：「壞了！」我們跑過去看，原來水管不慎扳斷，水出勢如泉湧。我們忙拿盆子、取杓子、端鍋子、找桶子，掃之淘之倒之。可是水出勢猛，一下就淹過廚房，漫入客廳臥室。我們連忙又找出破衣、爛布、拖鞋、木劍等一切彷彿可以阻截水勢的東西去攔堵。可是不幸終於如鯀之治水，宣告失敗。

待工人好不容易找來同僚，帶了抽水機上樓來治水，並關閉大樓總水閘後，水才漸漸退去。但地板泡了一趟水，日後自然就要生出許多異樣來。

先是出現了裂痕，繼而翹起作波浪形，眼看是不能用了。老婆被絆了好幾次，差點跌跤，於是她決定找物業去商量善後。

她文釆本勝於我，只是平日懶於作文，但既如此決定了，即便動手寫了一篇〈淹水記〉。敘事宛曲，彷彿《左傳》；而制斷精嚴，又似乎《春秋》。於是淹水之原委、責任之歸屬，無不粲然大明。然後陳下情而申大義，敘吾人睦鄰之意願，詢物業補過之良方。既如陳情表般，動之以人情；又如討敵檄般，脅之以法條。煌煌鉅作，凡數千言。

文章送去，果然物業立時便決定來修了。來勘查以後，說：定好了時間就來。於是，由秋徂冬，日居月將，歲月如梭。而冬去春來，一春又過去了。物業終於還是沒來，地板則冷縮熱脹，波生波平，幾番滄桑矣。

我想，老婆的文章大概沒什麼用，正如她的言論，除了可威嚇我以外，一向唬不了別人。誰知此番我回到北京，物業真的來修了。先是磨平地板，後是鋪上玻璃鋼。工期四天，天下大亂。

我無老婆大人之本領，無法詳述修房子所造成的混亂。反正混亂之極。磨出的木屑，煙塵障屋蔽隙，散入所有地方，只好又找了清潔工來一同清掃。大災之後，繼之以勞動，現在我筋疲肉痛，也懶得再描述了。

總之，我在北師大這期間，似與地板有仇。原先配給我一房，一日中午，地底轟隆嘩啦，如雷鳴、又如爆竹濫炸，女兒則以爲是樓下瓦斯氣爆。我從床上跳將起來，與她奪門而出，卻原來是地板磁磚忽然爆裂，東一塊西一塊，高高低低，隆起如小山，丘陵處處。現在這屋子則是遭水淹了。

我把情況說給王寧聽，她哈哈大笑。但據她說，我算最好的了，北師大漢字所近來流年不利，她左手摔傷了，脫了臼；易敏腿摔斷了，粉碎性骨折；朱小健在課堂上暈了過去；李國英也正病著，不知是犯何災星。

如此說來，我果然十分慶幸，房屋亦漸恢復舊觀啦，不妨便趁此吉日良辰出去玩耍玩耍。

乃邀了周志文夫婦，請葉書含開車帶我們去陽台山。書含佛光還沒畢業，就來北京辦慧聰書院，任院長。近日孫冶芳經濟科學基金會又找他合作，在翠湖溼地公園建了一座四合院，準備開壇講學。另覓了一處農場，有桃杏千頭、菓窖三窟，則準備改製成酒窖，建一酒莊。他也趁機拉我來看看，好替他出點主意。

翠湖甚美，不遜江南。長河碧柳，足動人情。去大覺寺畔普照寺遊觀，亦不惡。寺不對外，故靜閟。有銀杏甚偉，樸茂可觀，據云可八百年。又有娑羅樹一株，主人云即七葉菩提。蓋主人信佛，故如此云云，其實非是。娑羅樹不甚知名，然明屠隆即有《娑羅館清言》一帙，故亦佳木也。坐銀杏下飲茶一盅，令人意解魂銷。寺久廢，殿內斑駁陳舊乏保養，然自古拙可喜。樑木間尚可見昔日改作教堂時之彩繪，周志文云有東正教淵源，而「五餅二魚」作一碗五顆包子狀，尤有趣。

國學入門

（2007．05．23）

有朋友來勸我開講《論語》。我已說過了，不敢造次；因此要敬謝抬愛。且《論語》言近旨遠，就其言說層面看，其實也沒什麼太多可說的，主要是體會。如云「學而時習之，不亦樂乎」，字面誰不認得？有何可講？勉強要講，就只好在「學」字、「習」字、「樂」字上翻來覆去做文章，訓詁、引申、辯難，吵來吵去。可是學習之樂，豈能由此得之乎？況此語彷彿孔子自說自嘆，故親切動人。我人述之，舉以教人，則變成了格言規範，聽起來就像教訓。誰樂意聽教訓呀？可見講這書是難得講好的，不是學究氣太重，就是一副心靈導師狀，再不就要抬槓。你說「人不知而不慍」，我就偏說應當推銷自己，讓人家知道；你說「導之以德，齊之以禮」，我就偏說法治重要。如此如此，雖矜新解，不是反成了笑話嗎？

當然我也還是要講說傳述孔子等人之學的，不過，聊示門徑，非敢代聖立言。去年剛寫完《國學入門》，自序一篇如後，有興趣的朋友看著玩吧：

我寫這本書，有些緣故。

一是近年北京、南京、武漢、人民諸大學紛紛開辦國學院、國學研究所、國學班、國學營；社會上各類國學講習機構與活動，更是不計其數，而其實皆無教材。唯翻印八十年前梁啓超、錢穆，或三十年前台灣杜松柏、朱維煥諸先生之作以應時需而已。舊作不廢江河，當然該重印；但無論語言、材料、觀念，現在似乎總應有一本新的作品才好。

其次是我自己對於做學問，有個基本看法，那就是什麼都該由國學傳統中發展出來。故國學非一門專業、一個科目，而是各種學問之土壤。這個道理，本不難懂，也絕不會錯。但只要一說，立刻就會有無數不知學問爲何物的妄人來亂嚷嚷，說是固步自封啦、文化保守主義還魂啦、遺老復辟啦、不能與世界接軌啦、西學才能救中國啦等等等等。此輩對中國學問根本未嘗究心，固然是不懂的；他們對西方學術之發展，又何嘗有所瞭解？試問：西方學術之發展，難道不是由其文化學術傳統中生長起來的？難道竟是切斷了來搞，或向中國借來的？

還有些人則不斷質疑：國學範圍如此浩瀚，皓首尙且不能窮經，想把國學都弄通了，再以此爲基礎發展出一些東西，怎麼可能？

欸！有什麼不可能呢？不說別人，我自己就淹貫四部、博涉九流、兼綜三教。這些話，聽起來像是自誇自炫，其實一點也不。以我之魯鈍，做到這一步，也不過就花了三幾年工夫。在我大學時期，便已把國學諸領域大抵摸熟了，掌握了中國學問之大綱大本，此後不過漸次精修，並與西學新學相孚會、相激盪、相印發而已。前輩學者，如康有爲、劉師培、章

太炎、王國維……，誰不是這樣？皆不過二十許歲，於國學皆已通曉，且亦不妨礙其吸收西學。以後因機觸會，賡爲發皇，工力之積，固然遠勝少時，但若說國學非皓首不能究知，則天下沒這個道理。

其中關鍵在於：通曉國學，重點在通。淹貫四部三教九流百家，打通文史哲及社會學科，正是通人之業。通人不是什麼都懂，天底下沒這種人，更沒這種需要。通人只是通達博雅，故在知識與心態上可以通貫地去掌握事理。做學問，精力和時間，大家都是一樣的，天資尤其相去不遠，可是入門路頭不同。爲通博之學者，略沈潛，即能致廣大而極精微，成爲通人。走專家狹士一路者，則終究只能成爲專家狹士。專家狹士，對於自己花了那麼多氣力才終於在某個領域裡稍微有了點知識，既自卑又自負，根本不相信有什麼通人竟能在極短的時間裡通貫他們那些專業。夏蟲不足以語冰，那也是沒辦法的事。

不幸近百年來之學風，趨新鶩外，國學頗遭鄙棄；爲學又貴專業，而不知天地之大美、學術之全體大用。以致一種寬易博大的治學之道，反而甚爲寂寥。偶欲從事者，亦以爲必是荊棘榛莽之絕學，非有絕大願力，不敢問津。

其實此道甚爲平易，聖賢教人，本來如此，今人自己犯糊塗罷了。我偶得師友護惜，於此稍有所見，自然就常想略述心得，接引同道，共窺國學之堂奧。十六七年前，與林安梧等人遊貴州龍場驛，訪陽明書院時，安梧即勸我好好聚生徒、講國學，傳此一路治學方法。

然傳道之機緣一時尚未具備，倒是獲得了創辦南華、佛光兩所大學之機會。當時集資募化的星雲法師，與我本不相識，或問爲何請我來辦？老和尚都說：「仰慕，他是個國學大師啊！」其實那時我也才三十多歲，長者厚意，聞之不無感奮，於是略依通識博雅之義，以爲規擘。制禮作樂，講習人文；並根於國學，發展出許多新學科。一時震動，以爲能稍復古代書院之舊。社會觀聽，不無興發，教育部亦迭有獎勵。可見這個路子，在現代教育體系中仍然是能發展的；如何發展的制度規劃，亦經試驗而頗見實績。在未來教育史上，當可有一席之地，較昔年北大清華之國學門更值得研究。因其規模意量皆較宏闊，制度性之建構也多得多。

只不過，世緣變滅，人事不恆，我既卸任，其風或漸消歇。凡事之因人因勢者，大都如此，本無足怪。但亦可看出這種制度性體制化的國學建構方向，似易實難。今人所辦國學院，規模雖遠不能跟我當年的建制相比，但也是難的；即或辦成，亦未必久長。反不若仍如孔子般，隨機講學，輔以著述，也許還能形成較大的影響。

甲申以來，遊居大陸，頗肆講席。在北大及珠海聯合國際學院所講，已輯爲《中國傳統文化十五講》。在首都師大所講，則寫成了這本《國學入門》。當時是首師大開設了一個實驗班，命我爲新生講說國學的入門之道，共十講。後來在武漢大學，也講了四講。今年在北京師範大學，我又開了個新國學講座，凡六講。三者併起來，略有損益，做爲「門徑篇」。再加上一些評述民國初年國學家及國學教育的文章，做爲「登堂篇」，合起來就成了此書。

因此，綜合地說，寫這本書，一方面是應時代之需，一方面是消個人之業。國學是我的緣，也是我的業。是我的力，一切力量的來源；也是我的願，願昌明其學於天下。作此小書，略述門徑，雖不足以宏闡整體國學之綱維與精神，起碼爲之盡了點心力，我自己是很欣慰的。

本書既然原是講稿，便希望它真正達到接引的功能。門徑篇凡十四章，分四個部分：（一）前三章，談國學的名義、材料與方法。（二）四、五、六章，講基本語文能力如何訓練，介紹文字聲韻訓詁的知識與觀念。（三）七、八、九、十章，說經史子集四部概況，及運用其文獻之方法。（四）十一、十二、十三章，論儒道釋三教之歷史、內涵及研究法。十四章是補充之餘論，亦是總說，談治國學者的精神意態。

各章講說，自然都只能針對各別領域，例如儒、道、釋，或經、史、子、集；各章又各有主題，看來不甚統屬。但我切望讀者能通貫地看，時時想到我前面說的：治國學須有通識，亦在養成通識、成就通人。知識總是分門別類的，但讀書的卻是個人。人的知、情、意，必然整合為一體；其知性知覺知識，來源雖繁，門類雖別，亦仍是內在整合於人的。讀書人焉能捨己徇物，依從外在知識分類而忘了自己呢？

學者又當知：博學之道，重在精神心態，不是知識上的不斷相加。致知求學，亦非要做個技術性的學術工人。否則東談一點西說一點，獵時名而昧大道，豈不哀哉？

以上十四章，介紹基本材料、知識與方法，是拆開來說。一項一項、一類一類。「登堂篇」倒過來，藉評述民國初葉國學運動之人物與教育，來看其中蘊涵之各種問題。康有為、梁啓超、章太炎、王國維、胡適、馬一浮、陳寅恪諸人，或講說國學，或開列相關書目，都聲譽宏著，影響深遠，是研習國學者重要的導師。但這些導師，這個如此說，那個如彼說，其持之有故之故，言之成理或不成理之理，到底何在，則不能不再略做些分疏、略有些辨正。通過這些討論，治國學者方能算是登堂了，可以窺見堂奧。此後漸修，不難入室，得睹宮室之美矣。

本書爲初學者說法，因此寫得較爲簡飭，許多問題僅是略陳線索，未予展開。讀者若欲進階，則每一篇我都有相關之專論或專著可供參考，可以自行找來看。當然，爲學貴自得，師傅領進門，修行在各人，孟子曰：「子歸自求之，有餘師矣」，諸君未來進境，豈我所能測度？我的這些言說，聊當津筏可也！

評《古典智慧》叢書

（2007.05.23）

英國作家蘭姆在《伊利亞隨筆》中討論「書與讀」時，引用了莎士比亞《奧塞羅》第五幕中一段話來發抒其感慨：

我真不曉得何處再覓神火，
重新將那已熄光焰續著——

他講的，是一些內容雖好卻銷行不廣的書。這些書，一時偶見，轉眼便可能從世上消失，故令他頗生喟嘆。古人相信立功立言立德可以不朽，功德因乎機遇，著書立說卻似乎只要憑才氣加上努力就可辦到，孰知著作之傳與不傳，其實也要看它幸運與否。碰上好的讀者，燃藜照夜，這書本的智慧之光就能繼續照耀，不然也就掃入了歷史的煙塵中，光闇焰熄了。

蘭姆賦詩斷章，引用莎翁此語，語脈脫離了原劇，卻甚能曲盡其妙地形容出讀者和書的關係。讀者以其心光，上接書的智慧之光，彼此交映，才能讓智慧傳承下去。所以說經典雖好，可也得有人去讀它。沒人讀，火就熄了。

因此關鍵是「神火」。神火指特殊的讀者。這種讀者，能以其特異的眼光，把火焰漸熄甚或已熄的書重新標舉出來。透過他們的講說、點評、仿作等，使得光焰續生，再度爲人間照開黑暗。例如韓愈文集是宋朝歐陽修在破紙簍裡發現的；而孟子在唐末以後備受尊崇，又是韓愈所推舉的。韓愈、歐陽修就是製造神火，重燃已熄光焰的人。平常我們所謂的經典，即是這類人一代代不斷點燈續火所造就的。

我們這個時代的韓愈歐陽修不知爲誰。但續火有心，從事者頗不在少數。現在要談的《古典智慧》叢書，即屬於此中之一。

本書原係台灣高談文化公司所出版，大陸當代世界出版社改版發行。目前已刊十三種十六冊，有《史記》《唐宋傳奇》《宋代筆記》《六朝志怪》《莊子》《荀子》《世說新語》《貞觀政要》《夢溪筆談》《天工開物》《閱微草堂筆記》《今古奇觀》《關漢卿雜劇》等。昔年台灣高談文化並不高談文化，而選擇從介紹這些古典名著入手，以簡介譯白的方式普及於大眾，故叢書又取名爲「教你看懂」，想教人看懂《史記》這些書。卑之無甚高論，但續火之意不言可喻，如今引進內陸，主旨也在普及古典智慧。

古典智慧之有待普及於今，目前已無待申說了。若非狂獃，誰都知道人生下來是要學習才能有知識的，幼而向父母親長學、長而向老師及前輩學，必須學了才能逐漸形成自己。因此亨利．米勒（Henry Miller）有本自傳就叫《我一生的書》，因爲正是那些書形塑了他的生

命內容。若不讀書，尤其是不親近古之智者，生命又會有什麼內容呢？

可是，古今睽隔，古代智者的話，今人已不易明白，故需有訓詁、注釋或譯為口語等工作。本書所謂教你讀懂也者，即指透過這些手段令人易知易懂。

傳播古典智慧之方法，原理雖然不外乎此，但傳燈續火者歷來卻頗有不同的斟酌。台灣於七十年代起，大規模做古籍今注今譯，白話《史記》《資治通鑑》等，以譯文為主；《歷代經典寶庫》等，以重新講述為主，原文僅附數篇，鼎嘗一臠而止；《小橋流水》等詩歌詞曲賞析，則或分主題或分作家或分文類，以注釋詮賞為之；《經典叢刊》又以錄呈原文為主，僅做導讀及簡釋；另還有一大批重排原著的，門類至為複雜。我看大陸邇來印行傳統文化典籍也是如此的，故此間並不能說什麼方法就一定對一定好，各人用各人的方式去續火，我覺得都值得鼓勵，只要做得好就成。只看原文亦甚佳。不過，那些加上注釋整理的，畢竟代表一種心意，期望能因他們的努力，替讀者節勞。令人能看得懂古書，這些都是應當感謝的。

本叢書基本上是摘選，各篇前有總述，篇後大部分都有譯文，篇中再作注釋。有些原文太長，則逕作譯白，體例因每本書之性質而異，頗有彈性，大方向則是淺俗易懂。

我對這大方向是贊同的。今人與古典隔閡太久，遽然接觸，不免陌生；甚至於像久病虛痨的人，驟令其服用老蔘茸苓，他反而難以消受，此時就須使之淺顯易入。這套書在選篇、注釋、譯文，撮述宗旨各方面都用了些心思，確能導引初機。

缺點也不是沒有。有些注釋太過簡略，如《貞觀政要．謙讓》錄了兩章，第二章孔穎達勸太宗「以明夷蒞眾」，注解說了明夷是《易經》一個卦的卦名，指「暗主在上，明臣在下不敢顯露才智」。這就只解了明夷，未解釋蒞眾。且此語乃是諫君，就不該說是明臣不敢顯露才智，而是勸皇帝裝傻。這是簡而誤的。〈納諫篇〉魏徵勸太宗，太宗感嘆：「非公無能道此者」。注說：「道，同導」，也不對，道是說的意思。凡此之類，宜再檢核。

其次是解說時有些疏脫，例如《閱微草堂筆記》中太湖漁女一篇，評論說這則筆記贊揚了一名漁戶女如何如何，其實本篇是兩個故事，贊揚了兩個女子。《唐宋傳奇》中謝小娥一篇，作者簡介只說了不詳兩個字。其實本篇是以我爲第一人稱敘述的，許多人以爲這個我就是元和間的文人李公佐，故明凌濛初《初刻拍案驚奇》把這個故事稱爲「李公佐巧解夢中言，謝小娥智擒船上盜」，此處不能只說不詳。凡此之類，亦當補苴或修訂。

另外，有些解說仍囿限於批判封建社會、打倒迷信、揭發黑暗那樣的舊思路，尤以《閱微草堂筆記》那本爲甚。有些複雜的哲學問題，簡單的綜述或譯白，也常不能令其智慧發顯，像《莊子》《荀子》，就都不易掌握。荀子說性惡，但並不是如本書所云主張人的本性是惡；他的天論，說聖人不求知天，也非本書所云乃素樸唯物主義、講人定勝天，而仍是要順天政、養天情、全天功的。凡此之類，又皆應細加審詮，才能示人以軌轍。

雖則如此，瑕不掩瑜，把老經典的光焰繼續燃照下去，我確信還是頗有作用。此類工作，於今非太多，而是做得太少。知識分子，與其高談文化，不如振袂而起，一同來做，才能把火苗燒得更旺些。

峨嵋記遊

（2007.05.25）

赴四川。下了機就被拉到峨嵋山，宿在紅珠山賓館。館在報國寺旁。抗戰時，蔣中正先生在報國寺辦峨眉軍官訓練團，自任團長，官邸舊址即擴充爲此賓館。風景殊麗，足以感受到峨眉之秀。官邸則甚老樸，晨起坐其廊道間，觀山巒湖樹，深靜怡人。而我又不免想到那陽明山已燒掉的草山行館，故感觸頗有異於一般遊人。

由山腳上登金頂，貢嘎雪山遙遙可見。然金頂如今變化甚大，舊貌弗存。建了一座十面普賢大銅像，華藏寺等又修成金、銀、銅殿，侈麗以震俗目，令我不喜。幸而雲氣蒸騰，亙古不變，仍有若干靈氣仙風可使人有所感受。

峨眉在古代，固然以普賢道場著稱，但道教亦極盛。故明人唐荊川有〈峨嵋道人歌〉，李壽民則作《蜀山劍俠傳》。如今一切不存，只把「佛教聖地」拿去申報成了世界文化遺產。其實既是殘缺之遺產，又易令人誤解。

這情況就跟青城山一樣。青城山以道教去申報了文化遺產，可是青城前山固爲道教，後山卻以佛教爲主，青城派武術亦有佛家與俠家淵源，何嘗盡屬道教？

再說都江堰。以李冰治水去申報成了文化遺產。然古代李冰治水到底在何處，本有極大的爭論。《史記》只說李冰「鑿離堆」，但離堆究竟在哪兒，諸家考證，意見不一，大抵有都江堰、樂山、南充三說，皆三江並流處。故樂山大佛的烏尤寺旁即有碑刻云：「古離堆」。如今，樂山以大佛去申報文化遺產，灌口都江堰以李冰治水去申報，乃是行政上的取巧、申遺技術的操作，於是四川就有了多一點的文化遺產，而歷史問題與真相遂遭了掩蔽。

都江堰的二王廟，亦因此而變成了祀李冰及其二公子。這是荒誕不經的！可是現在誰也不好說。二王廟，其實本來奉祀的是二郎神。二郎神才是灌縣真正的民間信仰，灌口二郎神廟即其主廟。可是現今張冠李戴，所謂文化遺產，大抵皆如此如此。在成都，刻正舉行世界非物質遺產博覽會，熱鬧非凡，而我一點也不想去看者，正爲此故。

由峨眉下山，往成都。居然封了路，不准下山。詢之，曰：一級戒備，有領導要來遊山，下午三點半才准下山。嗚呼！此刻才一點左右，停車場附近連一處可以喝茶的地方也無，只能呆等，領略一下官威。

成都志異

（2007.05.26）

在成都，約了劉綏濱夫婦來，另邀吳銘能、徐新建等，同往望江公園喝茶。此乃薛濤井所在地，薛濤墓在焉。但這當然也是假的，其詳可見我《自由的翅膀》一書所述。不過反正坐林間納涼聊天，真真假假的故事又何必追究？

這公園現正在辦竹文化展，竹林栽得不壞。打麻將的人，或許因竹展期間要加收門票，故亦減少了許多，以致顯得格外清靜。中午則徐新建另約了貴州黃平縣副縣長潘洪波來請吃飯。

我去年本與徐新建、游建西約好了一同去苗疆玩。二君皆貴州人，游建西還寫過一本武俠小說《龍吟苗疆》，徐新建更是人類學專家，對苗疆極爲熟稔，同去必然好玩。不料我俗務太多，竟然爽了約，由他們自行去了。黃平縣對我未去，也很失望，此番縣長恰好來錦江城公幹，聞我亦在，遂稽留了一日，特來相見。

潘洪波乃漢名，苗名強流波金海，係父子連名制。他是副縣長，但更是劇作家、攝影家及作曲家，又是巫師之後。因此聊起來甚爲酣快，唱了許多他作的歌曲及巫歌。

晚上，去吳銘能處。推掉一切飯局，由他自製了兩道小菜，煮了一鍋綠豆湯，兩人閒閒吃了一頓。他甫由貴州回來，去那兒巡迴了三十一處監獄，跟犯人講道理、說人生，效果宏著，接著還準備再去雲南及四川各地的監獄巡講。我很佩服他的精神，而彼監獄所見，亦多可驚可愕可喜可怒之事，述之娓娓可聽。

飯畢，吳說有一友人收藏三星堆文物甚豐，遂又約去拜望。至則果然。大小數百件，陶玉銅石皆全，玉器尤多，且多帶文字者。

三星堆文物，廣漢所出，即今闢爲博物館者，以銅器爲主，文字甚少，且是否爲文字尚不敢確定，一般只說是圖符。但民間所收大小玉器，文字則甚多，據云已檢尋約千字。部份近於甲骨，部分尚不可識讀。對此類流散於坊肆之形器，學界大體存疑，因發掘採獲無明確報告，不無贗鼎。而甲骨以前之文字，目前亦無確證足堪論定，如陶文之類，均介於圖符與文字之間。因此我主張如當年甲骨出土時那樣，仿劉鶚編《鐵雲藏龜》之例，將有文字者摹文附圖刊出，以待學界考釋，庶幾真僞明而疑冰渙。可惜此事非他們幾個民間收藏家所能爲，只能等待有心的學術機構來參與了！

珠海之旅

由成都返北京。才待了一天，又飛珠海。我這兩年進出珠海多次，或由廣州深圳，或經澳門，這次則特由珠海機場入。原因無他，經廣州深圳或澳門轉都太累，也許直接飛到珠海較爲省事。

這是本學期最後一次到聯合國際學院上課了，教得愉快，不過天氣太熱。今年氣候異常，熱得快、熱得凶，由北京南下，更覺溽暑難當。幸而每日午間皆有暴雨，得以稍滌暑氛。入夜，則因午後下過雨，天氣格外靜定。月圓如鏡，清光媚我，令人不忍入寐。

學校安排了一場訪問，一無錫同學來做訪談。聞太湖今年因熱得太早，湖上藍藻之害提早爆發，水源污染，無錫人飲水漱洗都成了問題，甚爲念掛。太湖今年還沒去呢，聽著電視裡播放「太湖美呀，美就美在太湖水」的歌曲，格外感到荒唐。大陸近年生態問題越來越嚴重，這不過是其中一個警訊而已。

（2007.06.02）

今日課畢，本擬去澳門談些事，因故取消，遂返北京。但因是下午的飛機，早上逮著了些空，便請學校安排，由伍鴻宇兄陪我去唐家灣唐紹儀故居玩。

現在的珠海，除了拱北關口一帶因毗鄰澳門，較爲繁華外，大抵多爲漁村，在大陸上算不得什麼。但在清末，此地可是中外門戶，頗得風氣之先，容閎、唐紹儀等均爲此地人士。孫中山翠亨村也在左近，過去且是同一個縣治。我於一九九九年去美國哈佛耶魯開會時，有天曾趁會中找了鄭愁予、龍應台同去容閎墓地拜訪。墓園絕美，楓林碧草，閎靜幽深。我們各帶了個飯盒，坐在紅楓林中把飯吃了，逡巡憑弔，咨嗟而返。如今我人到珠海若干次了，而竟未一訪容閎那一輩人之遺跡，當然是說不過去的，因此藉這個機會先到最近的唐家瞧瞧。

聯合國際學院校址本身就在唐家灣，故唐家故居距校甚近。大概本來就是唐氏聚族居住的地方。唐紹儀之「共樂園」尙在。園子本名小玲瓏山館，後捐出，故名共樂園。在一小山丘上，傍一小湖。屬南方園林，極爲樸素。看來遊客甚少，今爲周末，而僅我們這兩個客人，可見一斑。但也正因如此，所以沒太修整，尙能保持舊貌。大陸各地古蹟，爲了觀光旅遊而修整後，往往煥然一新，盡變舊觀，此處幸而還沒遭了毒手。

可是共樂園只是唐家的花園，並非故居，故居在哪兒呢？詢之，才知另有所在，且不開放。

我們想：雖不開放，去門口看看也罷。便尋了去。原來在一唐氏聚落深巷中，小門靜閉，果然是不開放的。

我又想，雖不開放，打門試試，或也無妨。遂拍門。經一番交涉，居然開門讓我們進去看了。

故居簡樸，倒也沒什麼，而是看管的老者唐鴻光先生甚令我驚奇。原來他是唐紹儀姪媳婦之子。這位姪媳婦是誰呢？便是在台灣推廣英語教育，作育英才無數的鵝媽媽趙麗蓮。他既是趙麗蓮公子，英文自然也極好。退休後，返回故里，當起唐紹儀故居管理員，每日蒔花植草，打掃房子，閒暇則開班講學，有不少青年來這麼荒僻的地方找他學英文。亦可謂奇人也。

據唐先生說，房子過去被佔用過，如今雖發還，但家具皆非原物。文化局花了二十萬由各地搜來一批舊家具，聊以充數。屋內牆壁，貼磚敲鑿做舊，亦非原貌。然居今之世，能得如此，便已稱幸，故吾人亦不必深究啦！

由唐先生處，我亦知道珠海另有一位洪秀平先生，早年赴美求學，一九九八年返珠海，辦了個平和語言村，強調浸泡式、全封閉英語培訓。賺錢之後，洪君卻受吾友蔣慶在貴陽辦「陽明精舍」的啓發，開始辦起了一個「平和書院」，將來還擬建珠海中國文化書院。目前的工作，一是專題演講；二是兒童讀經；三是針對黨政幹部公務員，進行倫理道德培訓；四是推動社區睦鄰活動。此等事，我相信效果不會很大，但畢竟是有心人士！

由唐家再轉往中山，去翠亨村參訪國父孫中山先生故居。此處情況就跟唐紹儀宅完全不同了。遊客多，整理建設亦好，紀念館中以圖片爲主，但大體不謬，黨派觀點還不太濃厚。參觀出來，逢暴雨，驅車趕往機場，便誤了航班。無奈只好明日再返北京。於是又乘了兩小時車，才再回到學校，旅途中消磨的時間，實是可驚！由珠海進出，本以爲簡便，初不料反而折騰至此，打電話回北京告訴女兒，遭她好生恥笑了一頓。

夜間，孤身住在學校，無應酬、不訪友，自去一小店，喚了一盤熏肉大餅，夾著大蔥吃了。呵氣葷沖，鼓腹而遊，亦甚悠哉！

讀老書

（2007.06.15）

旅途勞頓，返北京將息了幾日，才稍緩過氣來。可是稿債山積，畢竟仍是閒不了，網誌因此未多續寫，亦因此故。

我原不用電腦寫作。在學校時，因有司機，故不會開車；有會計，故不會算賬；有祕書，故不會打字。號稱校長，實乃廢人。連每日作息，其實均是祕書安排，令我按表操課，作用殆如木偶一般。因此我雖配有電腦不只一台，卻連開機也不懂。某次想自己試試，螢幕忽然迸出美女像，玉體橫陳。我大吃了一驚，忙喊同事來修理。惹得她們哈哈大笑，說是替我佈置的桌面，不料嚇著我了。還有朋友揶揄我說像我這樣什麼都不會的，幹職員可不成，沒有單位能要，所以只能當校長。

但我的文稿，產量甚多，不免有人好奇來問：「你們校長都用什麼輸入法呀？那麼快！」大家就又都哈哈笑，說：「校長呀，他都用叫人輸入法！」叫人輸入，誰打得快就請誰代爲輸入，且可請許多人輸入，當然迅捷。而我呢，看別人打得飛快，自己也就寫得酣暢，不知不覺每年竟要塗鴉上百萬字。

校長卸任以後，來大陸客座，無人可供使喚，一切都要自己摸索練習，這可慘了。學生又替我架了個網站，要我每到一處便隨筆略誌行蹤，以報存歿。只好勉爲其難，開始遷就電腦。

可是我寫作的習慣無法驟改，用電腦難以思索，終於還是手寫。寫畢，找傳真機傳回台灣，打好字再上網。這不免仍是叫人輸入。老邁人應付新時代，看來終究有些適應不良。

這批隨筆，後來結集爲《北溟行記》。內容蕪雜，近乎日錄，但我對之格外有所感觸。每一則，短短一頁兩頁，我卻常要爲它們在我旅行的荒村野驛中找傳真而傷透腦筋，花了許多錢，費了許多精力，還多虧了學生替我勞動，才有這個網誌及這一堆亂七八糟的文章可以面世，說起來能不感慨嚒？

現在網誌仍要繼續寫，看來有似航了海的船員，要繼續寫著航海日誌了。只是我不能如海員那般，他們閒著沒事，每天空望著大海，不寫點東西，何以度日？我要寫的東西多，騰出手來寫網誌反而顯得奢侈了。

這時我就佩服像胡適那樣的人，每天那樣忙，稿債那樣多，還能日記不斷，精力與毅力，實不可及。

徐曉恰好又給我送來了《胡適精品集》。煌煌十六冊，還是一九九八版，老友胡明所編。快讀一過。許多文章讀來仍有新意，論學語不蔓不枝，亦可見博覽之功，此君未可小視

也！

近年這些老輩著作多獲得了重印機會，讀來特別能勾起回憶。前兩天何曉濤送我梁漱溟《鄉村建設理論》、蒙文通《經學抉原》等，讀來也都同樣的感觸。這些老書，是我少年時期的讀物，如今再看，真如久違了的老友，令人緬念起讀那些書時的諸般情境。

例如劉師培的《中古文學史講義》，附了《漢魏六朝專家文研究》，那是大學一年級李鍌先生教我們國文時命我們讀的。我讀了很佩服，就去圖書館把《劉申叔先生遺書》都看了，還另找了許多版本來讀。今年我開始寫中國文學史，又找到幾家大陸重印的劉先生中古文學史，真有老友重逢的喜悅。雖然看見他穿了新衣，又改用了簡體字，覺得彷彿談吐有些變了樣，卻還是欣喜。只不過老友舊作不廢江河，徒然顯得後來者的無能，倒讓我覺得不再努力些是不行的啦！

騙人的社會

（2007.06.17）

在北京，坐地鐵。一人挾報紙，在人叢中兜售。一邊擠，一邊喊：「劉德華死了，劉德華死了，昨晚九點四十五分被槍擊死了，快來看咧，報紙！報紙！」我聽了很吃驚，因爲這麼大的消息，我早上出門時竟沒聽說。他正好擠過我身邊，我覷了他手上的報紙一眼，果然是劉德華的大頭照及新聞，好像還是個什麼法制報。

我下車後，即打電話回去問女兒：「聽說劉德華死了！」「嗨，那是騙人的，每天都在地鐵上騙人！」原來如此，怪不得車上人聽得此君如此喊叫，都一臉漠然。北京真是個有趣的地方，什麼怪事都有。類似此等騙人的事，台灣當然也多得是，但豈有公然在捷運上賣假報紙，喊嚷假新聞的？

跟徐晉如約了見面。晉如去廣東中山大學讀博士後，即未見。前一陣子他與十博士聯手批于丹講《論語》，很引起討論。他認爲我更適合去講孔子，我不敢當，惟久不見，乃因此

而渴欲一晤。可是舊電話均改換，一時找他不著，如今才聯繫上，約了晚上喝茶。

聽他談文化界現況，感覺我在地鐵上聽人報假消息詐騙，實在有點少見多怪。現今文化界學術界大嚷嚷著騙人以賣書賣報紙的，才多呢！

晉如頃在中山，歛華就實，能帶學生作詩塡詞，我以爲甚好。示我其自作《紅桑照海詞》之外，有《甘棠集》一種，乃彼與高松、陳驥、畦謙、曾少立、檀作文諸君結爲詩社之社集；又《粵雅》一種，係中山大學嶺南詩詞研習社社刊。三種都好，版型、字體、裝幀俱安雅。《粵雅》多學生作品，尤令人眼明心驚，彷彿如見昔日《詞學季刊》模樣。據云穗港澳近年屢辦詩詞比賽，以傳承高貴之人文精神及高雅之審美情趣爲宗旨，文風頗爲可觀。可惜我近年未及注意及之。想來時世雖亂，騙人者多，但沈潛舊學的風氣畢竟不曾斷了，這終究是可喜的。

十六日，去三味書屋演講，論國學，也有此感，就不贅述了。

渝洲散記

2007．06．22

十八日下午在北師大講了本學期最後一講，即乘機飛往重慶。抵渝時已夜深。端陽前夕，而水氣甚濃，殆欲雨也！初以爲此地必然甚熱，乃竟如此，頗出意料之外。

在此開會，因整天關在屋裡，故不知此地過節習俗如何。金陵電台陳婷打長途電話來問，也只能粗略比較兩岸過節的狀況。我說大陸較乏過節氣氛，粽子也不夠好吃。陳婷很驚訝，說現在端午節的氣氛不是已經很濃了嗎？我說是，但一來台灣是放了假來專門慶祝，提醒大家過節，大陸則還不能正視這種傳統節日，起碼官方還是如此，節日總是政治性的。其次是大陸個別城市飲食風俗大抵單一，台灣卻什麼省的人都有，粽子多元化，故較大陸個別城市爲勝。三是某些習俗，例如香囊香包之製作及時尚化，似乎也勝於大陸。這種比較未必準確，而且我的用意也不是挈短較長，爭兩岸之勝負，而是希望彼此觀摩，共同發展端午文化，勿令韓國人專美。

我早年做民俗研究時，與婁子匡先生熟。婁先生每逢端陽，輒發函邀同道為雅聚。便箋十分清雅，我過去保存了不少，現今不知擱在何處。其所行儀俗，大約與《端午禮俗考》所載略似。但老輩雅趣，迄今難忘，每過端陽，我便會想起這位可愛的老先生。

至於會議。這個「兩岸中華傳統文化與現代化研討會」已開了五屆，本屆過氣官僚尤其多。某些國民黨新黨老黨工，不知學問為何事，來此接受招待，發言巽侫，令我不太坐得住，因此不說也罷。

會議期間，重慶正慶祝成立直轄市十週年。為此放假、辦各式慶典，跟香港慶祝收回十週年正相呼應，內涵也差不多，政治意味甚濃。我還在鳳凰衛視看到一個節目，大誇港人如何熱愛解放軍，讓我看得哈哈大笑。

我也看到了重慶江津臨江城樓長聯的新版本。這個聯，本是光緒年間鍾耘舫所作，凡一千六百一十二字，比昆明大觀樓聯一百八十字，或洞庭君山湘妃祠聯四百零八字都要長得多，號稱天下第一長聯。如今有某君據說花了十年，撰成了「重慶詠」長聯，達一千八百一十字，以壓倒之。我看了也是哈哈笑！聯作這麼長，誰看吶？且競誇宏侈，乃近人之大病，其笨猶如組織萬人去人民大會堂鼓琴、萬人齊誦道德經、萬人齊打太極拳、萬人齊喊汪汪汪，除了多，有什麼價值嗎？

而文化的事，多可未必便好，往往還不如藏拙哩！試看此聯第一句：「噫嚱！朝天門觀長江嘉陵江兩江龍騰，巨輪壯流，遠帆輕波，勁槳駭浪，怒笛驚濤，浩浩蕩蕩，洋洋灑灑，傾億多歲內陸海水縱橫盆地」，就知純是堆砌贅詞，而且沒有一小節是通的。龍騰是要飛起的，江流可如龍，可惜飛不起來。至於巨輪如何壯流？而既是龍騰又是壯流，又怎麼會是輕波？洋洋灑灑，又可形容江水乎？內陸海水又作何解？此句便已不通了，對句以「夥頤……」對「噫嚱」當然也就可笑。重慶晚報爲此聯刊了個大半版，還說有某老闆附庸風雅，欲開價三十萬以收藏之云云。這都是浮誇社會不懂文化的瞎起鬨。如此發揚文化，文化危矣！

又記：廿一日往遊磁器口。廿二日主辦單位組織了去遊大足，看石刻。與團員聊起來，才知大多數人都不曉得大足石刻是什麼，或者說根本什麼也不曉得。例如與某名流談起三味書屋，她說：「啊，為什麼叫三味，是哪幾種味呢？」原來她不知道魯迅與三味書屋的典故。聊起馮玉祥趕溥儀出京，她說：「哦？什麼時候的事？為什麼要趕？從哪裡趕出來？」我懶得跟如此這般的人出遊，便約了宴紅、周天德，一道去長壽縣獅子灘。

此地有湖，廣六十五平方公里，湖島二百座，煙波浩淼，宛然又一千島湖也。而遊人尚多未知，故素樸可喜。偏偏天氣又好，雨後涼潤，霧靄薄薄地罩在湖上，漁舟小盪，遂如進入畫境。湖中產翹唇魚，尤為鮮美。來此靜對湖山，燒七八斤魚吃，遠勝於陪無知者扯淡矣！

關於論語徵文比賽

2007.06.28

今要返台，準備七月八日領團去白鹿洞辦國學營。

前兩天，中華書局、新浪網、中央電視台及曲阜市，在北京圖書館開辦「我的論語心得」徵文比賽，找我去參加啓動儀式。我當然明白此舉有些商業上的用意，但基於推廣閱讀《論語》的心情，仍去參加了。發言大意如下：

一

大陸近年之國學熱或論語熱，很多人不以爲然，覺得熱昏頭了，該降降溫。但依我看，熱只是未正常化之現象。關鍵在於社會有加強認識傳統文化之需求，媒體配合之、推揚之，而體制性的教育結構漠然不動，甚且打壓之。激揚起來的氣氛不能斂才就範，順利進入教育體制內，焉得不在社會上繼續鼓盪？此猶如人體不能舒風散熱，那就只好持續發燒。以台灣來做對比。台灣的復興中華文化運動很快就體現在中小學教材中，《論語》《孟子》成爲「文化基本教材」，每個人都讀過，自然也就不用于丹那樣在電視台上開講，更不必辦什麼徵文比賽。因此，如今鼓吹閱讀經典，更重要的，其實是促使教育體制改革，而不獨發展爲社會文化運動。

二

大陸現今之熱，由上述觀點看，乃是病態，或者說根本也還沒熱。因爲在體制內尚不重視傳統文化（不但無文化基本教材，中學語文教本裡文言文的比例也較低。台灣現在高中課本的文言文占百分之六十五，將來準備「去中國化」降為百分之四十五，跟大陸看齊）。社會上又瀰漫著一種認知魔障，老是在自命前衛，不斷嘀咕：「都什麼時代了，還要讀二千年前的老古董嗎？」這種心理既普遍存在於自以爲是的知識人、主流社會中，傳統文化就不可能真正熱起來。

這些動不動就諷嘲講國學、讀經典是保守主義的人，爲什麼從不想想：西方人爲何至今仍在讀《聖經》，講柏拉圖、亞里斯多德呢？柏拉圖、亞里斯多德都是反民主的，《聖經》尤其與科學民主不相干，可是人家美國總統就職還手按《聖經》宣誓呢！大學裡講人文社會科學也動輒上追柏拉圖、亞里斯多德，通識教育更以經典閱讀爲其核心。哪像我們這裡的半吊子洋派人士，啥也不懂就擺出一副不屑的姿態？

不打破此等現代化魔障，莫說國學熱，要正常化看待自己、看待傳統文化都難上加難！

三

基於上述理由，對於推動閱讀經典之活動，我們理應支持。此次各媒體在平日浮光掠影、媚俗、由少數人掌握話語權的情況外，願合辦徵文，號召大眾共同閱讀經典，以深化理解，自然也是值得鼓勵之事。

據聞前此大慶油田已舉辦過徵文，不知文章內容如何。不過能讓一般人都重新接觸《論語》，毋寧是好事。中國古代，這些經典本來也就是一般民眾之讀物。宋明理學家慣在鄉里與田夫野老講習孔孟義理，民間更有耕讀傳家之傳統。現在，教育普及，但國家化了的教育體制，卻中斷了這個傳統。因此，恢復民間重新自讀《論》《孟》，可能也有另一個意義，讓耕讀傳統重新復甦於民間，是值得關注的。

四

不過，舉行「《論語》心得徵文比賽」也有該警惕之處，怎麼說？

讀《論》《孟》而辦徵文比賽，古代早已有之，即科舉考試是也。科舉的文章，並不像一般人所以為都是無聊的八股，只曉得根據朱熹注去發揮，看不到自己的見解。今人沒見過八股文，所以如此瞎批評，其實八股科舉就是要看考生的讀書心得與見解，內中好文章也多得是。

例如《論語》「吾十有五而有志於學」一段，歸有光的八股破題就說：「聖人所以至於道者，亦惟漸以至之也」。也就是說孔子是逐漸積累、逐漸進步，才能成爲聖人的。此說看起來沒什麼新奇，實乃大違古注之說。十三經註疏中《論語》邢昺疏就說：「此章明夫子隱聖同凡，所以勸人也」，朱熹注也說：「聖人生知安行，固無積累之漸」「所以勉進後人也」（**此句是朱熹引程子的話**）。他們都認爲孔子是聖人，而聖人是生而知之的，根本不必學，故凡孔子勸學之語，他們都解釋爲是孔子刻意勸勉別人的，並不是說他自己。歸有光的見解就跟漢宋權威注解都不同。

諸如此類事例，可說俯拾即是，文章更不用說了，起碼比今人寫得好。但古代科舉，人人讀《論語》、人人有心得，人人也都能表現於文章，那又怎麼樣？效果如何？看來並沒什麼了不起的效果。某些人，例如秦檜，還曾考中過狀元呢！是徵文比賽的冠軍。但讀聖賢書，所學何事，似乎亦沒什麼體會。然則辦徵文比賽果然有啥益處？

之所以如此，是因那些參加徵文大賽的人，大半只是爲了寫好文章，以謀祿位。他們看《論語》，無非看一堆言說，然後再根據它，自己又造作一堆言說而已。

朱子在其《論語集注》前面，特列了一篇「讀論語孟子法」，其中引程伊川云：「凡看論孟，須將聖人言語切己，不可只做一場話說」。此語甚要。儒學是實踐性的學問，把心得寫下來，只是爲了觀摩相印證，做個記錄而已。重點不在作文，而在心得，心中確有所得，且能見於實踐中。目的不在得獎。設獎只是個類似射禮的儀式，大家揖讓而升，下而飲，引發論學取友之趣味罷了。

參加徵文者，舉辦徵文者，皆應有此認識才好！

新國學

2007.07.07

白鹿洞國學營明天就要啓程了。前幾天，因大學聯考國文考題文言文的比例達六成六，又出了李斯的〈諫逐客書〉，竟引起所謂五大本土社團之抨擊，謂大考中心已遭中國勢力把持，故用中國作家打壓台灣作家云云。可見如今在台灣，若想讀點古書、看點文言文、就已經是政治不正確的了。若還想講點用人唯才，勿拘限於省籍的道理，就更是不識時務了。至於國學，嘿，在本土派的土腦筋裡，那當然不能是中國學問，而只能談台灣史、台灣文學啦。世道既然如此，我可就偏要講中國文化，偏要辦國學營，偏要去白鹿洞！

近年我之大談國學，固然是因愛好，但說來喪氣，也頗有一大半原因是時世所激，不得不爾，情況殆如上述。故與大陸上講國學的朋友，心情並不太相同。

我的國學，也跟一般治國學者有些差別。因我並不只是文史哲的面向，還有點別的東西。這兩天校對一本舊作，論新管理學。有篇自序，附錄於後，以供參考。我在《國學入門》自序中曾提到：治國學不只是述古，還要能從國學中生長出新學問來。我在管理學等領域的開拓，就是一個例子。讀者不難隅反。《人文與管理》自序曰：

我是在台灣成長而對中國文化抱持高度熱情的人，在大學中受的主要也是文史哲的訓練，抗志希古。但畢業後追隨淡江大學張建邦校長，處理其文稿，卻對我起了極大的轉變。

張先生於七〇年代初期即提倡未來學，討論後工業社會的趨勢，推動資訊教育，並創辦《明日世界雜誌》。乃是華人社會涉入此一領域之先驅。他本人又長年研究教育行政，博士論文即以探討大學的管理模式為題，對世界高教發展，不只從理論層面去瞭解，更能分析其管理癥結。後來他又從政，擔任過市議會議長、交通部長等職。我因工作之需，自然也就在其指導下努力鑽研市政問題、資訊社會學說、未來趨勢分析、後工業後現代理論、教育行政管理學說等等，並嘗試將這些跟我原先學習過的人文學知識統合起來。這也使得我的文史研究在學界別樹一格，具有超越現代性的視野，且能與社會科學統合起來。

這是七〇、八〇年代的事。那些年，我還創立了淡江中文研究所、國際佛學研究中心、中華道教學院，並辦《國文天地》雜誌，負責《中國晨報》的社論事務等，累積了許多實務經驗。一九九一年，我又由學界出來從事公職，負責推動海峽兩岸文教交流事務。舉凡學術、教育、文化、科技、體育、藝術、大眾傳播之交流互動，所有法規、政策、規劃與執行，幾乎一手包辦。在那個兩岸初啓交流契機的年代，起了點推波助瀾的功能，私心甚以為慰。過去只從理論上探討的各種行政與管理問題，也因有這些難得的機緣，得以印證於實務中，更是深感慶幸。

不過，兩岸事務受限於國際情勢及政治環境，畢竟開展有限，政府行政管理上許多積弊，亦非我個人之力所能改善。故於一九九三年即辭職，返回學界，籌備佛光大學。

聽到佛光這個名稱，很多人都以為是佛學院，以為我看破紅塵，準備出家了。哈哈，其實不是！這只是佛教界帶頭捐募成立的一所綜合大學罷了。在世界上，教會創辦世俗性的大學，早已蔚為傳統，基督教天主教辦的學校，不計其數。台灣也在九十年代開始有佛教團體出來捐募資金興學，迄今已有了四所大學，而我經辦的就有兩所。這兩所本來只是一個。原先叫佛光大學南華管理學院，於一九九六年開校啓教。一九九九年因辦學績優，為新設院校第一名，教育部認為早已符合大學之標準，建議改制為大學，故獨立成為南華大學，由我再另外籌建佛光人文社會學院。後來這個學校，也同樣因是新設院校第一名而改制為大學了。

在辦南華管理學院時，我的主要思考，除了想辦成一所好學校之外，更想辦成一所不一樣的好學校；且希望藉著辦學，替整個社會打開一些新思路，創立一些新格局。因此幾乎當時所有管理學院都還只在大談企業管理之際，我卻著力於發展人文管理，創立了華人世界第一所非營利事業管理研究所、文化行政與藝術管理研究所、旅遊事務管理研究所、環境管理研究所、生死學研究所、出版學研究所等等。後來在佛光，也創辦了未來學研究所、生命所等新學科。

這些新學科，由於是新創的，故在創立之際都經歷許多爭辯。我一方面要向社會宣揚相關理念，一方面要面對學界的質疑，一方面還得通過行政協調，爭取教育主管機關的認可，實在是倍極艱辛。幸而如今看來功不唐捐，這些人文管理的新學科，已成為新世界的寵兒，越來越重要。

但對管理學的改革，並不只能顯示在企業管理之外另闢人文管理之領域而已，更重要的，乃是要在整個管理學中貫注人文精神。例如傳統管理學兩大範疇：政府行政管理與企業管理，均應朝向人文學轉型，這才是廿一世紀新管理學的趨勢所在。可惜現在充斥於兩岸管理學界的，仍是五〇年代建立的機構及學科建置、七〇年代的研究方法、八十年代養成的人員及觀念、九十年代的世俗應用風潮，對此新趨勢頗為陌生，故須由我來大聲疾呼。我比一般談管理學的學者幸運，有大多數人所無的人文學背景，又有三十年的管理實務經驗。我的經驗又兼跨政府、企業、非營利組織。故參互比較，或有一得之愚，亦未可知。

一九九六年我曾出版《人文與管理》一書，粗陳梗概，略論此人文管理之義，並對管理學界之浮淺不振作頗有微辭。十載以還，再來看看管理學界之表現，實在也沒什麼太大的進步，且似乎越來越媚俗、越實用、越工具化、越非人文化。在這種情況下，我這本舊作，好像也還有重印出來，做為反思材料的必要。

這即是本書再版之緣起。再版補了五篇新論文，合為十一章，因此看來彷彿新作。第一部分，綜論新管理學的發展；第二部分，論經典管理；第三部分，以宗教團體的管理問題為例，看人文管理；第四部分從人文管理角度看政府行政管理及文化產業的規劃。論域自開，論旨獨闢，對於關心管理學發展的朋友，或許可以有些幫助。

丁亥夏日揮汗寫於雲起樓

江西記旅

2007.07.20

八日即由台灣啓程，開始「國學營」的活動。途經澳門、深圳、南昌、白鹿洞、廬山、景德鎭、上饒、鉛山，凡十日。行蹤殆數千里，全團五十人。領隊之累是不消說的，幸而辦得頗爲成功，差可安慰。所有講習行程及課程，皆已掛在我網上；團員對此次研習之內容，亦別有論述，故均不再贅陳，只記幾件瑣事：

一、繩金塔

南昌屢來，名勝古蹟唯繩金塔未至，故此次安排了來參觀。「南昌故郡，洪都新府」，其物華天寶、人傑地靈，早自漢代以來即已著名。但不幸此地在一九二七年以後，標榜革命，把南昌暴動神聖化，以致洪都漸成赤都，到處張揚著革命的氣焰，舊史遺事，頗遭抹煞；城中古蹟，亦破壞殆盡。現在大概僅存的就是這座繩金塔了。其餘滕王閣、萬壽宮、佑民寺等，均是仿古復建而已。

可是也許旅遊規劃單位覺得光一座塔不足觀，所以如今又在塔前建千佛殿，塔後建大成殿，塔側再建戲台以合成一景區。

如此建制，不是可笑嗎？凡寺廟建戲台，都不是爲了娛人而是要演戲酬神的。故戲台上唱戲，得讓神佛瞧得見。寺側搭戲台，豈非荒唐？寺塔之後，建個大成殿，更不用說了，凡略知我國孔廟建制者，都曉得這是妄謬的。

大成殿內，塑三像，孔子居中，顏回左、澹台滅明右。曰澹台子羽嘗授徒數百人，傳易學，故奉之也。神座前，編鐘、編磬各一列，中置一籤櫃，大書「易」字，鼓勵遊人抽一籤卜之。旁則列坐老者五六人，各著唐裝，裝模做樣，拱坐桌後，待人問易，以決吉凶。

這是什麼玩意兒？大成殿無此規制，一也；澹台滅明授徒傳易，亦屬無稽，二也；關帝面前賣大刀，在孔夫子面前妄談易，不知輕重，三也；儒門論易，不重占卜、不祈福祐，在此賣弄求神乞靈手段，以招徠顧客，頗背孔子論易之宗旨，四也。如此尊孔，令人見之，有些發火！

二、青雲譜

青雲譜道院，現在依舊掛著八大山人紀念館的招牌，且將原來道院中的關帝殿、呂祖殿、許祖殿全都改爲八大的紀念廳。

八大山人該不該紀念？當然該！但青雲譜跟八大無關，「非其鬼而祭之，諂也」！應另外找個地方重建八大紀念館，或在青雲譜旁，或去洪崖都行，就是不該硬說青雲譜是八大山人的舊居。青雲譜是忠孝淨明道的道院，應還它本來面目。

三、白鹿洞書院

在我們到白鹿洞辦國學營之前，人民大學的國學院也剛在此辦過半天講習。此處具講學之象徵意義，是顯而易見的。但現在此處不過是個空殼子，並無大儒在此主講，亦無生徒在此研修。最多只如我們一般，利用這個場地辦些活動罷了。

書院的朋友，跟我們談得最多的，也不是朱熹、陸象山、王陽明之學問，或書院的精神、儒學的傳統，而是狐仙的故事。說書院鬧鬼，朱熹曾與狐仙有一段戀情等等。

鬼狐之說，信者信，疑者疑，我亦未必要持無鬼論。但聊當談助可也，豈能將耳目心志都放在此處？且於朱夫子之道德文章、性理學問均置之弗講而大談其人狐苟合，不是糟蹋朱子嗎？朱子之劾唐仲友、之作詩譏胡銓「歸對梨渦尙有情」，不正是反對私情的嗎？杜撰他與狐女之情事，實在是窩囊他的讕言。吾人聞之，很爲朱夫子抱不平。

四、廬山觀妙亭

廬山乃古代名山，不像黃山到明清以後聲名才較顯。漢魏六朝唐宋之名僧、高道、文士、墨客，與此山有關係者不知凡幾。但如今遊山的人聽來聽去，卻只聽到朱元璋、蔣介石、毛澤東。這也是朱元璋，那也是毛主席，擴音喇叭、布招掛示，充耳塞目。一種歷史遭了閹割，以張揚帝王意識的感覺，使人不快。青山綠水，遂都失了精神，幾乎讓我想逃開，不願再看了。

在錦繡谷，仙人洞旁有一亭，名觀妙。我跟周志文坐在亭中，看一導遊領了一團人來，扯開麥克風，大喊：

啊，各位！這有座亭子。各位看，觀妙亭。為什麼觀妙呢？啊！這就是蔣介石和宋美齡看晚霞的地方。晚霞很美，所以蔣介石到了這兒，就說了『妙，妙，妙』三聲妙。為什麼妙妙妙呢？這第一妙，當然是晚霞甚妙；這第二妙呢，是美人在旁，也很妙。至於第三妙嘛，啊，各位回頭看，山壁上寫著『竹林寺』三個字，這最後這一妙，就是指寺廟。所以觀妙亭的妙，本來也寫作廟，也就是觀廟啦！因為蔣介石在此說了妙妙妙，因此他的副官隨後便將之改名為觀妙亭啦！副官拍馬屁，所以後人又稱這個亭子叫馬屁亭！

講畢，一團人嘖嘖稱奇，咨嗟而去。接著又一團來，導遊一樣放大了麥克風音量，說了妙妙妙的故事。再來一團，還是妙妙妙。繼來一團，又是妙妙妙。我跟周志文先是錯愕，繼則捧腹，說：「我們姑且在此等我們這一團的導遊來，看她是不是也要妙妙妙，學貓叫！」

導遊果然逐漸走來，看我們已到了，十分高興，便開始講這個妙妙妙的故事。我們待她講完，再也忍不住，轟笑了起來。她一頭霧水，忙問我們爲何如此取笑她。我們才告訴她：觀妙，是道家語，《老子》第一章：「常無，欲以觀其妙」，此亭建在仙人洞畔，故用此

語，欲人能觀照道化，跟蔣介石有什麼關係？跟佛寺又有什麼關係？她很狐疑，說妙妙妙是導遊書上寫著的，教材如此教，她們也就如此背，所以每個導遊都妙妙妙。

這就是問題之所在了！我走南闖北，看古蹟文物之介紹、聽導遊之講解，十有七八是錯的。這些錯，有許多就源於導覽教材。目前學界知識界對電視戲劇的「戲說歷史」之風、對于丹南懷瑾等人錯解經典，已有不少批評，可是對旅遊教育中亂七八糟的狀況卻鮮少留意。不知因旅遊業之興旺，此等錯誤的文化知識傳播才更可怕！

五、蔣士銓墓

由景德鎮往上饒，宿一夜，即赴鉛山，訪辛稼軒墓。

不料雨勢忽驟，鄉間土路頗難行車，近至里許，而終不得不放棄，原車折返。大陸各地古蹟遺址，若未闢爲觀光遊覽產業，大抵就都是這個樣。不是舊址荒蕪失修，就是道路破碎，難以趨覓、不便訪謁。但若闢爲旅遊產業，那也完了，大半又修整得面目全非、虛假粗俗。因此可謂兩難！

因等車子調頭，在路旁土屋中坐，與老鄉談，彼云：「左近還有個蔣士銓墓哩，何不去看看？且就在路邊」。乃大喜，一夥人連忙趕去。下車，穿過一處村落，漸往山上走。原來也不是山，乃一堤壩。銅礦場在此伐山採銅，貯水爲池，以爲淘洗，故爲一大銅水汙湖。水色橙褐，人若不慎掉了進去，恐怕要變成少林寺的十八銅人。墓就在湖中一小島上，架一拱橋，與岸相接。

是時，雨勢竟歇，驕陽肆虐。我等穿村爬山，上堤過橋，不禁氣喘吁吁，汗如雨下。待得撐到蔣墓，無不面色如土。蔣墓僅一水泥堆，墓聯已漫漶，但大體完好。料此間尚有後人，故還能保持。

士銓詩文戲曲俱擅，曾主講於揚州安定書院、紹興蕺山書院。歸葬於此，從前我還沒注意到，此行乃於無意中得拜。辛稼軒墓不得而見，見蔣氏墓，聊以代之，亦旅中一奇也。

六、鵝湖書院

淋了雨又曬了太陽，抵達鵝湖時，院長來迎，說：「先吃飯罷！」遂用餐。餐就設桌在廊廡之間，甚似台灣鄉間廟宇「辦桌」。土菜粗米，用大飯桶蒸了來吃，極樸野，卻甚好。

餐畢，座談。王邦雄師代表台灣「鵝湖派」發言。正講到天理人心，儒學正脈處，忽然雷聲大震，霹靂一響，近在頂門。天人相與，震聾發聵，莫過於此。大概這個道理，在此間久已不聞，故老天忽聆有人在此講說，也要應和一聲了！

武士禪

2007.07.21

上回去重慶，在機場買了本《葉隱聞書》解悶。旅中讀畢，有些感觸。本來想寫點什麼，一耽擱就忘了。今則略說一二。

此書爲日人山本常朝口述，十一卷，談的是日本武士道。日本武士道，思想內涵十分複雜，有儒教之武士道，講究仁者之勇；有兵學者之武士道，講究謀定而後動，以戰爭代替復仇。山本常朝談的，卻不是這些。他的書，形式上類似《論語》，故又被稱爲《葉隱論語》，或《葉隱論語摘抄》，但其實與儒家所說大相逕庭。

分歧最大的，是鼓吹極端忠君。生命之價值，只在盡忠於主君，隨時準備爲主君奉獻生命，以死報主殉主。我國人整天批評儒家倡言忠君，實則儒家並不主張尊君忠君。後世在帝制底下，由皇帝提倡的國家君王意識形態才鼓吹忠君，說「君要臣死，臣不得不死」一類話。孔孟荀何曾有這等妄語？但就是「君要臣死，臣不敢不死」，跟山本常朝所鼓吹的忠君思想比起來，仍是小巫見大巫的。那是君不見得會叫臣死，臣卻拚了老命要爲君去死，時時以忠君爲生命唯一之價值，以爲君去死爲唯一之意義。一切精神鍛鍊、行爲規範，均以此爲鵠的。忠君至此，真令人嘆爲觀止矣。

如此忠君，已近於宗教式之虔誠，死亡成了奉獻的儀式，故講究美感。

武士平時就要勤於照鏡梳粧，懷中且需常帶胭脂。晨起立刻沐浴，剃淨頂門中央，整理髮型、噴上香水。還要修剪指甲，用浮石打磨平滑，再用金色草抹上指甲油。戰盔戰甲也要薰香，有時還得插一枝梅花出征。牙齒上染的黑色更不可脫落，汗毛要常刮，……等等。臨死時，尤其要講究。要從容、要有儀度。有時切腹時還要聽能劇、看歌舞，要死得優雅。

但此種從容雅度，與儒者就義赴死時所顯示的大義凜然，如文天祥顏真卿，實在是兩回事；跟俠客慷慨悲歌，如荊軻之風蕭蕭兮易水寒，也是兩回事。

儒與俠有生命的悲劇感，壯烈剛大之氣，噴薄而出。山本常朝所歌頌的武士道卻只是媚。是對這個生命的祭儀，作出一些姿態來，有以媚之。是有如孔子所批評王孫賈說：「與其媚於奧，寧媚於竈」（八佾篇）的媚。其美感亦只是媚態。

在獻祭生命時，武士所顯示的輕生，或如山本常朝所提倡的：不要想那麼多，先死了再說的所謂狂者精神，當然也與儒家的中道思想迥異。就是儒家所說的狂，也與之異趣。

狂者進取，狷者有所不爲。有所不爲就是捨。武士之捨生取死，乃是狷，不是狂。捨生是捨，取死一樣是捨生，並沒有進取到什麼，也沒有得到進取本身。

樂府詩，公無渡河，曰：「公無渡河，公竟渡河。渡河而死，當奈公何！」那渡河前進

的白髮狂夫是死了，但他渡河本身這個行動，卻彰顯了他的生命是自主進取的，不聽人言。武士之狂以取死，則是歸依於他者的。該書卷十引了一首和歌，唱道：「在事事皆僞的世上，唯有死才真實」，又說：「若與真道擁抱，即使不祈禱，神佑依然」。此種以死爲真道的想法，不就是信徒式的嗎？日本真理教的信眾，因相信死亡才能永生，而集體自殺，沒有人會說他們勇敢。認爲死亡可獲神佑，可與道合一的武士，又怎能說他們是狂者或勇者呢？這連孔子所批評的「暴虎馮河」都及不上呀！

死亡既是獻祭，自己取死固爲一種獻祭，自然也還要殺人爲祭。宗教中本有「犧牲」一詞，爲了成就這宗教性，人命遂不值一提，是隨時要殺了人去獻祭的。

卷七載：「山本吉左衛門武弘，在父親神右衛門重澄的命令下，五歲時殺狗，十五歲時殺死刑罪犯。過去的人更是如此，一到十四五歲，就被迫累積殺人的經驗。勝茂公年輕時，也被直茂公命令練習殺人，聽說一次要連續殺十多個人」。又載一人乘船，看船上人不順眼，就把那人殺了。然後命船夫搖到僻靜處把屍體埋了。埋妥後，又竟把船家也殺了。殺畢，他本帶一男妓上船，說：「好歹你也是個男的，年輕時候體味一下殺人比較好」，故也讓他在屍體上刺了一刀。諸如此類，皆不以人當人，把殺人當玩兒，或當成人生必須的訓練。

這不能說是日本人特別無肺肝，只能說在一種殺牲獻祭似的情境中，殺人被當成從事這種宗教性的儀式過程。

殺人，當然也包含著自殺。自殺也是要練習的，屆時才能從容不迫，完成此種祭儀。書中對此，著墨甚多。

當然，貪生怕死，乃人之常情，要叫人忠君赴死並不那麼容易。故皈依死道、效命主君，仍有待於教育。要強化人求死之信念，山本常朝輒乞靈於佛教。

卷八云：「在日本，佛法廣爲流行，連世俗人都稱道佛法。可這些人多半都是膽小鬼、貪生怕死，與佛法背道而馳。因爲佛法講究『生死事大』、『斷念生死』、『脫離生死』。尚未開悟，就要直面生死，難免以生死爲頭等大事。原本沒有比死更爲輕鬆的事了」。卷十一又說：「武士，若不離生死，則無用。所謂萬能一心，並非無心，是說離開生死，一心任事」。這都是用佛法來去除武士的怕死之心的話。

但佛教之說生死，固然有叫人勘破我執、勿迷戀其生這個部份，更重要的，卻是由生死流轉說無常、空、苦。武士道有取於佛教者，僅爲其偏義而已。

講到此，不由得想起《佛之主事們：殖民主義下的佛教研究》（*Curators of the Buddha: The Study of Buddhismunder Colonialism*，The University of Chicago Press，1995）中兩篇文章。

其一是加州大學柏克萊校區 Robert H.Sharf 教授的〈日本民族主義之禪〉。此文認爲日本鈴木大拙的禪學，是日本殖民主義與西洋東方主義結合成的怪物。爲了在日本明治維新以後，現代化過程中塑造日本民族精神，鈴木倡言一種日本式的、經驗性的禪。禪在鈴木的宣傳中，並不是佛教一個教派，甚至也不是一種宗教，而是超越歷史的、直接的體悟。通過對禪的這種解釋，鈴木等人把禪與「日本人」結合起來。佛教或禪，成爲日本擁有的獨特精

神。宣揚這種日本精神，又恰好與日本對亞洲的殖民擴張同步、同構。

另一篇是義大利 Gustavo Benavides 教授的〈Giuseppe Tucci 與法西斯時代的佛教學〉。討論世界著名西藏學及佛教學者 Tucci 在墨索里尼主政時期的演講與隨筆。在一九四一到一九四三年間，Tucci 爲了加強日本與義大利法西斯政權合作，在《大和》（Yamto）上發表了許多文章。他藉助於鈴木大拙的論著，顯示了他對現代主義的質疑、對禪的嚮往、和對受禪學影響的日本武士道之著迷。這些文章中，科學式的觀察，跟懷舊式的浪漫東方主義論斷交織爲一，由批評現代性，去武裝法西斯。他從鈴木大拙那裡學到的，正是日本民族主義意識型態中那種超越時間、當下即是、死生如一的態度。

這兩篇文章談的，都是後來的事，離一七〇〇年左右成書的《葉隱聞書》已有不少時日。但文中所談到的問題恐怕不能說與該書沒有關係。佛教，一般都覺得它慈悲、不殺、護生、出世、寂靜，但在日本武士道的運用中，卻完全兩樣。那是要殺人、要自殺、教人死生一如而實際上是叫人去死而不重生的；是曾與殖民主義、法西斯、東方主義相聯結的。鈴木之禪，和武士道之禪，內在或許有其一脈相承的關係。

此種武士禪，本質上只是藉禪以鞏固人赴死之心，故亦無禪者之其他修養，以致武士之好色、好貨，皆頗異於修行人。

好色，尤其是好男色，乃日本武士之一大特徵。卷一引述井原西鶴之名句：「沒有契兄的少年，跟沒有丈夫的女人一樣」，可見當時風氣之一斑。日本佛教，本有不禁色的宗派，婚娶如常人；吃肉，甚至吃鶴也不在話下。但如此普遍的男風現象，恐爲佛教教義所不容，然而似乎也沒看見當時佛教界對此有何批評、有何糾正。大概在彼此利益相關的結構中，和尚們也就睜一眼閉一眼啦！

說了這麼多，全是惡評，似乎沒一句好話。但其實書還是很好看的。文字素美，李冬君的譯筆頗有鬆秀清婉之致。書中論武士心性及行事法則、說鍋島藩家族史及武士言行，亦皆均可以備史考，也可以見風俗。

看畢，才發現原來書是友人吳興文出版的，更覺得好玩。我治中國俠客史，本常留意日本的武道史，以與比較。而過去竟未讀過此書，亦可算是無知。虧得興文印了出來，才得一見，故還得感謝他。

西藏行腳

2007.07.30

七月廿二日抵西藏。天正下雨，拉薩河，雅魯藏布江水勢稍可觀。然據本地人云，因上游建水電站之故，水勢已不如往昔。且往年夏間甚少雨，就是下雨，亦多在夜中，似今年雨水這麼多的，倒還罕見。

天候之變，恐怕非此地獨然。重慶、雲南、湖南、湖北各地都淹大水，洞庭湖則是田鼠大軍現世。生態問題，不能再坐視下去，光顧著經濟開發啦！

到拉薩後，因畏懼高原反應，哪也不敢去，乖乖窩在屋裡半天。次日才去小昭寺逛逛。此寺號稱係文成公主奠基建造。奠基二字很奧妙。西藏的佛教，現在都推尊到松贊干布時代，文成公主及尼泊爾公主奠基有功。但西藏的佛教，在西元八百四十一年藏王朗達瑪滅佛後，一百多年間根本就是絕跡了的，經典尚且都要埋藏了起來，號稱「伏藏」；那些早期寺廟，如大昭寺小昭寺之類，焉能保存？故凡今日看見的古剎，其實均屬後來修建，託名於古代而已。

文成公主時代的佛教，也決不同於現在的狀況。但格魯派黃教崛起後，今日拉薩的色拉、哲蚌、甘丹諸大寺，已全是一派黃教景象，大昭寺小昭寺亦不例外，迥非昔日景光。故若欲於此彷佛舊時情境，恐怕邈焉不可得了。

這其實是個歷史遭到改寫的問題。我去西藏博物館玩。該館三樓所展元明清瓷器、玉器，西藏特色並不甚多。二樓展示西藏自然資源及民俗工藝，亦嫌草草。唯一樓以西藏歷史及文化藝術爲主，較爲可觀，但整層樓一半已闢爲大賣場，大賣天珠、珊瑚、藏刀、唐卡、綠松石，號曰精品，實則哈哈哈。旅遊團，一團團被領至此處採購掛著西藏博物館保證的工藝品，而我想找一兩冊有關西藏的研究或展品圖錄，卻是沒有的。可見此館研究力量尚待加強，展出規劃也有待改進，而風氣浮媚，尤爲可憂。

除此之外，我要說的，也就是那歷史遭到改寫的問題。

西藏古代並無佛教信仰，即使本教，亦只是其宗教文化中一支而已。博物館要呈現的，應是整個西藏的歷史文化狀況，但在介紹了上古石器時代文化之後，便忽然接到松贊干布的佛教時期，以後則一直講佛教與元、明、清、民國、中華人民共和國的政治關係。不但佛教以前的歷史付之闕如，甚至還特別介紹史前岩畫中有許多佛教圖案，似乎西藏與佛教之關係不但早，而且還有點「本來就是佛國」的暗示。

這都是妄謬的。岩畫時期不但佛教未傳入，根本佛教都還沒誕生呢！佛教在唐代才傳入吐蕃，前此此地之宗教狀況，博物館不該毫無敘述。

就是蓮花生大師入藏，傳布金剛乘時，他也吸取了不少本教的東西。如紅教供奉的瑪摩等神，原來就是本教的神祇。其後佛教與本教長期爭衡，其歷史亦不容抹煞。伊斯蘭與西方傳教士進入西藏後，又與本教、佛教交融互爭，其間也不乏可述者。這種動態的、多元的宗教文化狀況，才是西藏最可貴之處，不該把它描述成如此單調的模樣。

而就是佛教，該館講得也十分單一，基本上是格魯派壟罩下的觀點。對寧瑪、薩迦之介紹即已不足，更不要說噶舉、噶瑪、噶丹、覺囊、霞魯諸派了。我在大昭寺看其壁畫和塑像，便不廢前輩事功，對寧瑪諸派仍不乏塑像供奉。博物館，按理說，應該有比宗教界更開擴的視野和胸襟，也有責任較全面地介紹整個藏區的教派教史，誰知似還不如寺院呢！

寺院看來也有些不同的問題。僧人在街上行乞，與一般乞丐並無太大不同，類多囚首垢面。寺院裡，誦經坐榻亦多髒亂垢膩。在羅布林卡，我還看到僧人誦念處散置著一大堆酒瓶，顯然酗酒情況嚴重，而且喝完也不收拾或躲在內室喝，就在佛龕前聚飲。在小昭寺，僧人擠得水泄不通，列坐誦念，我連落腳處都難得找到。但僧眾複雜，虔誠者固然占大部分，可也有不少心不在焉，用大袍子裹著打手機、玩遊戲，或戲耍嬉鬧。西藏佛教，素以教育嚴謹著稱，如今所見乃如此，殊堪浩嘆。

祕境探密

2007.07.30

羅布林卡和大昭寺，其實我是廿四日才去看的。羅布林卡號稱夏宮，其中最宏偉的一幢，卻是一九五一年後中共中央建給達賴喇嘛的，當時意在羈縻，意甚顯然。但莊子〈養生主〉已講過，山雉住在山林中，飲啄不易，但精神愉快；反之，若豢養在籠子裡，雖飲食無虞，卻「神不王也」。達賴最終棄此王宮，流亡於外，亦爲勢所必至。

羅布林卡中其他各宮室，均簡陋、狹小。其中一幢，目前供所謂本尊神，謂遊客各依本人生辰的甲子年數，查到該年的本尊佛，再由喇嘛爲之解說休咎。此固爲斂財之一法，但此法明顯源於道教六十甲子神的信仰。密教自起源至今，均與道教有密切之關係，此即一例。

廿五日去山南，先到雅礱河去看雍布拉康。拉康即宮殿之意。這座城堡，係第一代吐蕃王聶赤贊普於西元前二世紀所建。今日所見，當然不可能是原貌，但規模大體可想。此宮極小，可是地勢甚好，在一小山頂上，下俯雅礱河谷，大山曠野，氣象恢闊。遊人多騎馬或騎駱駝上山，也有不少漢地僧尼來遊。

聶赤贊普，俗稱第一代藏王，墓也在山南，故雅礱河溝又被稱爲藏文化之發祥地。但這也就是姑且說說而已。西藏早期並無統一之政權，北方那曲附近有象雄王國，西邊阿里附近還有古格王國，故所謂藏王，乃是後來吐蕃興盛以後推尊之結果。藏地稱號，不乏此例，如班禪喇嘛，第一、二、三代就都是推尊的。

吐蕃勢盛，是在松贊干布時期。這也常被推尊爲佛教在藏地傳播之始，故距雍布拉康不遠處的昌珠寺，便以松贊干布及文成公主在此駐居爲說。所藏珍珠唐卡觀音休憩圖，十分著稱。前此曾經被盜，在廣州追回，差點兒就出境了。

桑耶寺就較遠，車行一個多小時才到桑耶鎮。寺爲藏地第一座佛、法、僧三寶俱全者，乃蓮花生所創，揉合漢藏印式，壁畫及造像皆頗可觀。且因歷史特殊，寧瑪、薩迦各派教法尚存。在拉薩附近，這是很不容易的。

但如此重要之廟，旅客來遊者亦不少，每年祭典演藏戲時更是人山人海，而道路居然仍未鋪上柏油，有些令人難以理解。

幸而道路雖泥爛，沿著雅魯藏布江走，一路風景不惡。雄山、大水、沙嶺、奇岩，伴著藍天白雲，使人目不暇給。藍天白雲這個辭，看起來俗套。實則世上當得起這個形容的，也只有西藏的天和雲吧！

我在雅礱河谷附近所見，大抵如此。因第二天講座改爲上午，故與藏人擠大巴去，又擠巴士趕回。筋酥骨散，早早睡了，準備次日之演講。

這次來西藏，是配合珠海的聯合國際學院辦活動。該校強調全人教育，故暑假也規劃有許多訓練課程。青藏高原一行，便有三個小隊：一隊去青海湖附近淨山淨湖，做環保。一隊去支援偏遠地區小學教育。去了個土族的縣，據說是土谷渾後裔，全國唯一土族自治縣。學生去了都住在鄉民家裡。另一隊則做登山訓練，去爬了六千公尺的山。三隊各有奇遇，聽起來好像都很好玩。然後會師拉薩，要各抒心得並做綜合討論。而因他們一路由廣州到青海、西藏，途中已對西藏文化略有聞見，所以安排了我和西藏大學副校長王啓龍做個講座，綜合說明西藏文化，以助瞭解。

啓龍乃藏學專家，曾編《李方桂先生全集》，著譯西藏語言文化著作甚多，舊在海外相逢，曾邀他來台灣佛光大學訪問。後來我去北京清華客座，也得到他的關照。如今他調到藏大來主持校務，正好介紹了他跟聯合國際學院合作，一道講論西藏文史，亦可算友朋中一樁快事。誰知西藏在暑間是個大旺季，各級「領導」、各界友人、各地機關都找機會到拉薩來旅遊、考察、訪視，他每天疲於接待，竟無法從容開講，剩下我一個人唱獨腳戲。

我於藏學，粗知皮毛，這次僅就藏傳佛教，也就是密宗這部分略說大概。

當然這部分也還是難講的。密宗之來歷及內涵，眾說紛紜；在西藏這一塊，更與本教、地方信仰、蒙古青海諸少數民族宗教及觀念相混揉，格外難以清理。派別又多，派系間的鬥爭又激烈，其間關係更不易搞清楚。

例如寧瑪派寺廟中所供奉的尊神瑪摩等，就是本教的神。一位護法神載未爾，紅臉、三睛，騎紅馬行於血海中，據云也是蓮花生收服的地方厲鬼，故今亦奉爲土地。還有一位事業

王，本是突厥人奉的神，叫遍白天，後來做爲密教護法，在桑耶寺轉世，職司占卜。清朝確定金瓶掣簽制度以前，這種神卜一直擔任達賴與班禪轉世的說明者和確定者，作用大得很，可是其實本非佛教之人。

此外，教派複雜，不易明瞭，如英人約翰．布洛非爾德（John Blofeld）《西藏佛教密宗》裡，一直把寧瑪派稱爲紅帽派、把格魯派稱爲黃帽派。實則寧瑪是紅教，格魯是黃教，另有白教（噶舉）、花教（薩迦）之分。紅帽，是噶瑪派裡的一系。

噶瑪派有黑帽紅帽二種。黑帽系活佛稱爲大寶法王，是藏族史上首創轉世制度的。紅帽系始於元朝，後占拉薩，對格魯派十分不友善，命格魯派僧人見了噶瑪派均須致敬，並不准色拉寺、哲蚌寺參加傳戒大會。但此派後來在政治上衰弱，曾搬兵廓爾喀（**尼泊爾**）來爭奪札什倫布寺。以致乾隆派兵入藏，擊敗廓爾喀，紅帽系十世活佛卻朱嘉措自殺。乾隆令將其屍體分掛藏區各大寺，以昭炯戒，並沒收了該派寺產，僧人全部送到格魯派寺院，強迫改宗，故以後遂絕了這一系。Blofeld 沒弄清此間曲折，所以將紅教與紅帽混爲一談（**但這也可能是譯者耿昇的錯誤，或藏地現在的一般認識**）。

Blofeld 還說薩迦派世系可上溯於阿底峽，這也是錯的。奉阿底峽的是噶丹派，薩迦派創於賈覺傑波，二派關係向來不睦。諸如此類，講起來費勁。

講畢，去遊布達拉宮。「布達拉」即漢語「普陀」之另一種譯法，指觀世音道場。藏人尊奉觀世音，達賴亦被認爲是觀世音化身，故建此宮以居之。旅遊旺季，票極難買。不是錢的問題，而是須有購票許可，得到許可才能買票，因此一張票雖一百元，外邊喊價則有三百七百一千二千不等。管理之不善，可見一斑。

布達拉宮下方新開放「雪城」，有印經院、公署、監獄、民居、官員房宅、建築展、釀酒展等。頗強調西藏過去的統治，人民過著農奴制的悲慘生活，新中國建立後，才發生翻天覆地的大變動。這種政治宣傳，觀者當然知道它想說什麼，故亦不消討論。

唯其用以說明農奴制之材料，一部分是當時的刑罰，說當時如何剝人皮、挖人眼等等。這些不是農奴制使然，而是宗教。密教確有用人體供獻之一派想法及作爲（**顯教中也不乏燃指供佛、刺血寫經、斷臂求法一類事**），但與農奴不農奴無關。對西藏的理解，不能只從庸俗馬克斯主義那種經濟決定論式的框架去認識，講什麼農奴制，而應瞭解其宗教。

廿七日我獨自去了色拉寺，廿八日又去了哲蚌寺。細雨霏霏，感受不俗。另外，遊人較少去的幾處，不妨略做一二介紹。

一是扎基寺。這是藏地的財神廟，神如漢地廟宇中的黑無常一般，黑臉、吐紅舌。但香火鼎盛，遠勝於其他寺院，門口哈達堆如山積。不收門票，因爲都是本地人來拜。拜時，自帶一瓶酒，或在寺前購買。故寺院前面全是酒攤子。什麼酒都可以，還有一種酒就標明了叫財神酒，專用來供神的。寺院本身也賣。拜時奉酒，倒在一大酒盞中，下爲大酒缸。酒氣薰天。人即坐此酒氣中與喇嘛擲骰子，卜問休咎。可謂一大奇觀。

二是倉姑寺，在大小昭寺之間，僻居市廛裡，不易發現，遊客也不太知道。倒是本地人群聚寺中涼棚下喝酥油茶，頗爲自在。這是尼姑庵。拉薩的尼姑庵不少，但此地最居市中心。

三是清真寺。拉薩清真寺有兩座，一在東郊，一也在大小昭寺中間，八廓街裡。一般人只知到拉薩看佛寺，只知拉薩滿地都是佛寺、都是喇嘛，不知市中心便有這樣一大塊回民區，故值得來此看看。

藏事續記

2007.08.02

才由西藏回北京，又要返台了。預計在台灣待兩週，將再去福州開世界華文文學的會。暑假期間，看來比平時更忙呢！天候又不正，忽雷忽雨忽而暴曬，令人難以招架。

今日既要南飛，西藏事就不多說了，補述一二如下：

前此曾談到佛教以外，伊斯蘭教、天主教都曾入藏傳布，因想到友人范穩寫的《水乳大地》（**編按：後更名為《百年靈域》，風雲時代出版**），不就是講這個嗎？他寫的，主要是瀾滄江峽谷鹽田縣一帶的故事，雖非拉薩，仍算藏區，涉及藏人、納西人與天主教徒之間的糾葛。其中主軸，即是傳教士進入藏區傳教帶出的故事。

十二世紀時，歐洲便流行古老東方有一個未被發現的基督教王國之說，謂其國王叫約翰長老，身兼國王與教皇，政教合一。歐洲傳教士到東方來傳教，也與來尋找這個老基督王國有關，他們一直希望能讓它回到基督世界中去。近年這個老傳說不再流行，代之而起的是來

找「失去的地平線」：香格里拉。

故洋人來遊西藏者，比過去傳教士還要多。拉薩等地，過去不曾輕易被傳教士所攻佔的教區，如今卻遍地都是配合著洋人品味做買賣的店鋪，充滿了歐洲的風情。因此也有友人說去了感到十分失望，沒想到拉薩如此「小資」，不似想像中古老、純樸。

小資風情當然不免，但大部分藏區及其人民還是純樸的。光逛商業大街、觀光特產店、洗桑拿、住飯店、遊熱門景區、泡酒吧、唱卡拉ＯＫ，不能發現這些，須深入藏民生活中才能體會。可惜大多數人無暇也無意如此。

在拉薩，我就遇到不少內地來此工作的漢人，對西藏、藏人、藏文化毫無興趣，只活在漢人圈子裡，情況比窩在歐美唐人街裡的華人更嚴重。因爲「不懂」還裹著一層驕傲，以愚昧來襯托著身分，令人覺得可憎又可憐。

藏人許多文化本來也不易瞭解。如前文曾談過的人體獻祭。現在在商場上，便常有人脛骨法號或頭顱骨法器出售。這些當然不是真的，跟那些天珠瑪瑙綠松石一樣，都是仿作。但以此驚詫觀光客，令其大掏腰包，豈不正是利用它的「奇風異俗」來賺錢？布達拉宮底下，雪城中則把用腳脛骨做法號當成是農奴制社會裡的陋俗來批判。第二歷史檔案館供稿編成的《老拉薩：聖城暮色》（**江蘇美術出版**）則說人腳脛骨是天葬師刻意留下的，以十六歲處女脛骨爲最佳。

實則此非天葬所得。少女死的機會太少了，即使天葬時偶或存之，大部分還得仰賴獻祭。范穩說十七歲、虎年生的少女骨最合適；獻出脛骨的少女及其家人將受到寺院供養終生，並獲得人們之尊敬。庶幾得之。

這種人體獻祭，在各宗教中其實是很普遍的。早期各民族殺人爲牲、殺人爲殉，或取頭顱、或割耳朵奉祭，或用血、或用心肝，皆不罕見。所殺，有異族、敵人、奴隸，也有本氏族的人。若是本族人，捨身奉祭者，往往都受推重，如湯之禱桑林、如周公之祝金滕，均屬此類以身爲牲者也。河伯娶親故事中那種飾少女以嫁河伯的類型也是。這類「聖姑」，在許多地方或宗教中也是有的。金庸小說《倚天屠龍記》裡的波斯明教聖女小昭，其實也屬於此一類型。我過去寫過一篇《以人爲藥》的論文，談中醫如何利用人體器官乃至其排泄物做爲藥用，如今看來還該再寫一篇《以人爲牲》專論此事。只不過，我殺生已著盛名，再寫這類文章，佛門的呆闍黎、笨居士、無聊護法信徒們又將驚疑不定，認爲我吃貓吃狗還不夠，又鼓吹著要吃人了，哈哈哈！

讀經的爭論

2007.08.13

有人來指責我說一回台灣就像失了蹤，隨筆也久不更新。誠然！但也沒辦法，只能告罪。

台灣的政治與社會，每天都令人目不暇給，彷彿每件事都值得評述，可是似乎又都不必評說了。在這個島上，再光怪陸離的事，我們都曾看過了，因此眼前這些，便也沒什麼可說。這種心情，如今恐怕甚為普遍，所以聽到陳阿扁又要迷航觀光，大家只是說：喔！聽到呂秀蓮胡吹大氣說她在美國如何受禮遇，大家也只是說：喔！聽到杜正勝被約談了，大家只是說：喔！聽說杜的兒子杜明夷因打人要遭高雄市府解雇了，大家仍只是說：喔！就是紅衫軍要被起訴了，大家還是淡淡地說：喔！

有些人連喔都懶得說，因為報已懶得看、電視也懶得聽，哀莫如心死，故一切都不用說了。或者只想「吾與汝偕亡」，一把天火，把台灣燒了，大夥兒了帳，俱歸清靜。

心情如此，還是少談國事，閉門讀書爲好。今且說點讀書的事。《讀經》序：

近年大陸的文化熱點之一，即是國學。電視上大開講壇，品三國、論孔子、說紅樓，其出版品亦往往熱賣。學校則開辦各式國學班，或融歷史於管理之中，或擷取古人智慧以供商戰之用。流風所及，民間人才培訓機構也大談中國式管理。青少年部分，青少年發展基金會中華古詩文經典誦讀工程，據云已有七百萬人參加。依國際儒學聯合會的估算，以各種途徑普及儒學的青少年超過一千萬，其背後還有二千萬家長與教師參與。這種推估，證諸各城鎮縣市林立的私塾、兒童讀經班、才藝教室，可說毫不誇張，人數只多不少。

文化現象上的熱點，其實常伴隨著爭議，而此中爭議最大的就是兒童讀經。二〇〇六年胡曉明所編《讀經：啓蒙還是蒙昧？》收集了五十三篇爭論，網路上的帖文還不知有多少。到底讀經是啓蒙還是蒙昧呢？不只知識分子在爭辯，家長和從事教育工作者也很頭疼，大家都想知道這個答案。

「國學熱」中其他問題或許更值得討論，但論者集矢於讀經，鋪陳理據、申說然否，除了因涉及兒童教育，易於牽動關懷之外，這個論題還具有總攝所有國學現象的作用。因爲：假如讀經根本不必要也不可行，那麼其他各種國學活動也就都不用辦了，這不是去批評誰說《論語》行不行那一類爭議所能比的。

同時，這個論題不只涉及眼前。傳統文化與現代化的恩怨情仇，糾纏了一個世紀，碰到新世紀的讀經現象，當然會再度爆發。現在的爭論，其實正呼應著歷史上曾有的讀經之爭。

早在清光緒二十九年（一九〇三）年學部所擬《奏定學堂章程》中就已經提到當時社會

上已瀰漫著一股廢經滅古的風氣：「唯恐經書一日不廢」。政府對此風氣深感憂慮，故規定：「中小學堂宜重讀經，以存聖教。」古代中國人自幼受教，無不讀經，讀經從來就不是個問題。可是晚清的局勢，使人體會到再讀這些老古董，恐怕即要亡國滅種了，欲求富強，唯有廢經。喔，不，準確地說，乃是拋棄舊經，改習新經，向西方尋找真理，開始讀洋經。當時大家就多覺得：讀洋經，學西方，才是進步的，開明的；繼續讀中國經典則是保守落伍。如清政府那樣，規定中小學讀經，便是保守勢力對新趨勢的反撲。

這種讀經與廢經的爭論，此後便一再反覆上演。宣統三年四月，初等小學的讀經一科即已廢了，民國肇建，頒布《普通教育暫行辦法》更明令小學廢止讀經。民國四年袁世凱任大總統時，雖提倡孔教，恢復讀經，但袁氏垮台後，其《教育綱要》就遭撤除了。直到十四年段祺瑞爲執政時，章士釗擔任教育總長，才又決定讀經。可是章旋去職，此案亦未實施。民二十年南京開國民大會時，也有提案主張列經書在課本中，然也沒結果。倒是湖南廣東等省，下令中小學讀經，一時蔚爲風尚，頗令主張讀經者鼓舞。唯人亡政息，乃亦不了了之。隨後中華人民共和國建立，以馬列思想與無產階級革命爲號召，讀經之議，自然也就偃旗息鼓了。

綜觀整個歷程，我們可以發現由晚清到上世紀末，中國的總體動向是求新求變以救亡圖存。因此反對讀經者占了主流優勢，民國及中華人民共和國政府也附和或主導這個趨向。認爲中國救亡圖存亦不可因而忘本的人士，在形勢上居於劣勢，在語言上也頗吃虧，因爲他們往往也反對白話文，故其主張讀經的論點不僅讀來缺乏新鮮感與時代氣氛，也難以喻眾。

不過民國二十三年前後，情況略有不同。前文說過，民國二十年國民大會已有人提案主張讀經了。二十三年中央通令全國恢復孔子誕辰紀念，且派人親臨曲阜祀孔，又重修孔廟，優待聖裔。這代表原先支持新文化運動的氣氛及其相關政治力量有了些改變。

二十四年一月，薩孟武、何炳松、王新命等十教授發表《中國本位文化建設宣言》，更可顯示社會上對於「向西方尋找真理」這個路向已有成氣候的批判力道。這個宣言，馮友蘭曾猜測它是國民黨授意的。這當然未必，不過國民黨確實已從本來支持廢經的立場轉而向讀經傾斜，當時主持文宣工作的陳立夫，就比較支持讀經，整個黨也較傾向《宣言》的態度。

形勢如此，二十三年七月，許崇請發表文章反對中小學讀經，他在廣東省政府中省府委員的職位就被撤掉了。二十四年一月，胡適去香港接受學位時，因在演講中反對廣東省政府規定中小學生讀經，結果原先在廣東已約好的演講也被迫取消了。中山大學教授古直還通電聲討胡適，請求廣東政府課以極刑。因此可說這是晚清以來讀經與廢經雙方最勢均力敵，足以對抗的時代。

在這段時間，有一部文獻，甚能突顯這種對比的張力，而可供今日吾人參考。那就是二十三年（一九三四）何炳松主持商務印書館《教育雜誌》時，發函給學界專家，諮詢對於讀經的看法，並將意見七十餘篇編輯成的專刊，《教育雜誌》廿五卷五期，一九三五年十月出版。

何炳松本身的專業是西洋史，但我說過，他的文化立場乃是中國本位的。因此他編這個集子，雖貌若多元，將所有回函分成贊成、反對、相對贊成或反對三大類，並提倡開放、平

心靜氣的討論；可是在分類之前卻引了一大段國民黨大老張群對他說的話，謂中國幾千年來都受到儒家思想的影響，故一直有中心思想，晚清與西方接觸後，這個中心思想才動搖，新文化運動更是摧毀了它；唯摧毀了舊的，卻沒建立起新的，西洋思想紛至遝來，弄得大家徬徨歧路，至爲煩悶云云。這段話，其實就表示了何氏自己的態度。

雖然如此，卻不影響這個專輯的內容。專輯裡的論者，涵蓋了當時教育文化界各派意見領袖，因此所論不管正反各方均極具代表性。贊成讀經與反對讀經的理由，跟今天也差不了太多，有不少還講得較今人持論深入，故至今仍甚值得參考，不僅因它具有歷史意義而已。

例如由各文章所敘，我們可以瞭解到當年讀經之爭的對立有多麼嚴重。古直等人想把胡適殺了，以儆效尤，反對讀經者又何獨不然？錢基博說他於民國二十一年去上海的高等教育問題討論會時，因提案尊孔讀經，大受與會諸大學校長揶揄，謂其「不成話說，不意今日而尚有此不成問題之提案」，對之嬉笑怒罵。可見反對讀經者視提倡讀經者爲頑固，保守、落伍；主張讀經者認爲反對讀經的人是數典忘祖、斲斷民族命脈，彼此都瞧著對方極不順眼。這樣的態度，其實到今天也沒什麼改變。反對讀經者，說提倡讀經是「走向蒙昧的文化保守主義」（二〇〇四、七、九《南方周末》薛湧）；主張讀經者則痛批一九一二年廢除讀經是「經書之厄，甚於秦火」（蔣慶《中華文化基礎教育誦本》後記，二〇〇四），所以要對兒童重新啓蒙。

情況之所以如此，在於大環境結構類似。中國基本上仍處在追求現代化的進程中，可是在經歷過摧毀傳統式的激進方法後，社會上又出現了應正視傳統文化的呼聲。這跟當年的情境是頗為類似的。二〇〇四年許嘉璐、龐樸等人發表的《甲申文化宣言》，不就恰好與十教授《中國本位文化建設宣言》論調相似嗎？

當然這也不能說幾十年來我們還在兜圈，跟當年一樣，沒啥進步。而是透過這些論爭資料的對比，我們才能真正深刻地認識到我們的歷史處境；在讀經爭論的歷史對照中，也更能看清自己的位置，並思考爭論的出路。

如昔年的讀經爭議，背後其實一直有著政治力量的角力。清廷倡讀經，國民黨便廢讀經；反國民黨的勢力乃又倡讀經，如袁世凱、孫傳芳及上文提到的湘粵各省都是。反對讀經者輒譏諷這些人根本不配提倡讀經，或直指他們是軍閥，批評主張讀經者依附政治勢力。但實際上，反對讀經者靠不靠政治力量呢？一樣也靠。當時周予同說：「現在我們實際上是在反袁的政治系統的國民黨統治之下，我不知何以又有讀經的必要」，正透露著反讀經人士倚國民黨為奧援的心理。

擴大來看，這也是昔年推動文化工作者十分普遍的思維或現實，須藉某一政治勢力才能成事。如梁漱溟辦鄉治，原先就依託廣東的李濟琛。李濟琛不就因推動讀經而備受自命開明的反讀經人士之譏嘲嗎？廣東政局改變後，梁又去河南，在韓復榘支持下辦村治學院。中原大戰後，韓氏轉任山東主席，梁亦轉往山東辦鄉村建設研究院。若按反讀經人士之邏輯，這豈不是一直仰賴著軍閥的勢力嗎？

但問題不應如此看。壞人亦可能幹了好事，論事析理，不當以人廢言，亦不能以人身攻擊來轉移問題。其次，當年想做點文化上的事，沒有政治上的支持，恐怕是不成的。此理，

放在今天看，大概也是如此。再從政治角度說，一個政黨或政治勢力，雖說主要靠合法或非法的暴力，也就是槍桿子來維持，但赤裸裸的暴力並不足以確立其合理性。因此它都需要有文化政策與文化施爲來塗澤說明之。每一政治勢力，皆需假借一套文化語言來表述自己，就是這個緣故。政治勢力支持某一文化立場，而反對另外一些主張，遂亦成爲實際上必然發生之事，避也避不開。文化人因勢或趨勢，以推動自己的文化理想，因而也是必然的，無可厚非。

不過，水能載舟，亦能覆舟。政治勢力不盡可恃。有些時候，所依憑的政治勢力垮了，文化事業遂也付諸流水，搞不好還要做爲代罪羔羊，挨批挨整。有時候政治利益改變，政治勢力所支持的文化政策及措施便也會幡然改途，令文化界訝今是而昨非。如認爲國民黨將一貫支持新文化運動、反對讀經的人，發現國民黨已轉而提倡中國文化本位，必會感到錯愕那樣。近年的例子，更是不用說了。

因此，通過當年這些論辯，足以讓我們看清知識界文化人在推動文化事業時應有的分際，避開運用政治力以達致理想的魅惑。

其他作用還很多，不過讀者看看也就能明白了，不須我繼續饒舌。這個專輯的原編者是何炳松先生，我和商務編輯部同仁只做了些檢校的工作，不敢掠美，特此說明。編末附錄了龍小立〈讀經討論的思想史研究：以一九三五年「教育雜誌」關於讀經問題的討論爲例〉一文。我這篇文章沒談到的部分，該文大抵均有交代，謹供讀者參考。

學者散文

2007.08.16

在北京時跟周志文商量，編一套台灣學者的散文集。學者散文，與尋常寫散文者不同。一般散文，大抵只是囈語、呢喃、濫情的文藝腔。學者則不會寫文章，多半直木無文，味同嚼蠟。唯有極少數能合學人詩人爲一手。過去如周作人、王了一、梁實秋、臺靜農、張中行等，都是這種類型，現今尤其值得提倡。故準備先推出顏元叔、馬森、漢寶德、黃碧端、金恆鑣、南方朔、陳芳明等人的作品，我與周志文也各編一本。

回台灣幾天，便把稿子編完了。恰好張輝誠也要出一本散文集，跑來找我寫序。我說：寫序可以，但既是沒稿酬的買賣，我亦不能吃虧；我替你寫序，你就幫我的集子寫篇評述好了。輝誠無可奈何，一個頭兩個大。因爲對自己老師，褒也不是，貶也不行。若不寫，又恐得罪我，起碼我的序也就賴掉了。於是勉強應命，回去寫了一篇評述。

我素以整人爲快樂之本，讀之覺得很好玩，似乎看見他在燈前左支右絀、愁苦萬狀之

態，真盛夏之消暑良方也。我替他《相忘於江湖》寫的序，附見於後：

文人有許多類型，一種叫做「放膽文章拼命酒，無弦曲子斷腸詩」，是放縱揮灑其才情的。燃燒著自己的生命，唱著自己的歌，歌聲從不期望合乎誰的節拍，文章也只表現著不羈的生命正在自我折磨的過程。明燭自煎，杜鵑啼血。

輝誠恰好不是這一型。依我看，他似乎也恰好應補充一下這種生命情調，讓生命更不羈、更浪盪、更頹廢、更飛揚，或更無可奈何些，讓文章更橫斜槎枒、不中腔拍些。但目前這樣，卻也很好。生命沒什麼匱乏，生活沒什麼遺憾，文章稱情而出，發而應機，條理中節，故有溫潤雋永之美，亦是足堪欣賞的。

這不是說他生命中無激擾，而是說他善於條理之，斷腸之事遂若見諸輕歌嘆喟之間。他少年老成，又遭逢耆宿，多睹人物典型及傳統文化的宮室之美，故對那個美好的舊世界竟逐漸消逝於如今物慾橫流之現代化社會，自有常人所無的悲感。他又鴻飛四宇，見中東非洲仍困於沙霧之中，也不免多有感嘆。這種歷史感以及由此而生的道德文化態度，或大世界視野，乃是當代青年乃至文化人都較欠缺的。輝誠不幸有之，其生命焉得無所激擾，焉得平靜如常？只不過，他並不因而椎心吶喊，或批判諷譏之，他的調子是緬念與感嘆，彷彿古人之嘆逝。

本書分爲三輯，第一輯寫的全是人物的老去、技藝的凋零、文化的消失等，悲逝水而帖喪亂。第二輯情況也差不多，記牟宗三、毓鋆諸老，其實亦與輯一同調。唯輯三誌遊旅，情趣略異，似是想藉空間的開拓來稀釋或消解面對時間之流的悲懷。但旅中抒感，依然不免慨歎於典型之漸失或文明之斷裂。因此，他的筆調雖然斂抑，情緒雖然靜定，善讀者依舊會在此中見到滿紙秋聲而爲之不懽。

本來，嘆逝就是最難寫的。逝者如斯夫，不捨晝夜，嘆逝之主題，其實就是時間。但時間太抽象了，故僅能藉具體的物象與人事來描摹之。而寫人寫事寫物，卻又會變成對這具體物事之消逝不恆的感傷。此所以兩難。輝誠的寫法，大抵是由某人某事關聯於或象徵到一個美好歷史文化世代的消亡，言近旨遠，特具一種惆悵之感。

其惆悵之所以不太強烈，不似義山詩所說那般「只是當時已惘然」，乃是因那個美好的世代或人物畢竟未曾走遠，仍與作者的生命相牽繫著。例如牟先生雖已云亡，其精神意態尚存具於王邦雄先生等人身上，不難復見。故彷佛已逝者未必便逝，縱或真已逝去，作者仍要在精神上時時鉤聯之，令其不逝。如此便不會真正嘆逝，反而是要挽頹波或揮戈返日似的，有點擔當文化舊業的豪壯感呢！

同理，他的壯遊，也不是莊子式的。蒙莊以世沈濁不可與莊語，故其遊也天遊，對人世自有其棄絕的氣力與風姿。輝誠之遊，殆如列子御風，雖去以七日，但對此世亦仍是不捨的。因此他離而不離，精采處反而在於他對旅遊各地的觀察與采風。

這是輝誠自己的型態。藉此型態，他欲自忘於江湖又自期與道相忘於江湖，這是他的自許，我祝福他！

丁亥立秋寫於台北龍坡里雲起樓

丁亥七夕

2007.08.25

赴福州。這次是參加「世界華文文學研究」研討會，會議規模頗大，而實兼爲劉登翰先生慶祝七十。台灣有李錫奇、張默、辛鬱、應鳳凰等參加，李瑞騰也帶了兒子李時雍與文學館的簡弘毅一道，和我同機飛往。

我們其實是趕在颱風之前一步走的，風，尾隨而至。才抵福州，對外的交通便中斷了。夾風夾雨，所以我也無法逃會去逛山戲水，乖乖關在于山賓館裡開會。

我於一九八八年正式參與大陸的學術會議活動，當年就是來福州。近二十年間，發展出來的學界關係緜密而複雜，不但在台灣學者之中無人能比，就是大陸學界，其實也沒有一個人比我更複雜。因爲大陸學者基本上只在某個領域或幾個領域，我卻是人文與社會各學科兼攝且遊走十方的。雖則如此，畢竟仍時時懷念福州，感念此地開啓了我這個大緣。

主辦單位也充分利用我這位老友，因此讓我昨天上午報告，下午講評，而且一次評十二篇，可真累壞我了。我屬猴，一向坐不住，在主席台上一坐一整天，結果可想而知。

今早則是劉登翰的書法展，取名「墨象」。有一年他來台灣，我陪他去烏來，在燕子湖畔拜會友人李雅卿夫婦辦的毛毛蟲實驗小學。那時該校跟森林小學一樣，都在和國家教育體制對抗，爭取社會支持。我們去玩，恰好碰到小朋友們要寫海報，便挽起袖子，一齊幫小朋友們好好寫了一大通。平時寫字之趣味，皆遠不及此番在山中、湖畔、簡陋的校舍裡跟小朋友們寫字值得回味。今天來看劉登翰的書法展，不禁就想起了這一段。

今天又恰好是七夕。風雨七夕，亦堪玩味。這個中國古老節日，現在已沒什麼文化意蘊了，商人只藉這個日子鼓吹情人節，以賣花、賣巧克力、賣保險套。而情人節之內涵全是西方文化的東西，中國式的七夕，遂徒存框廓而已。

就如端午節在中國不太受重視，而在韓國大力發揚後才取得世界文化遺產之地位那樣，七夕現在在我國徒存形骸，便也比不上日本。

七夕風俗於唐代傳入日本，在《萬葉集》《古今和歌集》中即已有不少歌詠牛郎織女的詩句，而且衍成每年定例的節日。平安時的七夕節那一天，要沐浴七次、用餐七次，並向天上星斗供奉七種食物（桃、梨、瓜、茄子、大豆、乾鯛、乾鮑），還要在楸葉上扎七根金銀線針。因此當時好像就已經比中國的七夕乞巧還要繁複了。

到室町時期，在楮葉上更要寫上七首和歌，玩七種遊戲：下棋、扔繡球、射箭、聞香、玩花骨牌、賽和歌、以及拼合貝殼等。江戶時期，則供奉七個硯台，以祈求孩子們學業好。再將瓜切成七片，放在七個盤子裡，點上七個燈籠。江戶末期還有在竹葉上掛詩箋表達心願

的風俗，一直沿續到現在。日本陰曆七夕，更與掃墓團圓結合，氣氛當然亦非我國所能比。

下午風雨稍戢，我獨自衝雨去林則徐祠附近逛逛。林公祠如故，惟因風雨，一個遊客也無，是難得的幽靜。秋池水漲，空階滴翠，別有靜澹之美。

祠堂附近，乃是福州老城區三坊七巷所在。沿街走去，一片斷垣殘壁，在颱風氣氛中格外感覺殘敗。原來不是風摧雨打，而是政府拆遷。警察與保安一隊隊，或巡邏或站崗，氣象森肅。三坊七巷，連巷裡都遷完了，故已成一片廢墟。僅餘的一些名人故居，大抵也貼上了封條，唯一二野狗、三五老人在廢墟間走動而已。

據說這叫做改建或整修。也就是現今各地流行的辦法，把老城區敲掉，把居民遷走，留下二三標本，粉裝玉琢一番，再闢爲觀光點，以招徠觀光客。拆光真古董，打扮出幾個假古董，這就是我們這一代對歷史的偉大貢獻。幸而此次來榕，趕在它被掃進歷史的垃圾堆之前，憑弔了老古董最後一眼。

這當然只是我的感慨，本地人是否也如我一般覺得遺憾呢？恐怕未必。我在古街區，問人老宅舊舍的事，十之九九是一臉茫然或充滿了驚愕，彷彿問了他什麼外太空怪獸的問題似的。例如我在街口問一年輕女孩：「嚴復故居何在？」她大驚，搖頭擺手逃開。我再去問一店口服務員，她也搖頭表示從不知有什麼嚴復或鹽父。一年輕小夥子倒很熱情，看她發窘，即跳出來解圍說：「啊，我知道，就在隔壁轉角呀！」那女子大吃一驚，不禁崇拜地看著他。我連忙道謝，轉過街角，果然就在十公尺處便有一大戶舊屋，但跑過去一看，原來不是嚴復，而是林覺民、冰心的故居。

年輕人如此，老者亦然。跟我亂指一通，害我繞了許多冤枉路，令我對福州的好印象大打折扣。這不是認不認識路的問題，而是古蹟、歷史、文化根本不在他們的視域中，故視而不見，從來不安在心上。如我在街邊見一大殿，赭牆黑瓦，看來不是寺廟，便問街邊店家：「這是什麼呢？」答：「喔，我們也不知道！」天哪，我很後悔有這一問！因爲店在這大殿後面，站在店門口看，就可看到殿上四個大字：「仰之彌高」，這不是孔廟嗎？開店於此，日對宮牆，而不識之無，居人之文化歷史意識可知矣！

晚上，在於山頂上辦丁亥七夕詩歌朗誦會，雖有風雨，而聽眾踴躍。表演大率生澀，而熱誠可感。卻又是另一番景光。看來福州關心文學、喜愛藝術的人並不少，只是如何讓這種對文學文化的熱愛普遍成一般市民的文化意識，也許還是個値得討論的課題。

七夕還要想這些事，實在也太累了，算了，不寫了！七夕本該有詩，遂也懶得作啦。

六經皆文

2007.08.27

由武夷山返北京。去北大出版社拿了《國學入門》的樣書，此書簡體字版已印出來了，過幾天可能還要辦個新書的什麼發表會。商務版的《唐代思潮》據說下週也可上市，然後再出《清代思潮》。出書容易校對難，手上還有幾本稿子在校對中，直校得我柔腸寸斷，眼迸金星，十分痛悔寫這麼多幹嘛。

台灣學生書局的《六經皆文：經學史／文學史》也要出了，自序一篇，附於後：

在寫這篇文章時，我剛好見到公寓的樓梯門口貼著一張兒童讀經班的招生傳單。兒童讀經，這個活動或運動，在台灣已經發展得極爲普遍了。之所以著重於兒童，道理很簡單：大一點的青少年，在他們的語文教材或公民與道德教材中，經典的材料本已不少，國中就有《論語》，高中還有《中國文化基本教材》，內容即是《四書》。因此兒童讀經，無非讓小孩提早一點接觸那些他們將來都會讀到的東西，培養些熟悉感，而且避免在考試升學的境況下才與聖賢言語邂逅會適應不良。部分替代了兒童唱遊活動的讀經，當然也比一般玩遊戲式的唱遊更具意義。

近年此種讀經活動在大陸開展，情況顯然又有所不同。據國際儒學聯合會二〇〇七年第六期工作通報說：自一九八九年迄今，參加中華古詩文經典誦讀工程者，已達六百萬人，加上其他途徑在青少年中普及的人數則超過一千萬人。在這一千萬人背後，至少還有二千多萬家長和教師。因此情勢看來十分蓬勃。不過，因大陸在中學教育體系中並未安排經典課程，故須讀經者本不限於兒童，又因比台灣有更強的延續傳統文化之意蘊，故而引起的爭議也比台灣激烈。二〇〇六年華東師大出版胡曉明編《讀經：啓蒙還是愚昧》，即可見其爭議之一斑。

但無論如何，讀經在現在引起的爭議，比起從前，實在是太小了。錢基博曾描述他們家鄉無錫，在民國十七年時，一私立小學校長在課餘教學生誦讀《孝經》，其校中教員竟向市黨部教育局檢舉，說該校長是反革命。民國二十一年他去上海開高等教育問題討論會時，提案尊孔讀經，也大遭揶揄（《教育雜誌》，廿五卷五號，一九三五）。這類現象，顯示了當時自命開明的人士大抵均是反對讀經的。縱使是一些研究經學的學者，例如後來註解《經學歷史》的周予同，也大力稱讚蔡元培擔任教育部長時之廢除讀經，認為現代根本無讀經的必要。這種氣氛，到後來越演越烈，至文革時期而達高峰。批孔揚秦，雖說是政治力量的操作，可是社會主流意識恐怕也有非批孔斥經不足以強國的心態與之配合吧！

如今時勢氣運似已剝極而復，讀經雖仍有若干爭議，畢竟實際上讀了的人已然不少。而在學界中，經學研究也漸取得了正當性。例如台灣中央研究院文哲所中即有經學組，大陸雖無此建制，在學科分類中也還沒有經學這個學門，但自二〇〇三年我代表佛光大學，與中研院、北京清華大學合辦第一屆經學研討會以來，這類研討亦已漸漸蔚爲新興學術論域，參與者頗不在少數。大型文獻集編，例如《儒藏》工程，當然也推動了這個趨勢。

這是整體時代意見氣候的大概狀況。讀者看到這兒，或者已猜到底下我將接著說明我個人的經學研究及我這本書在這個環境或趨勢中的位置。

然而不是的。我做學問，獨來獨往，與潮流未必有關。少年時期，偶得父兄師保之教導，讀了點經書。但既與兒童讀經運動性質不同，彼時亦無此運動；對於那個時代到底如何反對尊孔讀經，我更是漠然無知。只是老師教習過，我也喜歡，便摸索著找相關的書來看。記得小學五年級時去書店買一本《易本義》，店員還認爲我胡鬧，不可能看得懂，不肯賣給我呢！可是那時我早已知道各書肆中其實大部分經學著述都有得買了，正式學校體制及主流意識型態雖仍陷溺在五四新文化思潮與現代化觀念中，民間文化工作者卻對刊印傳布傳統經史十分熱心，因此在書肆中遊走，從《幼學瓊林》，到《十三經註疏》，幾乎什麼都可以看得到。

我正式讀經，只跟小學三年級的導師黃燦如先生讀了幾年，其他大約就是如此東摸摸西看看。經學的家法師法，雖不盡瞭然，但優遊博涉於其中，感覺是極親切極愉快的。後來我看見許多人談起讀經，都覺得那是件非常困難非常嚴肅的事，好像非打熬起十二分氣力、非有絕大願力不能從事，尤其不適合少年人心性，非箠楚督責之不能讓人終卷，皆大不以為然，因為實在與我自己的閱讀經驗相去甚遠。

依我自己的經驗去推想，傳統讀書人以經書為其基本文化滋養，應該也是極自然極平易的。

入大學以後，因受章太炎、劉師培、康有為、馬一浮、熊十力諸先生之影響，很花了些時間治經學。大三寫《古學微論》、碩士論文作《孔穎達周易正義研究》，也都涉及了經學史的重構問題。我久不滿於皮錫瑞之《經學歷史》，覺馬宗霍等人之經學史亦僅為經學著述史而已，且局限於清代經學的框架，以漢學為矩矱，不能見經學之全體大用。故當時頗欲考經學成立之源、辨魏晉南北朝隋唐之變，以為爾後論宋元明清經學流嬗之先導，弄得自己很有些小經生硜硜然的味道。

但我讀經的經驗，終究使我無法做一名專業治經者。治經成為專業，其實是乾嘉樸學典範下描述的歷史及它影響的結果。可是現代化的學科分化與學術分工，又對經學做為一種專業產生了質疑，覺得經學還是太籠統含混，裡邊什麼都有，所以應該再予切割分化，把它分入史學、社會學、文學、倫理學或什麼什麼學科中去。如此拆解下來，經便只成了材料，經學也不成其為學了。要對治這種專業性分化，講經學的朋友乃不得不強調經學本身即是一完整而獨立之學科，也將經學研究專業化，以對抗現代學術的專業分工。於是，這就又接合到乾嘉的經學觀，出現了較專業的治經者。

我讀經，以優遊博涉為主，認為經書是傳統中國人的基本文化滋養，故經典本身固須考

論，經典做爲文化土壤，它滋養生成了什麼也很重要，應予關注。而且這話也不是這個重要那個也重要的兼顧式及開拓式講法，而是與專業治經有本質之異的。

專業經生，是以語言訓詁、文獻考證去確定經文之本義正解，還其本來面貌。經書文字被當成是歷史性的存在，故能以考察當時語言文字、典章制度、社會狀況去復原。乾嘉樸學之治經，後來發展爲章學誠所謂的「六經皆史」，經學終於漸漸成爲史學，成爲如章太炎所說：「說經者所以存古，非以是適今也」，均與此認識及方法有關。

我的想法也是歷史性的，但是是不一樣的歷史。我所指的歷史性，重點在於流變，是太史公云述史所以究古今之變的那種歷史性。故經之本義正解未必重要，我亦未必知，或者我根本就覺得那些未必可知。反對讀經的人，每舉王國維「以弟之愚暗，於《書》所不能解者殆十之五，於《詩》亦十之一二」（《觀堂集林》卷一，〈與友人論詩書中成語〉）之說，以表示經書難曉。其實難曉有什麼關係？王國維說他對經書還有許多不懂的，實則他自以爲已懂的，又真即是本義正解嗎？但就算解錯了又怎麼樣？本義正解不可知，所可知者，僅慕道向義者彷彿測度之言而已。慕道向義之人，累代不絕，各自讀經，各自領受。飲河滿腹，巢林一枝，隨分契會，遂皆歡喜贊嘆而去。其說經也，亦自道其理會耳。一時有一時之感會，一地有一地之受用，治經學史者，固宜觀其異同而審其流變焉。

如此，一就不會再看重乾嘉所提倡的那套治經法。二亦不會再如皮錫瑞等人論經學史，以漢爲盛、以魏晉南北朝隋唐宋明爲中衰；認爲歷代都從經典找到了面對其時代問題的方法，故其解經各有重點，風格各異。三則不會如章太炎那樣，覺得說經只是存古，不足以適今。經學在每個時代都是活的，每個時代的經學都是該時代人「適今」的結果。對歷史的詮釋，與他們面對時代的行動，乃是合爲一體的。故我們今日治經讀經，也不純是學究或考古，而是可與我們存活在當代的生命相鼓盪，以激揚生發出一些東西，來面對我們的時代的。古代人由其經學土壤中生長出許多他們那一代的學問，不也即是如此嗎？

我自己如何從經學中激揚生發一些東西出來，另文再說，茲先說古人。因爲專業治經者既爲專業，因此他們研究經學時眼光便也只集中在古代那些專業經生上，縱使人家本來不是專業經師，亦仍想辦法要把它塑造成一付經生模樣。例如惠棟，號稱吳派宗匠、乾嘉經學樸學之大師，篤守漢儒法度。但是，如斯云云，豈遂能知惠棟乎？惠棟除講經學外，曾花大氣力注解王漁洋詩、注《太上感應篇》。這些詩與通俗因果報應書，在惠棟生命中居什麼地位，與其經學又有何關係，專業經學家是視而不見或根本未及注意到的。吳皖之後的汪中、焦循、凌廷堪，博學於文、遊藝使才，明明屬於博學型文人，可是在專業經學家的塑造下，竟變成了「繼承乾嘉樸學的揚州學派」。而之後的常州學者，據龔定庵描述是：「人人妙擅小樂府，爾雅哀怨聲能遒」。可是專業經學研究者也懶得過問他們的詞學，只就其經學著作去考論。凡此之類事例，都說明了專業化的經學研究要不就是扭曲，要不就是割裂，對於公羊經學與詞的關係這一類問題，大抵也不感興趣或無力窮究。

順著這樣的觀察，我們還可以發現：專業經師這個說法，本身就是種特殊的歷史建構。乾嘉樸學的功績之一，正在於此。在宋代明代，其理學不就是經學的一種型態嗎？如朱子之論性理、論太極，本於《禮》《易》，他除注《四書》之外，也注《詩》《易》，蔡沈的

《書集傳》也本於他，朱學一派何嘗獨尊《四書》而棄五經？何況，從義理上，朱子會認為五經與《四書》是兩條路嗎？他所體會的天理，難道又不是從經典上來的嗎？還有，所謂四書，不就只是十三經中的一部分嗎？朱子他們治經，而從其中體認出天理心性等等，乃是他們那一代經學的特色。朱學如此，陽明學呢？寫至此，恰有友人寄了韓國陽明學者鄭齊斗的《霞谷集》來，翻開卷十七《經學集錄》，講的是什麼？上編：天之道、道之用、道之體、性之德、性之道、達道達德；中編：性命一理、物我一性、事物止一、一貫大小、本來一理、博約為仁、大中時中；下編：知能、知行、精一、明誠、誠道合、忠恕、修己安人、仁一體。可見當時人論這些知行誠仁問題時，本自認為即是經學。清初人反對宋明，認為經被宋明人講岔了，所以要重新講經學。可是他們為了強調自己才是真正的經學家，自己才擁有瞭解經典本義的方法，竟把經學與理學切割開來，把理學說得好像就不是經學似的，豈非大悖於歷史真相乎？

同樣被割裂的，還有文學。唐代經學的型態，當然會跟漢代不同，古文運動所希望達到的「文與道俱」境界，其道就本於聖賢之經。因此其經學見解未必見諸著述，特別是不見得仍以漢儒式的箋注出之，而常表現於其文章。元明以後，經義之討論與闡發，進一步與文學結合，體現於科舉制義中。乾嘉諸儒也反對這些做法，痛斥制義及評點講章，認為此皆為作文而生，非治經者所宜。因此他們的治經成果，或採漢儒箋注方式，或為一條一條的，根本不成文章。早在漢代，王充就曾批評當時經生的毛病在於不會寫文章。現在，清儒則大力宏闡這種不成文章的表達方式，以自別於用文章來表達經義的那一路數，斥其為說經之蟊賊，又豈不可笑？

對於這些問題，此處不好談太多，總之是乾嘉以來逐漸定型的經學觀或經學史觀，確實已該修正修正了。

本書即是這種修正工作的一個發端。書名六經皆文，是相對於章學誠的「六經皆史」而說。六經皆史，乃章氏爲消解乾嘉樸學經學之勢而提出的一套講法，謂六經皆古代官史，掌於公府，春秋以後才有私人著述。彼欲以此尊周公、黜孔子、崇公棄私，夷經學而爲史學。我無此雄心，也不贊成他那套迂古的歷史觀，故我說六經皆文，並不遠徵於上古，只從中世講起。上古文道合一，從本原上說六經皆文，我在《文化符號學》中早已談得多了，所以也不須再講。中世則是文與道已分的時代，經史子集在漢代逐漸開始分家，至魏晉南北朝而確定。可是渾沌鑿破後，人們又蘄其相合，於是才有劉勰的宗經徵聖、才有北魏隋代摹仿《尚書》的文風、才有唐代儒者想結合文與道的努力。此一動向，不僅使得宋元明清科舉考試均採取了以文章來闡述經義的型態，也使文學寫作以六經爲典範；同時，以讀經爲閱讀之基本模型而發展出來的讀法、條例，寖假也成爲一般文學審美閱讀的基本方法（我稱此為細部批評）。

在這個動向中，經學與文學是兩相穿透的，不是某方影響另一方或互相影響那麼簡單。如文學中論詩，皆推原於《詩經》，詩經學裡正變、比興、美刺等觀念，及具體詩篇的美學表現，無一不影響著詩人的創作。可是文學家對《詩經》的理解，同樣又刺激著研究《詩經》者，使得解詩時越來越重視其文學性。而這種文學性的《詩經》解說，當然更會跟詩家

論詩相孚相發。我在〈文學詩經學〉一篇中曾以清朝詩話爲例，描述了這個動態的關係，椎輪大輅，其餘不難隅反。

要觀察這一類動向，我們才能明白現今通行的經學史框架不但空洞而且頗有誤導之嫌。文學史也一樣。文學史的基本立場是反漢儒反經學，以說魏晉的審美自覺。唐代以後，雖以古文史觀籠罩一切，令人不知駢文才是通行文體，但論古文時局限於以文論文，對於文道關係很少討論。治文學史者普遍又對經義、對宋明理學茫然無知，所以除了把八股文亂罵一通外，大抵皆視若無睹，亦罕能涉及詩詞文章文學批評與經學關係的抉發。因此，我這些論析，對反省文學史框架，或許也有一定的意義。

近年世道日壞，學風也愈來愈壞，論文寫作漸成知識產業中批量生產的商品，講究規格化、數量化、標準化，產品還要分級。學者則以承攬業務、包發工程鳴高。結果是SSCI、CSSCI等唉唉不絕。期刊分級、教授分等，學校以茲爲指標，國家以此投資助。看來一片欣欣向榮，漪歟盛哉，其實是每年製造若干萬噸學術垃圾，許多基本問題卻閒置著沒人願意去碰；大家勤於放焰火，而少人從事埋水管的工作。我對此風氣，當然是不滿的。但世風如此，旁人自然也未必瞧我順眼，以上云云，或許還要大遭主流文學史家、經學史家之詬誶呢！然此亦何傷？吾將自論經史文章於廣漠之野、逍遙之鄉也。

歲在丁亥，立秋，寫於台北龍坡里雲起樓

閩西北遊誌

2007.08.28

福州、泰寧、建陽之遊，尚有記略，補述如次：

在福州，住在于山賓館。于山上有戚公祠、白塔寺、煉丹井、碧霞元君廟等古蹟，因皆未闢爲觀光點，只供市民遊憩，故都好。戚公祠尤佳。

戚繼光在浙閩經營多年，豐功偉績足資憑弔，祠亦雅靜幽深。閩派園林，以巨石古榕組構之，氣象自與蘇州揚州園林迥異。雨中獨遊，見一老者光著膀子在殿前打八卦拳，另幾位老者在石亭中唱福州戲，感覺亦甚好。碧霞元君祠，南方也不多見。

二十日福州開完會後，即赴泰寧。車行四小時乃達。群山環峙，近年方以丹霞地貌獲列爲國家地質公園，正摩拳擦掌準備大搞旅遊。但因旅遊事業剛起步，故相關配套措施及景區建設尚未完備，舊城鎮卻又還沒完全轉型，故還有些拙樸的容顏可以看看。過幾年，大概也就不用看或沒得看了。此爲我這次特意轉來瞧瞧的緣故。

福建與江西交界的山脈，福建這一邊，上為武夷山，下沿伸到泰寧等處；江西那一邊，上為三清山，下沿伸為龍虎山，都是丹霞地貌，碧水丹山，風景奇秀。有石骨崛聳、雲氤水蘊之美。然因景觀相似，旅遊項目大抵亦雷同，都搞竹筏漂流、爬山、走峽谷，伴以喝茶、吃土菜野味等等。泰寧的金湖泛舟、上清溪漂流、寨下大峽谷縱走，亦仍是如此。雖沒什麼特色，但浮生暫得此一日閒遊，正亦不惡。

泰寧目前雖僻處閩西北山中，但從前人文薈萃，朱熹、李綱、楊時均曾在此講學。可是現今已沒什麼遺風或故址可供憑弔，人文景觀，唯明李春燁的尚書第及朱德周恩來的紅軍舊事二者而已。其餘古街古城門古井狀元街等皆不足觀。且亦與大多數城鎮一樣，建新洋樓式的民族風大街，賣時尚精品；用硬鋪面街路、美術燈、雕塑來製造氣氛，令人搖頭。又因分區停電，在尚書第，本來可看到梅林戲的，竟也無法演（**古代唱戲，尤其是地方戲，哪需要用電？當時也沒有電。如今沒電可就唱不成戲了，實在滑稽**）。跑到街上想吃一盅擂茶，也因無電燒水而罷。

倒是在建寧，晚上約了劉登翰、李錫奇夫婦、張默、辛鬱、張重崗等去喝茶，再摸去吃夜宵，見識到泰寧人的夜生活，大為稱奇。此乃山城小鎮，人口不過數萬，而民主街一帶歌城卡拉OK竟達數十家，皆本地人消費，夜攤小吃配合之，通宵喧歌不絕。大山小鎮居民的生活型態，真是奇怪。

廿二日中午，大隊人馬回福州，我則獨去建陽。毛漢光先生五年前到建陽結婚，我們佛光大學一票人特來賀婚，王駿也從北京飛來，毛公夫婦很感念，老說希望我們能再去建陽玩。其他人不好湊集，我既到了泰寧，說什麼也得去探望探望，故聯絡了南平市政府來接，由泰寧經邵武往建陽。

這一路可不比福州到泰寧有高速公路，翻山越嶺，車行三小時才抵達。幸而山青水碧，景色可觀，民居尤樸實可喜。這一帶經濟作物是煙草，故農舍多有煙樓，以供燻烘煙葉。其建築與台灣南部不同，乃是高狹的小土樓。麻沙附近則為葡萄產區。

麻沙這個地名，對我們讀古書的人來說，別有感會。因宋代刻書以麻沙本為最盛，記得朱熹〈建陽縣學藏書記〉曾言：「版本書籍，上自六經，下及訓傳，行四方者，無遠不至」。元明以後，盛況依舊，清人查初白有詩謂：「江西估客建陽來，不載蘭花與藥材，妝點溪山真不俗，麻沙坊裡販書回」，可見到清代也還是盛的。現在雖然溪山僅存，人文不興，但吾人過此，感覺仍是十分異樣。

抵建陽，先去毛公家拜訪。所居十分寬敞，壁面上兩大幅書畫，均毛公自作。一為西安昭陵壁畫摹本及題識，一為赤兔賦。看來毛公在此頤養，雅興不淺。所居面對麻陽溪，可謂坐擁湖山矣！晚上去溪上湖畔吃魚。餐畢喝茶，與建陽文化局旅遊局諸君談建陽陶瓷、書坊、朱熹蔡元定家族事等。夜則自己一個人走出來，在建陽市區轉了一圈，吃燉罐、喝魚丸湯，不亦快哉！

武夷訪古

2007.08.29

早上先去看了建陽博物館。方整建中。舊館舍極簡陋，未來新館想必會較好，但地方政府的文化經費一向不足，故吾人亦不敢樂觀。館內有民辦跆拳道館，卻是興旺得很。近年韓國武術產業發展甚好，已勝過日本，更不用提我國傳統武術了。如此小縣，便可見其規模。

由建陽去武夷山，楊金鑫先生來會合，導之入止止庵。武夷山屢來，而止止庵在武夷宮後山山坳中，昔所未至，今由楊先生領路才得見著。舊有培風書院在此，但如今僅存一門坊。止止庵就以這石門坊爲其大門。止止，是莊子語，曰：「虛室生白，吉祥止止」，故用爲道觀名。觀已圮廢，今復建。而道觀又用講儒學的培風書院門坊爲大門，感覺甚怪，卻可徵滄海桑田之變。

庵內首供王靈官像，神幡上繡作王靈光。一導遊帶人入，則大聲介紹曰：王光靈如何如何。令人失笑。武夷山本道教洞天，夙有傳統，而今人對之卻極陌生，所以可嘆。

楊先生爲有心人。舊在南平任副秘書長，病肝，嘔血數升。醫者剖腹療之，謂肝一葉已硬化如木石，一葉已糜爛，不過一年半載，便將命終。楊先生既以爲必死，乃發大願，做善事，散盡財產，以待大去。不料善事越做越多，身體竟越來越好。因訪知此地廢棄，便又發願重建，變賣祖產以爲之，經營十載，居然大觀，實堪感佩。

如今此地建成白真人殿、玉皇殿二座，其他相應設施俱全。白真人者，供白玉蟾，丹派南宗第四祖也，昔嘗在武夷傳道。玉皇殿則不用說。殿閣皆用原木，隔山渡水運來，古樸可喜。楊先生還想在此發展易學研究，這一點我倒還可幫點小忙，因此提了些設想。

下午去古漢城遺址。武夷山獲列爲世界文化遺產，此地爲一重點，旅人以其距景區稍遠，皆不來或根本不知道要來，故只有我們這一批遊客。

古漢城，其實是古越城，越王建國於此，漢武帝時派兵滅之。其故事，我在《自由的翅膀》中有一篇〈祖國．民族〉中已談過，故此處也就不用再說。只是這越城被改題爲漢城，顯示的就會只是一頁傷心史：越國在此被滅，宮室被焚掠，人民被遷至江淮，遺址二千多年以後才被發現。若仍題爲古越城，情況就會不同，感覺兩樣。

古漢城博物館很簡陋，文物卻很珍貴，但保存及展示條件不佳。估計應是遊客少，故也無銀子可多辦事。門口一塑像，謂是越王；展示大廳上一大畫，云是越人迎越王，均不諦當。越人斷髮紋身，而圖像均作漢王官冕服狀。展示廳頂面圖畫，則採長沙馬王堆帛書圖式。可見當時蓋博物館時就沒弄清楚。遺址區之說明亦不足，倒是井水依然甘甜可飲。中國幾千年的古井，唯有這一口仍可生飲。我們在遺址處曬得七葷八素，掬水痛飲，涼沁心肺，真是感到無比暢快。

遊遺址畢，往城村。老民居宛然猶存，牌坊、宗祠、宅院、寺廟都很完好。我與毛漢光先生把村子繞了一大半，毛夫人則在村前騎馬，玩得盡興。村中有些碑刻很有價值。

晚上武夷學院宴請。武夷學院本是南平專校，遷來此，升格成大學，校舍十分宏濶美觀，令我稱奇。這次在泰寧遊罷，應鳳凰、蒲若茜等人另由武夷學院接來武夷山，今晚正好會合。席間向應鳳凰等人介紹武夷文化，聽者大奇，說該請我擔任武夷文化大使，比本地人還懂呢！哈哈，豈有此理！

餐畢，拉了毛公夫婦及應鳳凰去找包紅妹。她是包公廿八代後裔，與夫婿在武夷山經營文物藝術品買賣。五年前來武夷時認得，後來店面遷走遂沒找著，如今才問杜潔祥要到電話，聯絡了去她家喝茶，並聽彈箏。我奔南走北，各地非學界非政界之「民間友人」甚多，雖或久久才得一見，但覿面相親，輒多感念。上次來武夷，到一茶莊找老闆，不在，一行人便告辭走了。夜裏在某處山產店吃野味，老闆竟覓來，說：我猜到是你，又猜到你會來吃野味，故找來。令我大爲驚喜。可惜此次想再找他的茶莊，卻已搬了。

次日早上先去毛公武夷新居看看。房子正在裝修，三房兩廳，準備十月即入住成爲武夷山民，使人羨慕。據毛公言，近年因就婚閩中，也開始研究海峽史。因與談船舶建造技術與航海事，甚有收穫。他本是中古史之大家，精研士族政治，但近年來往建陽廈門金門嘉義之間，考察了許多福建古船廠及遺址，認爲過去中國船隻無法解決九十度橫向風的問題，故航海均是沿著海岸向南向北走。出福州泉州港，直渡台灣海峽困難，沿海下南洋卻容易，所以台灣雖近，歷來反而沒有開發、沒有移墾。要到十六世紀後，技術上突破了，情況才有改變。看來毛公準備在此潛心著作，再創一個學術第二春了。

繼而往天心永樂禪寺品茗。此寺即岩茶大紅袍祖產地。唐貫休、宋朱熹皆嘗來此，有詩文。明永樂間以茶爲貢品，因賜寺名永樂。入清尤爲一大叢林。文革間毀之，僅餘一舊殿。現方重建，正大興土木中。

方丈道澤，畢業於靈岩山佛學院，頗打禪語。我陪毛公與之聊了一會兒，便出來喝茶。中午並在寺用齋。我素不喜吃齋，偶一頓卻無妨。何況這兩天吃了不少麂子、野豬、野兔、蛇、穿山甲，吃點齋也是好的。

此寺與台灣關係密切。高雄開證法師及其法嗣傳孝法師均對此寺之重建貢獻甚大。傳孝即現任住持道澤之依止師，亦爲名譽住持。惜開證法師已逝。在寺中還見到妙湛法師之塔、趙樸老的許多題識。想起在高雄見到開證法師、在南普陀見到妙湛法師、在靈岩山寺見到明學法師、在北京醫院見到趙樸老等等，一時前塵舊影，觸緒紛來。佛教所謂「無常」，此即是矣，何必說禪飲茶，始能得之？

網中應答

2007.09.03

先解釋標題。古人有《嶺外代答》之書，今簡單回應網上一些朋友的意見，故曰網中應答。

有朋友賜告：出書不要太快。原因是窮學生買不起我那麼多書。這個建議很實在，我會謹記，也謝謝枵腹苦讀的朋友。不過，或許購讀我的書也是省錢之一法。怎麼說呢？

我想大家都知道：五岳歸來不看山。多看好書，養成了眼力和文字品味，一般出版品就看不上眼了。這道理跟女人挑衣飾相仿。只買好書，自然省錢。其次，我的書，特點是除舊布新，打破舊典範、開出新視野。在所論那一個論域中，通常是要推倒一切的。故讀了我的書，自然又會明白該領域中已有的那些東西其實大多是錯的，徒亂人意，可以不看。如此，豈不更是省錢嗎？哈哈哈！已有人說我是自大狂了，現在還說這種話，更要得罪人啦！

計我現在大陸已出版的書凡十二種，尚有若干在編、在排印中。禍災棗梨，且害了讀者諸君的荷包，敬請擔待。

還有朋友論及前此我所談到的「學者散文」的問題，同聲相和，不妨摘錄於後：

據我所知，港台不少著名文史學者都曾在報紙開設專欄，諸如龔鵬程、張大春、汪榮祖、李歐梵等人。特別是龔鵬程先生，幾乎是兩支筆寫作，一手寫錦繡隨意的專欄文字，一手寫嚴謹博學的學術著作，真是不能不令人感佩。

與之相比，大陸的報紙上那些花花綠綠的專欄文字似乎全部被一些剛剛入門的文人或者作家所佔領，一度專欄文字幾乎成爲小女人散文、私生活實錄、談性說愛、文化酷評和油嘴滑舌者們的文字領地，這些文字的速食品的確培養了一批自己的忠實讀者，但遺憾的是大多文字也只能成爲一次性茶餘飯後的消費品。因此對比台灣報紙上的專欄文字，我有時奇怪爲何我們的報紙不可以留出一部分版面給那些文史學者們去自由寫作？不知道究竟是我們的讀者層次太低，還是我們的學者太高貴，或者是我們的報紙對於這些學者們不寄予吸引眼球的希望？北大教授陳平原先生曾呼籲大學者應多寫小文章，並且還身體力行，但回應者寥寥。以我所見，在我們的學者文人中，似乎頻繁的寫作這些小文章就是不務正業的形象，但我以爲完全沒有必要如此嚴肅刻板，豈不知陳平原先生的學問著作同樣扎實嚴謹，讓人敬佩。

我也十分贊同大學者寫小文章，是因爲大凡大學者學養深厚，同時還有他們人生經歷大都豐富多彩，寫作素材自然取之不盡，因此讀他們的文章常會在不經意的地方發現許多很有趣的細節（**朱航滿〈大學者的小文章〉，2007.7.13，文匯讀書周報**）。

另外我還看到居然有朋友和我的詩。網路世界，真是奇妙。作者名磨心室主人，不知爲名誰，詩中比興，識者當能知之：

晦消明長漸及春，整肅衣冠尚爲人。西風昨夜鳴鉦鼓，應是長街戰鬼神。

撼筆終非揮日戈，斯人有疾是哀歌。何如怪木森寒下，簇簇山花禮一陀。

危樓陣列勢相俠，一入重圍幸有家。滿地燈潮時漲落，依稀漁火散蘆窪。

帝庭有訓一何休，父老聞之涕泗流。莫道君王行不反，沛宮早築待宸遊。

〔巡撫李大人傳來今上御批，滿城歡動，掀起學習高潮。休者，美好也〕。

攝魄何堪三五星，銷凝萬象失黎青。憐予驅筆亦無路，破紙一聲入滄溟。

橘生淮北竟何辜，方寸危城勢更孤。上論修身堪一哂，黨人原不惜頭顱。

〔今上于中紀委全會告誡全黨加強作風建設，殊無新意，《人民日報》連載系列評論〕。

劫波歷歷即慈航，一襲征衣是故鄉。昨夜東風拂寒去，江南花樹正鋪張。

〔郁庵兄過訪，飲酒談玄甚歡，次日旋往蘇州，未及相送，有寄〕。

爾來材傑氣何高，下視老夫卑若羔。蟹勢橫行曾慣看，無非八跪並雙螯。

〔近聞新任市長某公視事高館，頗具官儀，于二適書法言詞侮慢，並擬遷館於王氏宗祠。又，二適有句云：蟹勢橫行惱畫師〕。

時無孝道莫傷情，衰衰諸身是黨生。憶得鄧公鼎成日，愴然有誄不能聲。

﹁某公戲語官場媚上之風曰：若有關乎己之升遷的要員來，便是娘老子要死了，也顧不上了。孝爲百善之首，欲振世風，當以孝道爲先。欲振孝道，當以黨員幹部爲先。余嘗提議恢復丁憂古制，雖不無偏激，卻也別是一途﹂。

每個人的故事

2007.09.07

林湘華來電，云已就聘人民大學文學院。很爲她高興。近年兩岸情勢丕變，過去是大陸人競相到台灣打工，這些年則台灣諸業蕭條，商人多赴大陸，文教人士漸漸也要跨海謀生。相關事例，不可勝數（前此在台，便建議楊樹清寫一本報導文學，叫《台灣文化人在北京》或上海什麼的，以誌此一段特殊的歷史）。其中教育界因歷來較爲穩定，故過去很少人會想到大陸來謀職，近則不然。由於學校太多，出生率卻下降，以致學校招生困難，不得不裁員縮編，以防倒閉。新進博士，想如過去般到好大學去教書，實在愈來愈難，到大陸乃成爲新的選擇。像吳銘能去四川大學，我看他就比在台灣時快樂。湘華到人民大學去，想必也會大有發揮的。

易先德夫婦來，亦談及謀職事。先德身世頗奇。少年出家，燒戒疤，如星雲法師般，幾乎把腦袋燒壞。但他沒有星雲的好運氣，奔南走北，參學、做雜役、辦兒童讀經班、蓋廟、建圖書館、教書、打禪，什麼都幹過。諸苦備嘗，而一事無成。用佛教術語說，叫因緣不具足。一度想自殺，如今還俗，在北京「北漂」。編點書、寫點稿，但文化熱情不減。知我回到北京，遂來與談。語云：「君子謀道不謀食」，固然，但我想起秦瓊賣馬的故事，心下還是不免有所感。

看來每個人都有每個人的故事。不同的機、不同的遇，不一樣的無可奈何。我過去的故事，略見於《四十自述》。如今要出大陸版，重新校看之餘，不禁又想起諸如上述一些別人的故事，心情竟有點蕭瑟呢！

書請湯一介先生作序。與湯先生相識二十載，我現在來大陸，也是因他邀我擔任蔡元培、湯用彤講座之故。倩其賜序，亦誌此一段情義也。其序如附：

二〇〇四年夏，我曾爲龔鵬程教授所著《文化符號學導論》（**北京大學出版社二〇〇五年六月出版**）寫過一「序」，現在我很高興再爲他的《四十自述》寫「序」。我和龔鵬程教授交往已經有二十年的歷史，初識時他還是青年，我則已過中年；現在他已是中年，而我則進入老年了。可是，並沒有因爲年齡的差距而影響我們的友誼和交往。對此我是很珍視的。

我對龔鵬程教授的《四十自述》讀後，深有感觸，但提筆要寫這篇「序」時，又不知應如何寫了。思之再三，先寫三點想法吧！

（一）《四十自述》是龔鵬程教授通過他的生活經歷，表現他對人生境界的追求。我們可以看到，他是從敍事引向言理，「籍事言理」，正如他自己所說：「我這本自述，不像一

般傳記、回憶錄，瑣記家世、親族、愛情、人事等等，而以學道、求道、證道、行道之歷程爲主。」「道」在那裏？只是在你的生活之中，你必須有心去學、去求、去證、去行。鵬程正是這樣，他是在書本中、師友中、爲人行事中和自我的心靈中去自覺地學、求、證、行。如他所說：「我只能由內在追求方面去樹建我人生的理想」。一個人的一生，如要想成爲一真正的「人」，無非是要有個做人的道理，離開了這一點，大概人生就沒有什麼意義了。

（二）鵬程讀的書真多，對此我是深深佩服。從他的《四十自述》中，我看到他不僅對中國的「經」、「史」、「子」、「集」都廣泛涉獵，而且對那些筆記、小說和中西近人的著作只要能找到的他都無不究讀。鵬程讀過的書，很多我都沒讀過，有些還是我這次讀他的《四十自述》才知道原來還有這樣一本書。如巴壺夫的《玄廬賸稿》、明王士性的《廣志繹》等等，近日，鵬程對我說：他對比了一下《四庫全書》的「文淵閣」、「文津閣」和「文溯閣」中各書的提要，發現它們和《四庫全書總目提要》有些不同，甚至這幾種抄本本身的「提要」也有不同的地方，如果對比整理定會有用。就這一點看，鵬程讀書之多、之細，是可以讓我們學習的。

（三）鵬程多才多藝，於爲文作詩、繪畫寫字，無所不通。而其著述至二〇〇二年已出版的書就有五十餘種，所涉及到文、史、哲諸多方面，如儒、釋、道、詩、詞、古今文學、方志、美學、符號學，甚至武俠小說等等，而在他的研究中往往多有創見。從《四十自述》看，鵬程對當代學術動向和存在的問題都是有深入瞭解的，如他說：現代新儒家「以良知自我坎陷之方式，即可開出民主與科學」，「仍是以民主與科學之價值爲基準，來衡量中國傳統哲學」，「但此東方主義之態度，與據西方現代性否棄中國傳統文化者，實無根本之殊。」這樣一些論斷，對研究中國現代文化、哲學應是十分有意義的。

讀了鵬程教授的《四十自述》也頗有感慨。我在四十歲前後，正處在洶湧猛烈的政治運動中，一無暇讀書，二無時著述，可說在學術上是「一窮二白」了。雖也寫過一些文章，但多是人云亦云的教條主義式的大批判文章，這當然算不上什麼學術。等到快到六十歲時才有機會開始認真讀書，才逐漸學會照自己的意思寫作，但已力不從心了。在我七十歲的時候也想寫個「自述」式的東西，來總結一下自己走過的道路。花了一年的時間，寫了一本《我們三代人》，它是寫我祖父湯霖、父親湯用彤和我自己的。書雖是出版社約稿，但當我把稿子寄給他們，經過編輯，大加刪改，凡是我有點議論、有點想法的地方幾乎都刪改了。無可奈何，我只得把稿子收回，壓在箱底了。我們的生活就是這樣，我們的命運還很難掌握在自己手中。讀鵬程的《四十自述》，雖所認知並非全同，但其文卻能啓發我有所感了。

論四十自述

2007.09.11

《唐代思潮》已由商務印館印出。六七三頁。這個系列已出《漢代》《晚明》，還將繼續編下去，把我有關魏晉南北朝、宋代、清代的論文都集編起來，通貫整個思潮史。當代能出這樣的系列的人，恐怕不多。《漢代》《晚明》兩種略已售罄，又補了一些文章，近期會再出增訂本。反正我文章多得不得了，編也編不完的。哈哈哈！

前兩天又去商務涵芬樓講「國學復興年代的隱憂」，對現今之國學熱，做點文化分析。這其實是北大爲了替剛出版的《國學入門》作宣傳而策劃的。但我覺得老王賣瓜，談我自己的書，沒啥意思；不如討論點文化問題，故講此。

本學期還沒在學校講呢，便先在書店講，據說還要安排去另幾處繼續講，苦也！更苦的是十五日要去武夷山，參加人大國學院之會講；十七日轉南京，去南京大學講「中國文化經典」；然後再去廣州珠海講課。鴻飛南北，想來又是好一陣大累！

想著都累，自然不想寫文。偷懶附錄楊傳珍〈天地間多了什麼——龔鵬程《四十自述》讀後〉一文，以與上一篇湯一介先生論我《四十自述》呼應。並謝謝他們對我的鼓勵：

龔鵬程先生的影響，目前還限於學界，但可以預言，他的影響將溢出上庠，對公眾的精神狀態產生積極影響。

在傳統文化處在啓示錄式的時代，龔鵬程爲華夏文明注入新質的勇氣、姿態和過程，對當今和後世，都有著難得的啓示。龔鵬程爲什麼會成爲龔鵬程，又是怎樣成爲龔鵬程的？《四十自述》坦言道出了他的心路歷程和探求方法。可以說，《四十自述》是一位身處王綱解紐、學林失範時期的建設者「向著理想生成」的心靈史詩。

按說，四十歲還不到寫回憶錄的年齡。這個時候的學人，必然置身學術紅塵、無法退出是非場域，許多經歷和感悟，不宜於坦言道出。可是，龔鵬程卻以飽滿的生命激情和特立獨行的學術勇氣，寫出了廿七萬字的自述公之於世，以反省強化自信，在梳理個人往事中爲來者舉燭披荆。

早在大學時期，龔鵬程就表現出了非同尋常的見識。老子有言：「天地不仁，以萬物爲芻狗。」前人理解爲，天地是不仁的，把萬物視爲草狗。這顯然不符合老子的一貫思想。可是，《道德經》裏的白紙黑字，不容置疑。龔鵬程從文字學入手，考證出古代「仁」和「忍」相通，指出，老子所謂的「天地不仁，以萬物爲芻狗」，應該讀爲「天地不忍以萬物爲芻狗」。這樣一來，兩千多年的難題，被龔鵬程輕易解決，而難得的是具有學理依據。

同樣的例子還有對《莊子．齊物論》中「滑疑之耀，聖人之所圖也」的解讀。「圖」字有謀劃、貪圖、意圖等意義，如果照此理解，這句話就是「顯露圓滑多智的樣子，是聖人所圖謀的」。聯繫下句「爲是不用而寓諸庸」以及莊子的一貫思想，這「滑疑之耀」，應該是聖人所批判的，起碼不是聖人所圖謀的。前人爲了解決一矛盾，把「聖人之所圖」解釋成「聖人所不圖」。可是，這個「不」字，是武斷地加進去的。如果閱讀典籍遇到不通之處，就隨意增刪字詞，那就違背了學術規範，屬於公開篡改。龔鵬程通過一番訓詁，認爲「圖」是鄙的本字。這樣，把「滑疑之耀，聖人之所圖」讀作「滑疑之耀，聖人之所鄙也」，就前後貫通了。

以上兩個例子，乍看是訓詁的功夫，其實是他的見識使學問活了起來。我們雖然不能知道龔鵬程在讀經時有哪些「前理解」，但可以推想，那些訓詁領域的飽學之士，應該知道「仁」和「忍」相通，「圖」與「鄙」之間的衍生關係。爲什麼別人沒有如此解讀，只有龔鵬程能夠發現並一語道破呢？說到底，還是見識的高下。

清人章學誠說：「記性積而成學，作性擴而成才，悟性達而爲識。」（**《章氏遺書．九》**）《四十自述》記述了龔鵬程在淡江大學求學時的閱讀。龔鵬程對中國文化是敬畏的，這決定了他的閱讀不是居高臨下的把玩，但他一刻也沒有誠惶誠恐地跪在先賢面前接受教化。他以平等的心態與古人親近，接受傳統精神的滋養。同時，他在吸收前人營養的過程中，隨時跳出經史文本及其註疏營造的神聖迷陣，直視本質，時刻提醒自己對此進行縱向和橫向的比較，判斷所謂經典在建構自己的學術體系中能夠佔據什麼位置。

這樣，閱讀過程就成了鑒別真僞、區分高下、豐富學養、建構體系、發現他人誤區的綜合過程。每天十幾個小時的閱讀，使他與華夏文化的精華部分融爲一體。在這個維度裏，回顧晚清以來傳統文化之裂滅，審視學界之昏懵，追問其原因，一個立足傳統卻有別於傳統的文化學者誕生了。

獲得台灣師大國學博士學位之前的龔鵬程，其交遊範圍還限於學界，但他對世事的洞察與感悟，已經達到了很高的境界。可是，他雖然擁有了透視物情本質的能力，卻沒有失去天真，這正是他創造力旺盛的原因所在，也是學術良知與學術勇氣伴隨的根基。《四十自述》卷三《試劍》章，記述了作者發表對台灣〈國家文學博士論文內容與方法評析〉引發的學界地震。這場風波已經過去二十多年，兩岸學者對中文系教學和學位論文選題的弊端已經有了公認，筆者讀了這段文字，仍然佩服龔鵬程的見識與勇氣。

一個民族的精神質量，既來源於先人留下的經典，也取決於當代學人對經典的闡釋。我們在堅信中華文化博大精深的前提下，不能忽視在已有的知識體系中，摻雜了一些假知識和壞知識，更不能忽視學林中活躍著知識騙子和學術蠹蟲。基於此，我們的精神深處，就隱藏著誤讀傳統而形成的病竈，它不僅對人的價值判斷具有破壞力，而且決定著對文化的「前理解」，使接受呈現著擇劣趨勢。這樣的效應開始發生在有話語權的「先知」之中，經過幾代人的滾動，假知識和壞知識及其派生出來的認知範式，進入公眾的「集體無意識」，成爲「常識」。少數學人的病源，一旦蔓延出去，就會使那些主觀上敬畏傳統、以復興優秀傳統抵制禮崩樂壞爲己任的擔當者，把良知與熱情投注到擴散病竈的悲劇中去。

說到這裏，讓我們拋開偏見、冷卻情緒，理性地正視中華文化所面臨的境況。你會發現，「五四」一代學人，因爲在傳統文化中浸潤已久，當古老中國面對新技術革命的洗禮時，爲了應對挑戰，沒作審慎考慮，就以發達國家的軍事、經濟爲座標，對傳統文化進行了輕率的否定。這種聲音，借助政治因素，壓倒了維護傳統的主張。結果，時代弄潮兒對西方強盛源自民主科學和工具理性的渲染，只是提高了國人的物欲，加重了文化自卑，更使學界染上了急功近利的惡習。這種惡變，借助二十世紀的傳播技術，由精英瀰漫到民間；學術研究的職業化，使某些靠人文學科吃飯的人，組成了利益共同體；研究方法的不斷引入，使得精妙戰術用於錯誤戰略成爲可能。這樣的胡鬧，最終成爲習慣，成爲規範，靠此安身立命的職業人，或者沒有反省意識，或者沒有反叛的勇氣，或者不具備扭轉的力量，大家渾渾噩噩，心照不宣，太平無事。套用孟子的話說，爲學不難，不得罪巨室。

龔鵬程與生俱來的心理素質和能動閱讀，擴展出了他的器量，大的器量與使命感結合，決定了他的學術勇氣和對世故不屑一顧的澄明心境。這個在生命深處奔湧著經世豪情的文化擔當者，洞觀了傳統精神已經析出大眾意識、與學林早就貌合神離的嚴酷事實，於是作出了一系列驚天動地之舉。這自然會激怒整個群體，而群體的情緒又容易陷入非理性。龔鵬程置身自己點燃的烈火之中，以法眼俯瞰歷史走向，用最自信方式，把回應的心力專注於學問，以繼續建設證明自己的正確，沒有滑入以耗散生命作無謂之爭的怪圈。

英國歷史學家湯因比說過，在民族文化受到劇烈挑戰的歷史關頭，對傳統負有責任的知識分子，常常會作出兩種選擇：一是以悲劇英雄的姿態，維護和保存傳統，把外來文化對民族文化的衝擊降到最低限度；一是充當外來文化篩檢程式的角色，選擇、引進、馴化、改造外來文化，植入民族文化的肌體當中，使傳統文化在適應歷史變局中不致徹底流失。湯因比認爲，這兩種知識分子同樣可貴。可是遺憾得很，鴉片戰爭以來的中國，華夏文明所受到的挑戰不能說不劇烈，但是，湯因比所說的兩種負責任的知識分子，卻沒能佔據中國歷史舞台，改變中華文化景觀的，卻是另外兩種知識分子：革命家和新儒家。實踐證明，這兩種人都沒給古老的中華文化注入活力，當然也就不能使民族文化在二十世紀的大洗牌中贏得應該有的席位。

由於新儒家和革命家與湯因比所說的兩種知識分子在外觀上相似，歷史陰差陽錯地接納了他們。這些人不僅佔據了歷史舞台，而且還結成神聖同盟，聯手封住了不同的聲音。在這種情況下，要給中華文化帶來真正的復興，知識分子必須選擇湯因比沒有想到的第三條路，這就是，剝離陋儒俗儒們給傳統文化加上的層層包裝，扭轉學界已經習慣了的範式，以歷史性和世界性的眼光，發現傳統文化中最優秀、最有活力的因素，啓動，凸顯，讓異化的複歸原本，羸弱的強壯，已經死亡的獲得再生，使精神傳統的精華部分，將惡劣文化與虛假文化的混合體取代。這，就是龔鵬程的使命，也是他在《四十自述》中所宣稱的理念。事實上，他始終爲實踐這一理念進行著艱辛的努力。

在總體基調上，龔鵬程是一位嚴肅的文化學者，但他有著深濃的詩人氣質，是沒有遭受技術理性分割的完整學人。在撰寫學術專著時，他不得不囿於學術規範，行文中只好限制靈動，讓位於邏輯表達。在《四十自述》中，作者蘊藉的詩性風格得以盡情發揮。所以，這部

啓示錄式的自述，又是一部詩情洋溢、可親可感的美文。

本書以記述作者的學術活動爲主幹，審視廣闊的文化走向，吐納學林風雲，臧否杏壇得失。作者充滿自信地指點文化江山，對傳統文化的裂滅發出痛心疾首的吶喊。同時，對佯裝學術大老的冬烘極盡諷刺挖苦，暢快淋漓地掃蕩學林中的枯枝敗葉。最爲可貴的是，作者以自省爲基點，坦誠言說自己的治學方法、策略、境界，他捧給讀者的，既是作爲研究成果的「魚」，更是具有方法論意義的「漁」，是試圖改觀學界現狀和文化走向的設想，是終究要在他人心中發芽的學術種籽。用朱熹老夫子的話說，《四十自述》使「天地間多了些子」。

民間講學

2007.09.15

陳衛平、沙永玲夫婦來北京。他們在北京的住處，是一四合院，就在孔廟國子監後方「國學胡同」中。庭中有一株棗樹，還有一株，倒不是棗，而是香椿。婆娑葳蕤，亭亭蔭天。坐其下，喝茶看書，棗子砰砰掉下，樹葉光影迷離，遂覺一世無譁，歲月靜好。

但日子太閒逸了，衛平說：「來講講學吧，此處雖無杏樹，當不得杏壇，卻也不妨講講！」他在台灣，曾於毓鋆先生處聽講十四年。老先生一百多歲了，還講學不輟，我輩能不感奮？

我也覺得是可以講講的。我初來北京，就想仿當年章太炎，於北京重新開辦「國學講習會」。可是因緣不具足，故迄今未動，只在各大學裡講講。如果在此乘興講說，同懷諸友，來相切磋，亦非壞事。

所以現在商量的情況是：不胡亂張大旗號，叫什麼國學院，就稱為國學小院。在這裡，

可定期以友朋聊天聚會方式，辦茶會、琴會、詩會，以及我的講會。詮三教、敘九流、衡東西、而說道術。

現下我要出去雲遊，場地也需佈置，因此講會要到十一月一日才能開始。今只是提前預告罷了，屆時要講什麼，臨近了再說吧！

南方歸來

2007.09.25

十五日赴武夷山，參加人民大學國學院的「國學論壇」。這個論壇人數不多，但對國學亦尚無共識。唯詹杭倫說我們不能只管死人叫大師，現在也是有國學大師的，如龔某某就是。吳光附和之。遂成爲會中少數共識，可爲一笑。

十六日夜即飛廈門，陳守舉來接。吃完飯，已近午夜，廈門人「博餅」，猶自熱鬧未休。這個風俗，似是廈門特色，連台灣也沒有。所以旅館中特有說明書，介紹玩法。我太累，無力去博狀元，倒頭睡了。清晨六時便再赴機場，轉往金陵。

這次到南京，是江蘇省辦「江蘇大講堂」，分邀諸文化人演講。據云本週就要辦十一場，所以吳穎文已累得椎間盤突出，躺在家中不能動了。現今各地一窩蜂競辦講堂論壇，累得大家人仰馬翻，多有如是者，我則應命到南京大學去講。

我是南大兼職教授，但老沒時間來南大講課，實在感到慚愧。此次能藉機來講，自亦欣

喜。講題是「向古人借智慧：談中國文化經典」。南京夜雨，而聽者踴躍，令講者也頗受鼓舞。

次日風雨大作，原來是颱風來了。我乘風遁去，飛抵廣州，與陳肩兄等歡晤，再去珠海聯合國際學院上課，並約了少林寺武僧團總教練德揚法師來論拳，就不一一絮說了。

文化在民間

2007.10.01

回北京後，在中關村圖書大廈講了一次，談國學與當代教育。頗覺現在不少人還糾纏在「國學的定義」「到底什麼是國學」之類問題上。

一先生更有趣，問：「佛學是國學，還是外國學？」我答：「佛學生於外國，但傳來兩千年了，在中國也起了甚大之作用，故胡適、梁啓超以來皆視爲國學中重要部分。胡氏所列國學必讀書目中，開列的佛經就有幾十種。」他很不滿，說：「但你讀過韓愈的〈諫迎佛骨表〉嗎？」我道：「韓文公之宏論，我當然景仰；但時代不同，今日或應採較寬容之態度爲好。」他遂激動起來，道：「可是佛學是害人的。你看泰國、緬甸，哪一個信奉佛教的國家是強的？人家印度都不要的東西，我們爲什麼要撿起來？你們台灣，信佛教更是瘋狂，佛教快成了國教啦，可是越信越亂，你看陳水扁——」我有些不快：「我跟陳水扁什麼關係？陳水扁也不信佛教，佛教更不是國教！」他更激動了，站起來，掄著臂，大喊：「你們台灣都

去中國化了，你還跑來這裡講國學，騙子！假國學大師！我告訴你：要想得救，就要信基督教！上帝就是道！就是生命！道成肉身，——」大家原以爲他是狂熱的民族主義者或儒家信徒，聽至此，卻都笑起來了。忙把他轟走。社會性演講，往往如此。

但此事也可有另一種解讀，顯示了基督教在當代發展的勢頭頗爲強勁。我在西藏拉薩，有天上長途車，一人上車兜售書刊，賣著賣著就傳起教來。書其實是作爲福音，可贈送的。他傳得非常熱情，渾不顧車裡車外的佛教氣氛。令我想起來便覺他也與這位先生有一樣的氣質。

這幾天我還另參加了一場楊氏宗親會。宗親會在大陸現在還是不合法的，但他們以編《楊氏通譜》爲號召，凝聚了海內外宗親。如今已出古代卷，近一千頁；還要再出當代卷和海外卷。頗令人讚嘆。此種宗族、鄉里、行會、興趣結社、地方宗教等民間社會之復甦，是大陸正在轉變的關鍵，利病互形，值得關注。

與徐晉如也匆匆見了一面。晉如出示新作《大學詩詞寫作教程》一種，是他在中山大學爲學生開示詩法詞法的紀錄。四編十七章，元元本本，看起來是講具體作法，其實是教人如何做個真正的詩人。詳述詩法，而探本詩心，爲坊間一切談詩詞寫作之書所未有。且講得明白精要，實在難得。因詩法繁密，談起來容易瑣碎；詩心深窈，說來又涉玄眇。能講得如此深著明切，足見功力。他在中山帶學生作詩填詞，辦社團，辦得熱鬧，且發起穗港澳詩詞聯誼大賽，亦可看成是幾十年被壓抑、被忽略領域之復甦。未來當發生大影響。

我在二十八日參加四海經典教育機構舉行的祭孔儀式時，對馮哲說：「文化之根畢竟仍在民間」，大抵也就是這個意思。馮哲辦兒童讀經班、開素食館、辦民間孔子學院、出版大中華文庫，都是可稱道的。

我離去時，在門口，和他同唱《禮記．禮運》大同一章。舊時台灣電視台屢播這首歌，所以與我年歲相仿者大抵都能唱，歌聲盤旋於腦際，其實也就這個理想老是縈迴於心頭。大同之理想，或許永無實現之日，但此歌聲自將永遠盤桓在我們心中。

講史

2007.10.03

長假方屆，各處人山人海，故等閒不敢出門。三十日，有關方面安排了去雲居山看石經。一路堵塞，抵達時已過五時，暮色四合，職員都要趕著搭車回家，只好草草了事。回程到豐台，也是人山人海，擠著看張學友的演唱會。門票一張要一千八百八，低點兒的八百八，可是座無虛席，真令人驚嘆北京市民的消費能力。我坐看了一陣，頗豔羨台上台下熱力無限。我畢竟老朽，風寒腰痛，不能終席，便獨自出來找車返回了。但經此折騰，血壓飆高，頭疼到現在，自然就更不想出門。

不出門，略讀書、略清文債，寫了不少。有替浙江大學樓含松兄《從講史到演義：古代通俗小說的歷史敘事》寫的序文一篇，附於後。我久不滿於魯迅的小說研究，中華書局版《近代思潮與人物》中有一文粗發其凡，可與本文參看，其餘的，將來再另文說明好了：

樓含松兄這本著作，我拜讀一過，覺有若干可喜之處，略分四點來說：

一、講史通俗演義是傳統小說中最具中國特色的部分。要解釋這句有點拗口的話，須費些勁，故此處僅能略說一端：中國人對歷史的重視及歷史感，原本就遠甚於歐洲印度。古印度文明無歷史觀、無歷史意識，也無史著。談起時間，輒言若干劫，要不就是電光石火一剎那，年時月日均不明確。談生命，輒言輪迴流轉若干世，也不明白某事究竟在某世的某一年。希臘文明，則是反歷史的（untinistorical tendency）。哲學家們不關心歷史，只關心永恆、探求本質，在教育中歷史亦無地位，故這兩大體系在傳遞一種類似我們的歷史敘事及知識時，只能採用神話的方式。中國則反是。古代神話本來就不發達，就算有少數神話，亦迅速歷史化，蓬勃發衍爲講史的龐大傳統。

因此若要談中國小說，首先就要從這個傳統講。不幸民國以來，論者皆受西方文化影響，撇開了稗官野史、巷語街談這個源頭，另以神話與傳說爲源，對於此後小說諸流，亦薄厭講史演義，鄙徵史而崇虛構。如胡適就認爲《三國演義》沒有文學的價值，無法出奇出色。魯迅對《三國》亦無好評，甚且說由神話到志怪傳奇到小說，標示著小說真正的形成，即是從歷史到小說；可是唐代以後反而倒退回去，混雜於歷史的講史演義，乃是退化之證據。在中國社會流傳久遠、影響巨大的《三國演義》乃至整個講史演義文類，在他們的論述中，竟只有負面的價值。

樓含松這本書，恰好就是要把在近代小說史研究中被遮蔽的這個傳統，再彰明出來。緒論第一章論明代通俗小說的三大現象，表明了他思考這個問題是始於對明代通俗小說之觀察。但爲了闡明他所觀察到的那些現象，他上溯於講史之傳統，由神話傳說、瞽史稗官、正

史雜史、敦煌講史變文、宋元講史平話，一路考察到明代歷史演義，以說明類型化創作傾向、歷史題材興盛、歷代積累型創作方式等現象皆淵源於這一大脈絡中。此雖仍不免以神話傳說爲小說之一源，但對講史這個傳統確實已梳理得脈絡井然了。

二、他的梳理主要是想說明這個傳統內部的變遷，如何由「講史」到「演義」。講史，在他的語脈中，代表口說性的講述；演義則是文字性書寫。由講史到演義，即表示這個歷史敘事傳統是由口語逐漸變爲文字，由非主流文化逐漸轉向主流的。

大框架如此，故其析論既要重視口語，又要關注文字，且要討論兩者之間的問題，這是過去小說史研究經常忽視的。以魯迅的小說史論爲例。樓含松曾批評他：「雖然重視宋話本，但感興趣的是文本身，對說唱文學本身關注就不夠」，指的就是他只關心文這一邊，不太睬口語那一部分。而且魯迅論及口語這部分時，也僅注意到說，沒注意到還有唱。

實則講史歷來總是說說唱唱的，敦煌〈捉季布傳文〉全篇就是七言詩，一韻到底；〈伍子胥變文〉打紗女投河一節也全是唱。元胡祗遹《紫山大全集》卷七〈木蘭花慢・贈歌妓〉之女歌妓「又如辯士遇秦、儀，六國等兒戲」，顯然其講說也是伴著歌的。元雜劇《風月紫雲庭》第一折混江龍，旦唱：「我勾欄裡得四五回鐵騎，到家來卻有五六場刀兵，我唱的是《三國志》，先饒十大曲，俺娘便《五代史》續添《八陽經》」，亦明言說講三國五代乃是唱或是有唱的。歷來小說與戲曲關係密切，即緣此故。針對這一點，樓含松在論變文、論平話時都特別注意說明其說唱傳統或與戲曲的關聯，並做比較；同時也就平話的語言風格、敘事特徵做了許多討論，這都是他與魯迅不同處。

三、在文的部分，魯迅論明代小說時，只談了三項：神魔小說、人情小說、擬市人小說。演義放在其前一講「元明傳來之講史」裡附及之。評價也極低，論平話，只說：「文筆則詞不達意，粗具梗概而已」；論《三國志演義》，只說：「據舊史即難於抒寫，雜虛辭復易滋混淆。至於寫人，亦頗有失」，其餘皆是目錄學式的說明。樓含松則對歷史演義的內容構成、文體特徵、敘事特徵均有詳細討論。尤其是對於從語到文的變化，以平話和演義來對勘，十分清晰。這部分，顯然本諸心得，我覺得也是全書最有價值之處。因爲透過這樣的討論，不惟可解釋由講史到演義的具體過程，也才可以建立歷史演義這個文學類型的文類特徵。

四、建立文類特徵非常重要。一般論小說，總是孤立地談名著，但我們看魯迅的《小說史略》就知道：每一本所謂名著，其實都是隸屬於一個大的文學類型中的；所謂名著，只是以這本書來代表那一類作品。因此我們不能只單獨看那一本。某一名著之文體與內容往往也無法孤立地去瞭解，而須由其類型特徵去看。樓含松這本論文即著眼於此，觀察歷史敘事的類型，替小說文體學增加一些穩固的基石。我以爲也是可喜的。

丁亥中秋，寫於北京小西天如來藏

華語教學

2007.10.10

近日大事，乃是準備十一日開兩岸漢字研討會，以慶祝北師大漢字所成立十五週年。我當年帶隊來北京，赴語委會討論文字問題，迄今快二十年了。因此機緣，認識王寧先生，共同籌建這個研究所也已十五年。十五年間，人事如流，但兩岸文字問題看來進展得並不多，故應趁此再做些研討。

研討會，台灣有我及台大周志文、徐富昌；師大姚榮松；佛光潘美月、林明昌、陳瑋舜；淡江陳仕華、盧國屏；中研院張德明等人來。

我剛好替林明昌《華語教學入門篇》寫了一篇序文，也附上：

林明昌寫完這本書要出版時，我們正在北京開北師大漢字研究所成立十五周年紀念研討會。這個海峽兩岸第一個合辦的研究所，當年是我發起成立中華兩岸文化統合會後，與北師大王寧先生等合作籌建的。因我當時尙在陸委會供職，故後來幾次兩岸文字研討活動，均由周志文領隊，而具體奔走、聯繫、協商，並出版論文集的，就是秘書長林明昌。這是他對兩岸語文教育的具體貢獻。

可是明昌博涉多優，爲學不拘一格。此後或參與我國際佛學研究中心事務，或編中學語文課本，或教小朋友作文，或發展大學國文能力檢測，或研究明清古文義法，或拉胡琴唱京戲，或打太極拳論美人手，有時我也不知他在哪裡、都在幹些什麼事。對於語文教育，我知他一直在做，可又不曉得究竟目前主力爲何，又做出了什麼成績。

忽而我聽說他正在培育華語教學師資，業界口碑甚佳，令我不免吃了一驚，老懷彌慰。又忽而接到他的信，說華語教學課本已然寫就，不日就要出版，讓我又吃了一驚。這小子，關起門來寫書，嚇我嗎？

華語教學師資培訓，是我在佛光大學開始試辦起來的。前此台灣的華語教學，主要是實際施教。台大史丹佛中心和師大語言教學中心兩大體系演化出來的各式華語班；僑委會、國民黨海工會、中華語文研習所以及社會上華語補教業者所開發的教材教法，也均以實際教學爲主。如何教人去教華語，各界研析不足，亦尙無人專力從事於此。兼且市場萎縮，東西洋人多捨台灣而往大陸學習漢語，海外社會亦生態丕變，舊日以台灣爲主要華語教學根據地之環境已不復存在，故當時根本料不到有現今這樣全球華語學習熱的榮景，自然也就不太顧得上要積極培養華語教學師資了。我既講未來學，略有些遠見，所以率先開辦，請翁玲玲來主持。後雖因辦這種班並不賺錢而頗受董事會之嫌厭，以致未能宏圖大展。但華語師資培訓這一領域，因機適會，終於成爲學術新潮，想起來，仍是頗感欣慰的。

明昌參與我們的華語師資培訓教育既久，又積極協助過許多團體辦過這類課程，無論理論或實務，均有過人之識見，是不消說的了。這本《華語教學入門篇》，從華語教學概論講下來，語言、文字、語法、教材、理論、教學法，原原本本，每課前面有教學提要，課後還有練習，體例完整，足符實用，亦足以證明他在這上面確實花了不少工夫。內中大抵均屬教學心得。非抄撮稗販而來。這個領域，事實上也沒太多現成的東西可供套用，華路藍縷，可以想見他的辛勤。若欲從事華語教學，讀他這本書，入門確實綽綽有餘了！

但我讀此書，不免還想略做些補充。

這本書講華語教學，對於華語，是從詞與詞組開始講的。由詞的語素、詞、詞組；句子的語法成分、句法結構分析、句型結構、句型功能分類和基本句型表一路講下來。這是華語教學之正宗，不錯的。可是，這是一種類似英語教學的辦法，對洋人或許可令其熟悉，中國語文的一些特性卻未必容易理解。

例如漢語的聲、調、韻，用語素、詞、詞組來分析，反而較爲複雜，不如仍用針對漢語特點的聲韻學簡便明晰。

又如以詞開始講，字到底該怎麼看？漢語文真正的基礎其實不是詞而是字，例如「學漢語」，學是一個詞、漢語又是一個詞。漢語這個詞，就是兩個漢字組合而成的。所以一般人學漢語文，都是識認一個個的字，再用這些字去拼組成各種詞，而不太是倒過來，先瞭解詞、詞組，再去分析詞如何構成句子。

何況，若以詞爲基礎講下來，漢字教學在這個體系中該如何實施，一時似也不易明瞭。字不是詞，不能做語素分析，只能分析字形及字理。關於這部分，教華語的人，不可能不教學習者認識漢字，可是在語言學的框架中如何實施漢字教學，或許還是個疑難。

諸如此類問題，可能林明昌覺得未必要在《入門篇》中談太多，將來可在《進階篇》中再予補充。但我感覺也許在此先做些提醒較好，也爲他的《進階篇》預做個廣告。

丁亥秋中，寫於北京，小西天

書同文

2007.10.17

漢字研討會辦完了，把朋友都送走，我也準備於今日南下廣州珠海。

這次會議，敘舊的成分較大，學術討論其次。但在學術問題上亦非毫無進展。兩岸文字研究上歧見漸漸趨合，兩岸「書同文」的理想是一致的，如何達成書同文的方法與步驟，也漸有共識。大抵一是不再將傳統文字視爲錯字及不規範字，胡亂取締；二是在通用字表中列入正體字；三是在中小學課本中附載繁體字，增加學童的認識並資對照；四是逐步檢討簡化字表中的問題；五是加強社會教育。

所謂加強社會教育，是說過去因要推行簡化字，造了許多輿論，做了許多宣傳，例如說拼音是世界文字進化的趨勢，簡化是歷史的規律，簡化字易寫易認，有助於掃盲等等。這些宣傳早已成爲民眾之一般「常識」，而民眾又不懂正體字，只知道「繁體字」。既名爲繁體，就必然繁雜不易學習，以致對傳統文字既不熟悉又心生厭鄙。而且一般民眾又不懂文字學，對簡化字裡面不合理、不符合中國文字規律之處，根本也不會曉得。所以他們很難理解爲什麼簡化字強力推行了幾十年，許多學者還是不能接受，還要批判它、反對它；更不能瞭解我們這些從小就用傳統字的人，看簡化字爲何越看越生氣，覺得那是個混亂且錯誤的體系。民眾更不曉得簡化字其實比傳統漢字更難辨識，也不盡好寫，在掃盲和教育上，效果亦比不上傳統文字。這些都是需要教育的。但過去那些歪理，講了幾十年，現在要改口，當然也不容易，慢慢來吧！

歧見之趨同，有時也不是在道理上爭辯就能解決的，還須有情感上的基礎。例如朋友和家人，歧見雖大，畢竟容易商量，就是吵吵，也不傷和氣，這就易於達成共識。否則越要據理而爭，雙方的裂痕即越大，越湊不到一塊兒去。兩岸文字學界，從十八年前我帶隊去語言文字工作委員會「踢館」那時的劍拔弩張，火花四射，到現在和衷共濟，其實也不容易。這個領域的進展，是兩岸關係的一個縮影，其他地方也還有不少這樣的例子。但願未來在政治上也能如此，那就是兩岸人民之福了。

講學

2007.10.22

南下珠海，在聯合國際學院講「中國文學中的自然」二講。另邀峨嵋派武術大師吳信良來，講述並演示峨嵋武技。

峨嵋派被金庸害慘了，令人一想到峨嵋就想起滅絕師太及那一幫尼姑，網路上更是一大堆煞有介事的胡扯，說是女人的門派，以致峨嵋派竟成了蛾眉派。武俠小說影響力之大，實是厲害！其實峨嵋乃少林之外，史實最明確、歷史最久遠之門派。派內支系眾多，五花八葉，各擅勝場，兼有僧、道、俗、俠各色人物。近年推廣宣傳不及少林武當，故不甚爲人所知，實在可惜了。

與吳先生講論完了以後，我便轉去番禺，與陳肩會合。次日再由廣州轉往東莞，去找白義海。白是崆峒派太極門掌門。崆峒上代掌教王進（號燕飛霞）前幾年過逝，其妻爲日本人，故在日本成立國際崆峒武術協會，並有道館，白義海則仍在大陸發展。但崆峒畢竟較爲僻遠（遠在甘肅平涼），推廣不易，因此近年又到廣州東莞來。我追蹤崆峒派有年，前此在天水失之交臂，今才訪得他原來跑到海邊來了，所以此番特意尋來。

崆峒派被今人認識，恐怕也只從金庸的《倚天屠龍記》來，以爲崆峒絕技即是七傷拳。實則崆峒無此藝，該派內有飛龍門、花架門、太極門等。我到東莞找到白義海，推手玩了一會兒，便被拉去吃新疆大盤雞。

在廣州，另在「嶺南大講堂」講了一場。現在各省都辦大講堂，上個月我在江蘇大講堂講，今則在此。都是省委策劃的，但此間則由人文學會具體承辦。本來要我講道家的藝術精神，我覺得這個題目講的人多了，特別是徐復觀先生的大作珠玉在前，故可以不再講，改說「儒家的藝術精神」。此題，徐先生講不了，牟宗三先生也講不了，讓我來講講看。

講會由羊城晚報何龍主持，講畢用餐時，總編輯張宇航也來。我談到報社在對漢字文化方面應做些社會教育推廣工作，諸君咸以爲不謬。

餐畢陳肩陪我去東莞。他的古詩聯語，昔年頗爲錢鍾書所賞識。因說起錢對當代學人之評騭，陳云他曾據錢說撰一聯語云：「胸無墨、心無竅、目無珠，余欲無言，看上庠三無教授；腹有書、筆有神、身有膽，天如有道，知野屋大有文章。」這是他的遊戲筆墨，我就不敢如此說了。他又說某次道逢王敬羲先生，王拿出一張紙片，原來是高陽向王介紹可去他女友開的一家餐廳試試菜，隨手記的地址。陳乃作一絕云：「落拓緇衣有淚痕，不須更說美人恩，酒家遙指知何處，片紙珍藏墨尙溫。」此亦戲作，聊以備掌故。

陳肩醉心詩歌聯語，談話總不離如何推廣此道，看來這便是他的宗教，我愧弗如。因說

到十一月一日我要在北京「國學小院」講學，同時也擬請陳興武兄在那兒辦一個詩社，凡對作詩、賞詩、談詩有興趣的人，都可以去聚一聚。不會作也無妨，教一下格律，五分鐘就會了。能掌握格律了，再稍潤瀹其詩心，自然便能詩言志。陳興武把這個詩社取名爲「燕鳴詩社」，燕是燕京、燕會、燕居之意，燕燕嚶鳴以求友，故以此名。他並作有社聯云：「燕羽差池倚秋社，鳴笙宛轉探春詩。」陳肩也和了一聯說：「燕子詩中風欲賦，鳴鸞社裡雨將來。」希望這個詩社將來確能如二位所善禱善頌地發展起來。

至於我的講會，十一月一日準備先講一個總題，以「文化的分與合」分疏中西學術之基本性格，底下再從《論語》講起，二日講「學」而時習之，三日講學而「時」習之，四日講學而時「習」之。地點在雍和宮對面孔廟後之國學胡同，晚上七時至九時。同來講習，不必束脩，唯有場地茶資二十元而已。若要樂捐，則歡迎，多多益善，哈哈哈！

國學講習會

2007.10.26

近日要開國學講習會。

之所以忽然要講學，原因有二：一、國學熱已熱了一陣子，但真正能把國學講清楚的，倒還少見，我來試試。希望能從虛熱鬧轉爲真沈潛。二、恢復民間講學。

民間講學，本是古老的傳統，孔子、馬融、鄭玄、朱熹、王陽明，誰不在民間講？但近代大學體制形成後，情況頗有不同。整個教育都納入了這個體制，完全消化或排擠了民間講學的需要與空間。民間講學似乎已不需要，因爲大學已太多；民間講學也不正規，因不受體制所認可。而且公私機關、文化機構、社團、媒體所辦的文化學術演講又很多，一般人也搞不清楚，以爲這就叫民間講學了，孰知其大謬不然！

時代雖然如此，但這個傳統迄未死絕，仍有不少人還在講。遠的，如章太炎一九一三年在北京遭袁世凱軟禁時講，一九二二年在上海申報講，晚年又在蘇州國學會講。馬一浮在杭州講、在江西講、在四川講等等。近則如台灣的錢穆、牟宗三、南懷瑾、毓鋆等都是。諸先生皆嘗主大學講壇，他們若願意再去大學開課，各校也必喜出望外，萬分歡迎，可是他們還是只喜歡自己在家裡講講。爲什麼？

那就是老傳統的魅力。私人講學，才可以稱心而談；從遊者，亦皆爲析疑問道而來，故也才有相與論學的悅澤之感。真學問、真精神，便似乎才由此出得來。貴州盤山有首民歌是這樣唱的：

吃菜要吃白菜頭，
跟哥要跟大賊頭，
睡到半夜鋼刀響，
哥穿綾羅妹穿綢。

民間講學，於今彷佛大賊頭打家劫舍的買賣。學問，也就是財貨之獲得，可能來路不正，但也可能反而很正。因爲興許是劫富濟貧或竟分到了不義之財。而且，不管正不正，光這番半夜鋼刀響的生機淋漓氣魄，就要讓人眉飛色舞了，何況還將得到綾羅綢緞呢。

現在，我也要立山寨、開講會了，諸位跟我這大賊頭一道吃吃白菜頭吧！

國學小院的活動

2007.11.05

一

十月二十八日，北師大開辦「輔仁國學研究所」，舉行座談，邀我去觀禮。這是北大國學研究所、人大國學院、廈門大學國學院、深圳大學國學所之外，另一著名大學開辦的同類建制，足證國學研究正不斷深化。

但我到會後，聽見一研究馬列哲學之某校院長大放厥詞，說國學非學科，講國學的人往往反民主、反科學、反法治，又只知復古而不能注目於今人之生活與貢獻等等，令我幾乎腦充血。什麼時代了，此類妄人居然還如此之多、居然還如此大言不慚，又不幸此類人往往踞居高位，掌握學術權力，這正是今日大陸學術不振之主因。

二

前此談到要開講會時，引了一首民歌，現在再講一首。

清末宣傳革命的陳天華，寫了本《猛回頭》，用彈詞的形式唱，一開頭就是：

拿鼓板，坐長街，高聲大唱。尊一聲，眾同胞，細聽端詳。

聽什麼呢？

我中華，泱泱大國，文明昌盛；而如今奄奄一息，即將滅亡。

為什麼？他說：

這原因，真真是，一言難盡，待咱們細細微，共做商量。

我們現在要解釋的，大概也仍與他這個問題有關。如今雖非在長街上拿著鼓板高聲大唱，卻也不妨細細微微，共做商量。

三

因是師友講習，取義於相互切磋，老實說，也就是我自己覺得好玩，故不收聽課費。茶資二十元，只是打理場地之需。有些朋友還不滿意，似乎講學只應白講，這就說不過去了。上週哈佛有教授來北京講「快樂學」，三天收費美金三千元。此學我亦能講，學而時習之，不亦樂乎！不就是快樂學嗎？但我可沒要諸君花如此大價錢來聽。其他單位邀我去講，則也是要有束脩、有報酬的呀！

四

四天講會，陳衛平先生主持，由我來講，看來還算成功。小院既小，容納不了太多人，這幾天高朋滿座，害得有不少朋友罰站，殊覺過意不去。還有不少人連聽四天，熱情亦可感，而且漸漸形成了一種師友講習的氣氛，這是可喜的。

爲維持這已鼓舞起來的論學氣氛，我們擬每星期四晚上七至九時舉行讀書會。已參加過講會的夥伴，自可參加；若有新朋友，亦甚歡迎。有朋自遠方來，不亦樂乎。這三天已講畢「學而時習之，不亦樂乎」了，接下去就該實踐底下這一句。

自本週起，每隔週週六下午三至五時，是詩社雅集。不會作詩也無妨，請陳興武先生從頭帶起，藉以「興於詩」，以吟詠情性。

每週週日上午九時半起，另有琴會，由葉書含主持，邀名師來教古琴，藉以「遊於藝」。也就是說，國學小院近日之活動爲：

十一月八日，晚七至九時：：讀書會

十一月十日，下午三至五時：詩會

十一月十一日，上午九點半至十二點：琴會

我近日要南遊。七日即去南京大學演講，九日再轉去海寧，參加王國維誕生一百三十周

年研討會。回來以後，十七日下午才能再在國學小院講「中國的書院與講會」，特此說明。

五

剛才已說過：國學小院除我的講會之外，其他時間還有陳興武的詩會、葉書含的琴會等活動。陳興武已獲郭丙華先生贊助，凡參加詩會者，皆可獲贈《詩韻合璧》《詩詞格律》《詩詞寫作教程》等作詩參考書，因此也歡迎來作詩彈琴。前此我有詩一首，詠陳興武招集燕鳴詩社，附錄於後，云：

秋風吹老魚龍意。社約聽傳鸛鶴心。
有客揮戈揚大雅。一詩新鑄勝黃金。
也知時世須匡濟。敢溺文章自沈吟？
只為今生都是苦。故邀朋輩散胸襟。

南京、海寧、嘉興

2007.11.13

六日晚在北師大輔仁國學研究所演講。此會由國際儒聯所辦之「國際儒學院」主辦，我是第一講。

七日由北京飛南京。南京大霧，飛機延誤，住店又略有周折，晚間匆匆去南大演講，遂頗累。次日再去浦口校區講一次。現在大陸許多高校都在發展第二第三校區，但校區廣遠，來往不便，對人力、物力、時間都是可悲的浪費，而主事者樂此不疲，不知何故。

我這次到南京來，是「法鼓人文講座」之安排，思想家中心具體舉辦。台灣法鼓山在大陸若干大學設此講座，邀世界知名學者主講。台灣也有，上半年我在成功大學時，便適逢柳存仁先生在成大講。我在大陸，過去也在清華講過二次，此番南來，距上回在南大演講不過一個月，因此頗有些朋友以爲我一直在南京玩到現在呢！

演講的情況，已有朋友在網上發表了感想，就不多說了。有些提問，恕我無法一一回覆，反正循我思路自己去想，便不難有答案。

九日一早即離寧，經上海去海寧開王國維紀念研究會。這次在南京，時間太過匆遽，故許多老友都無法聯絡了見面，甚憾。抵海寧卻意外見著王學海。十八年前我與社科院文學所許明等謀組一基金會，推動大陸及兩岸學術活動，許明曾邀王學海任秘書長，後來事沒弄成，我與王兄遂也無緣共事。其間我亦於一九九二年推動過兩岸王國維會在海寧召開，但當時我又因任官而不能來，種種稽延，不想拖至今日才得見著。

海寧這次會議，名義上由北大、清華、人大、北師大四校合辦，實際承辦則爲海寧文聯，可以顯示地方對學術文化名人的關注與熱情，但實質學術研究上的突破則無多。我本來準備講講耶律楚材，因王國維寫過《耶律文正公年譜》及《餘記》。但我估計在這個會上未必能有多少共鳴，故臨時改講「古雅說與王國維的審美趣味」。

本來我是與盧永璘先生共同主持第一場討論的。然因安排的主講人時間都非常節約，以致時間剩下不少，又臨時找不到人穿插，說不得，只好由我自己上台救火。不過我上台便說：我乃學界之獨行大盜，慣於殺人放火，故此非來救火，乃是來放火的。放什麼火呢？就是談古雅說並糾正歷來學界對王國維文學史觀之誤解。

當然，放火云云，只是好玩。此番來海寧，本意也是玩玩，故趁便去訪了海神廟、匾聯館、王國維故居、陳閣老舊宅等處。

匾聯館無甚可觀，一些聯匾還沒整哩，散堆在地上。說明亦簡陋，多不註明出處。有個匾，上寫「富貴神僊」四字，因書法家寫異體字，僊下寫作山，說明便老老實實打了個大問號，讓我看得哈哈大笑。

陳家老宅則附會乾隆是陳閣老兒子的傳說，每天在門口排演乾隆駕到，陳家人倉皇竄出來下跪接駕的戲碼，以此招徠遊客，不值一哂。但老宅中玉煙堂帖及藏真帖刻石均極精，令人留連不忍遽去。

王國維舊宅近日才整葺一新，鋪上紅地毯，以迎嘉賓。可是其中資料有限，並與大陸所有這類學者故居紀念館一樣，都只是一個空殼子，貼上些圖片而已。沒有研究，也不做文獻整理。我給市政府領導們提了些建議，例如組織王先生學術紀念基金會，或將故居充實爲一具學術文化內涵之機構等。說了也不知有用無用，姑且盡些心力吧！

由王先生故居出來後，即轉去看潮。海寧潮，名動天下，但季節不對，現在並非潮水最大的時候。雖如此，仍可觀。潮來一線，如萬頭黿鼇魚鱉鼓湧而至，轟轟然，嘩嘩嘩，跳波竄水，忽忽而去。與在台灣海邊觀潮一進一退者迥異。據云還有回頭潮、碰頭潮，可惜未見。又，潮水可觀而觀潮設施有待加強，占鰲塔斑駁失修，又無其他古蹟或文物可供遠來者徘徊想望，殊感悵悵。

自海寧出，轉往嘉興，宿於南湖之濱。夜遊梅灣街區，很不喜歡。以老風情包裹小資氣味，模仿上海新天地，盡是酒吧、速食、中餐西吃式的高級餐廳。想聽點地方戲，卻不可得。打電話問旅遊單位、演出公司，都不得要領。可憐嘉興這一帶，本來應該是海寧皮影戲、桐鄉花鼓戲、桐鄉三跳、平湖鈸子書、海鹽腔、海鹽騷子書、嘉善田歌、嘉善宣卷盛行之地。而如今本地人生活中卻與之絕緣了。

十二日清早，遊湖，乘船到煙雨樓。樓在湖心島上，除乾隆詩碑外，古今碑刻多不惡，東坡馬券刻石尤好。但現今南湖被一種政治氣味搞壞了，一股勁強調該地是共產黨的誕生地。因第一次全國代表大會在南湖召開，故不僅有革命紀念館，連煙雨樓也處處要說它與共產黨有這樣那樣的關係，董必武就寫了一碑，刻石建亭於樓畔。這不是荼毒湖山嗎？如此這般的煙雨樓，倒還真不如金庸筆下亂寫一通，讓江南七怪跟丘處機大打出手的煙雨樓了。

冬日雜記

2007.11.20

自南方歸來。北京木葉黃脫，遍地蕭瑟，果然是一派北方冬寒景象。

王玉奎兄弟自承德來，與任定成、王駿同來邀飲。說起與王駿、林信華去石家莊吃狗肉，其後我又去承德拜訪他等往事，大發豪興說：「小寒以後，大夥兒去承德，殺一條狗、烹一鍋羊來喝酒吧！」結果承德還沒去呢，我已先醉了，昏睡了一下午才由他們送回。看來老矣，不能再與諸君縱酒啦！

十七日在國學小院講「中國的書院與講會」。記得南華大學剛創辦時，我也講過一次，談書院精神。坐在榻榻米的教室，木條長几，講者聽者皆席地而坐，關了燈，每張茶几上點一燭盞，秉燭夜談，益饒清趣。如今不可能再這樣做，但一群人在溫暖的屋裡談書院傳統，看著小院中木葉紛飛，也是不錯的感覺，頗有涉世蒼茫之慨。

該日無詩會，陳興武卻也到了，原來他也來彈古琴。據說他們彈了一早上，中午去吃

飯，聊起詩會正教格律，許多人初習此道，感覺又陌生又好玩，陳便以菜譜上的菜名徵對：「土豆燒牛肉」，李曼對以「蕃茄燉鮑魚」，陳大嗟賞。我聽了亦以爲有趣。作詩本來就是遊於藝，應該從遊戲中體會。凡百學問皆出於玩，無玩心，就玩不出道理。而且飲啖雖俗事，作詩卻不妨由此落想。俗事俗情，一轉也可能另見趣味。例如我有冬夜一小絕句云：「福圓枸杞燉牛鞭，頗喜冬寒醉飽眠。未必養心須忌口，老夫剛證祖師禪」，即是如此。押鞭韻，彷彿東坡用屎字，所謂：「腳踏牛屎覓歸路，家在牛欄西復西」。

國學小院的講會、詩會、琴會，看來已上軌道。今晚我又要南下無錫、轉南京、去杭州、飛廣州、入成都、遊重慶，一去二十幾天，講會要稍停一會兒。詩會琴會則照舊，每週六日聚會。十二月一日下午（週六）三至五時，則另請張克鎭先生來講中醫，題目是「以傳統文化拓展醫學新空間」，有興趣的人都歡迎來聽。張先生善針灸，也許還可以爲有需要的人扎一針。

以上是國學小院的事。最近多談國學小院，其實在其他地方我也沒閒著。昨姜小青先生來北京，我們準備編個《東亞漢學薈要》，先輯印日本《詩經》學著作若干種，以饗學林。

北師大今天則舉行研究生開題。我的幾個研究生準備做《文選》李善注引用小學類書研究、《詩經》毛傳鄭注與朱熹注的同詞異訓比較、女族字的形成與內涵研究等，跟李運富、王立軍諸先生的學生一道，一一考來，不覺累歪。

南行雜詩

2007.12.08

與王明蓀、魏銘佑約了在無錫聚會。二君由澳門轉來，我自北京乘夜車往。在黿頭渚徜徉二日。湖山無恙，甚可喜也。前此，太湖因藍藻肆虐，水質頗受影響。但非鬧到不可收拾，不會真去收拾，乃中國社會之常態，如今鬧起來了，中央與地方才會認真去整治，因此未必不是好事。湖面清寒，遊人不多，也顯得較為清靜。

黿頭渚景區中多是昔日私家舊宅。如榮家醉樂堂，蔣介石曾經蒞止，今皆無用。唐文治茹經堂亦然。其實唐氏教育事業頗多可述，國學專科學校尤其值得討論。茹經堂如今閒置無用，殊為可惜。也許我該仿去年在太湖辦「太湖論道」研討會那般，在此地也辦個相關的會議。

由無錫轉南京，一宿而去杭州。杭州更暖和，西湖亦明麗。然車水馬龍，遊人如織，我也無暇細細入湖品賞，因為此番要來開兩個會，一是工商大學與儒學會合辦的儒學高峰會；

一是浙江大學辦的武俠文學會。兩會撞期，我得兩頭跑，本來江西龍虎山還有一道教會議得去，實在分身乏術，只好由明蓀去了。

當然我的個性不可能不玩。湖畔恰逢月圓，獨行柳堤，靜對湖波，仍能體會到不少孤涼之趣。與王翼奇、尙佐文，同往唐雲藝術館小憩，亦頗韻。唐雲書畫不足觀，但藏品甚佳，可見其眼力畢竟不俗。館在湖山佳處，日對雷峰夕照，當亦可遊。王先生示我《綠痕廬詩話》及吟稿一帙，則尤佳。

浙大在會議結束後，安排我去講了一場「生活的儒學」。講畢又去湖畔居喝茶，歸來已晏。因次日要趕清早飛機去廣州，故即準備就寢。不料林保淳卻來邀談。保淳乃現任中華武俠文學會會長，人稱「武林百曉生」，由台灣來會。但我們根本沒時間聊敘，所以趁此機會出來沿湖漫步。月黑風高，保淳又不良於行，拄著枴杖，且走且歇。在「西湖天地」逛了一陣。遊人俱散，店家也都紛紛收拾打烊，一派荒率景象。我與林保淳、張樂林三人無處可去，只好找了一家「哈根打死」霜淇淋店，各坐夜風中吃了一球冰而已。西湖良夜，居然如此，可笑！

有南行雜詩數首，略述這類事：

一、北鄙霜風似虎狼，身如候雁遂南翔；鷓鴣天外鶯啼序，錯謂桐陰夏晝長。（到西湖）

二、劍氣花光萃此湖，更憑詩酒下神巫；小談俠義非吾事，早入蒲菰訊野鳧。（武俠小說研討會，金庸亦到場）

三、曾慨斯文劫火餘，說詩今見綠痕廬；清言何必干時諱，但話江山便起予。（與王翼奇、樓含松先生等湖畔居夜話）

四、哈根打死一球冰，夜自瞢騰意自興；略譜英雄刀劍錄，不知四野已無燈。（與林保淳、張樂林夜談武林掌故）

廣州雜感

2007.12.09

由杭州飛廣州。陳肩來接，去一酒店參加中醫論壇，與陸廣莘先生略談。

陸先生謂西醫治病，中醫養生，途徑各別，議論甚精到。然中醫未嘗不找病治病。《諸病源候論》一類，皆找病者也；針灸湯藥丹方，則多治病者也。唯中醫之治病，與西醫以殺敵法治病不同罷了。

我從前在隨筆中曾提到去陝西茂陵，霍去病墓目前香火勝於武帝茂陵，原因之一，是土人在霍墓設了一小廟，說拜霍去病可以去病，且病字邊上的點都去掉了，說這叫一點病也沒有。這不是笑話嗎？一、霍去病只二十四歲就死了，拜此夭折少年以求長壽，毋乃滑稽！就像杭州人喜歡去太子灣拍婚紗照，說是以求早生貴子，最好將來還是個太子。殊不知那位太子三歲就夭折了。二、人要去病，再容易不過。只消把人殺了，自然病也就沒了。從前一笑話書說：某醫者掛招牌曰：「包治駝背」。一駝子去就醫，醫者用兩塊木板把他夾起，重石壓之，說如此保證就把你的背可壓直了。駝子叫苦說：「若如此，我的背固然直了，可是我這老命也就休矣！」醫者則道：「我只管這背，誰管你死活！」殺病療法，即類乎此。三、一點病也沒有，自然是個死人。活人多少都是有點病的。古人說有病在治療中，通常不說治病，而說是養病、養痾，養之以待病與人相安而已。此中醫之精義也，亦可當人生哲學看。

廿六日在中山大學演講，由徐晉如張羅，陳永正諸先生皆因此到會，甚快。廿七日則在暨大講。蔣述卓先生安排。朱壽桐先生因在澳門無法趕回，因此我請他把門下研究生調來，我另行與他們餐敘。我喜找年輕人論學，「有朋自遠方來，不亦樂乎」，我是能踐斯言的；而且還常要倒過來，自己飛來飛去找人論學，這是我勝於孔子之處。

暨南大學校園風致與台灣暨大不甚相同，據聞二校交流亦不甚多，倒是政大丁敏前一陣子曾住此做佛教文學研究。我廿七日逮著些空，哪也不想去，便鑽進該校圖書館去讀書。

該校圖書館頗新穎，設施及觀念都好，勝似台灣不少大學。然特藏華人華社資料不如預期豐富，與台灣及東南亞華人華社研究機構之合作亦有待展開，但意外的是該校善本頗為可觀。倒不是說什麼宋元精槧，而是章太炎先生藏書幾乎全數在此。先生藏書約四千冊，其中明本及清初本約四百冊。版本未必足重，然上多批識及跋語，故彌足珍貴。據云明年可以整理出版。其他清初文集，多未納入重修清史計畫；小說戲曲藝術書，亦有外界不經見者，令我有見獵心喜之感。建議該校再寬列經費整理，或輯編重刊。

學校裡還有些早年舊著，讀之慨然，哭笑不得。例如北大哲學系一九七〇年級工農兵學

員編的《論語批註》，中華書局一九七四年版，解釋「學而時習之」一段，說是：：「孔丘創立的儒家學派，不僅是一個反動的思想流派，主要還是一個反動的政治集團，爲了復辟奴隸制，陰謀篡奪魯國新興地主階級的政權，孔丘開壇設教，廣招生徒，大肆宣傳他那套反動的說教，大造反革命輿論，拼湊反革命隊伍……」。因此，學而時習之，就是「把自己訓練成復辟奴隸制的幫兇」；有朋自遠方來，就是「拉攏來自遠方的反革命黨羽」等等。

當年這類書多得不得了，但內容大抵千篇一律。如福建人民出版社的廈門大學中文系工農兵學員編《剝開孔老二的畫皮》，凡十章：一、孔老二反動的一生，二、克己復禮是反革命復辟的綱領，三、仁就是吃人，四、反動的天命觀與天才論，五、陰險毒辣的中庸之道……等。其他大學、中庸、孝經、孟子、樂記……都有批判。各省都卯起來幹，包括《三字經》等皆不放過，湖南人民出版社就有一本《肅清孔孟之道的流毒和影響：批判三字經、女兒經、神童詩、名賢集、弟子規、千字文資料選編》。看來那真是個瘋狂的年代，「舉一反三」，說是：「注入奴隸主階級政治觀念的推類教學法」；因材施教，說是：「爲沒落奴隸主階級選優拔尖的措施」（見馮天瑜《孔丘教育思想批判》，一九七五，人民出版社）。

嗚呼！活在那個年代的人，真是太辛苦了！

珠海、成都、重慶

2007.12.15

十二月一、二日在珠海聯合國際學院召開「國情國學教學研討會」。邀了台大周志文、中正大學雷家驥、佛光郭冠廷、浙江儒學會吳光、日本同志社大學蔡孟翰來。

整個會議的設計及原委大抵是：因大陸的大學向例要有國情教育或愛國主義教育、政治課之類，而這類課，教的人沒勁，學的也不感興趣，內容亦多無聊。故我向郭少棠先生建議：國情教育既不能不開，何不索性好好辦，讓它更有內涵，學生確能有所得？其方法則是把國情與歷史文化結合起來，變成國情國學教育。

具體怎麼做呢？今年先以黃宗羲《明夷待訪錄》爲基礎。黃氏這本書乃是針對明朝滅亡之後對中國政治社會體制做的反省，裡面談到立君、置相、設官、建省、定都、田賦、財政、軍備、教育、取士、法治等各方面的問題。這些問題，既是總結明代以前的情況而做的反省，則藉著該書的論述，學生立刻就能掌握數千年來中國政經社會變遷之大概及利弊得失

所在。再加以清代已迄現今之狀況之比較，則今日國情之優劣是非，豈不一目瞭然？

例如黃氏論建都，反對明代定都於北京，並對歷代立都問題有所討論；其後清朝建都仍在北京，民國建都南京，但國父孫中山先生又曾主張建都蘭州，中華人民共和國又都北京，可是近年遷都之議不斷。一國定都問題，茲事體大，不只關涉山川情勢，亦與經濟、國防、戰略有關。通過這類討論，即不難開拓視野，深入瞭解中國之相關問題。像教育，黃宗羲大力抨擊明代的學校，而明代那些問題爲什麼該批評，看看我們現在的教育，學生立刻就明白了。這才是真正的國情教育，不是政治宣傳、愛國主義教育那一套。

會議的安排也比較特別，一人講半小時，隨即討論。大抵每人講兩題，與一般研討會迥異，效果也格外好。學生討論熱切，提問亦頗不俗，大家都很高興。下次準備再策劃一個論書院傳統的會，再來玩一玩。

因迎接雷家驥等人遠道來，此番特地找了一家店吃龍虎鳳，也就是蛇貓雞。吃得我與家驥大呼過癮，志文等人則面色如土。崆峒派玄空門掌門人白義海乃回民，對此亦不敢嚮邇。

會議散了以後，「君向瀟湘我向秦」，他們回杭州、日本、台灣，我則由廣州轉去成都，準備繼續漂泊西南天地間。

抵成都，三日在川大文學院講了一場。四日又與吳銘能、敬木林、賴和平、趙敏、胡小柳等共遊青城山。在山上喝茶唱歌，好不愜意。晚並與青城派掌門劉綏濱夫婦會了一面。

趙敏、胡小柳均在川大宗教所博士班。三日夜半，趙來接我去他家茶敘，小柳與江西財經大學張晟亦同來。喝茶論道之頃，三君便要拜師，於是糊裡糊塗竟受了大禮，收了三個徒弟。我向來講學，不主秘授，即使是當年辦中華道教學院，也把歷年道教家傳秘授的傳統改爲公開普傳的體系。故雖也有不少朋友發願向學，說是要來拜師，我都不曾收過。不料一時好玩，居然破戒，得著幾個好徒弟。

例既開了，五日便又請了王慶餘先生來做見證師，接受了歷史學院賴和平的磕頭。我長年雲遊，且德薄學淺，未必能教他們什麼，但一時緣會，未來必有足資憶念之處。

王慶餘先生乃筋經門傳人，一生傳奇，文武藝業俱精。我拉吳銘能、徐新建兩兄來，與王先生茗談，並去喝簡陽羊肉湯，令他們大感興味。我多識神州奇才異能之士，新建又擅長民俗調查，因此我建議應做個計畫，有系統地做口述歷史性的調查保存文化資源，否則未來老輩凋零，悔之晚矣！

六日由成都去重慶，先到大足去看石刻。承石刻博物館安排，逕去寶頂山。大足石刻我已看過多次，但冬天來，卻還是第一趟，感覺近年有關研究較有進展。

去重慶是應西南大學楊玉輝之邀，來開宗教與法治的研討會。大陸的宗教政策及環境之所以頗受國際詬病，原因在於：(1)非登記制，乃許可制；(2)未開放宗教市場，自由競爭；(3)限制宗教活動場所，無法自由傳教；(4)只有僧團神職人員團體，無法組織信徒；(5)無法制環境。本次會議談的其實是第五項，而且也不能深談，深談就不能辦了。因爲目前根本沒有法律，完全是行政機關用行政命令在管著宗教，宗教怎麼可能正常發展呢？

重慶與成都一樣，都在下雨，而重慶雨後霧氣尤重。會議既然無法深談，我便自去找樂子。乘著雨，由西南大學這一們走到那一門。西南師大合併了農校等，併成了現在這麼個龐

然大物，校地幾近萬畝。在雨中又不能上縉雲山去看竹子喝茶，所以就去西南大學另一頭找了家狗肉店。一個人坐店中，吃了一鍋肉，飲了兩盅酒。璧山狗肉，別有滋味，與徐州或花江狗肉均不相同。冷雨山城，霧氣昏濛中，自食自樂，亦別有情趣也。

儒學復興年代的隱憂

2007.12.24

在大陸，寫稿可真不容易。中華讀書報約撰此文，卻又不敢刊登，不知犯啥忌諱。乃刊於此：

中國發展的道路，在上世紀八十年代充滿了爭論，主潮似乎是要繼續五四運動以來的現代化，以奔向蔚藍色的海洋。九十年代後，情況丕變，傳統文化愈來愈受重視，各種被描述爲「國學熱」、「儒學復興」的社會現象，目不暇給。既有學院中競設國學院所、爭開國學班之狀況，也有社會上遍是文化講壇、兒童讀經班，乃至出現國學辣妹、漢服運動之類。各地又或祭孔、祭三皇、祭五帝，或大講姓氏文化、尊祖報本，或抬出鄉賢名儒，號召儒商。凡此等等，無法殫述，形成新時代最特殊的文化景觀。

這種文化現象之形成，原因複雜，此處無法分析。分析也沒什麼用，因爲事實已然發

生。因此現在我要談的，乃是對它的一些反思。

不用說，我對大陸的儒學復甦是贊賞的。我在台灣成長，當年之理想，便是風雨如晦、雞鳴不已，期待儒學能在神州復興。如今美夢成真，不勝雀躍。看見孔子重被珍視，聖經賢傳又復炳炳琅琅於人口，一本于丹講《論語》而竟可銷行數百萬冊，全球且遍設孔子學院，不禁飄飄然又有文化大國國民之感。

然而，儒學復興或許又來得太快太輕易了。學術界還沒準備好、社會條件也不足，以致所謂儒學復興不僅頗見亂象，真實內涵亦頗堪疑。

例如學界到處辦國學院、國學班，可是國學中斷或停滯了幾十年，如今通曉國學的人有多少？師資何在？教材又在哪？過去講馬列、批判孔子的人，如今因徇時尚，轉來講儒學，當然沒什麼不好，但真正的研究又如何？八十年代，通過對港台新儒家的介紹與對話，並整理章太炎熊十力等早期儒者的文集，儒學研究確實奠定了點基礎，也培養了若干人才。但新時代儒風大盛，儒學研究卻其實並無進展。沒有新學派，也無新理論。從前留下來的學術問題，看來也沒人在意。因此雖然社會上儒學彷彿熱得很，我們內行人卻很明白：儒學研究目前甚是蕭條。新意無多，學術社群也沒什麼活力。

而就在老成凋謝、中壯輩瀕屆退休、青年學者又還不成氣候的這個時候，社會對儒學之需求卻是空前巨大。要學界提供各式講員、寫各種書。學界根本無法應付，出版社遂只好大量翻印老書或出版通俗講論（如張居正、南懷瑾及各大學各名師的講記），以應時需。這類書，在盜版市場上更多，足徵社會需求之殷。但通俗講論本來粗淺，內中且多錯誤。出版社大出特出，無非圖其方便，找個人講講，錄音整理即可成書，不用等學者十年磨一劍。印老書，當然好，可是也往往欠缺學術考量。如胡適《說儒》原只是一篇小文章，但現在配了圖，包裝成了一本大書。該文本是有爭議的，就一本書而言，其內容亦顯單薄。可是學界現今並沒什麼總說儒家較好的著作，出版社這麼做，恐也出於無奈。

學界無以支應社會需求外，社會條件也不足。社會條件是什麼呢？實的是制度，虛的是文化心理。

制度方面，大陸的孔廟、書院、朱熹王陽明黃宗羲章太炎等名儒故居及舊址，現在大都不屬於教育與科研體制，而是隸轄文化部門或旅遊部門，不講學、不做研究，只是闢地做生意，兜攬遊客上門。正式教育體制中，大學文科的系所、經費、資源皆遠不及理工商管吃香，學生報考文科的熱情也正逐年下降。中小學教材的傳統文化部分則比重不足，也未能如台灣般將《四書》納入課程，對於以私塾方式實施國學教育的機構還頗思取締。大學裡的國學班國學院雖辦得熱鬧，國學卻迄今仍不被教育主管官署視爲一正式學門。儒學同樣也非正式學科，只能掛在「哲學」底下，做爲「中國哲學」的一個分支。可是儒學的歷史面社會面等等，均非哲學所能涵括。此類制度的社會條件若未改善，國學或儒學云云便只是虛熱鬧，很難落實。

社會文化心態方面，則是浮囂、躁動。感覺傳統文化好、感覺需要補充文化知識，便一股腦發起勁來，很有群眾運動的架勢。這個工程、那個大典，洶洶然好不熱鬧。若究其實，卻多是空乏無底氣的。學術性不足，而普及化太早，有點兒本末倒置。

這不僅是發展儒學才如此。好日子沒過上幾天，飲膳品味根本還沒提升，已嚷著要吃粗食吃土菜，說是厭珍羞而貴螺蛤了；生活上根本還沒學會規矩，不太懂得文明禮儀，已大喊要掙脫禮教了；人文與藝術，根本還不嫻熟法度，對中西傳統不識之無，已然高談創新，要把自己建立爲典範了。此等浮囂的文化心態，使得大家熱衷於放焰火或看煙火表演，而吝於注意埋水管的工作。媒體與社會聯手打造著文化明星、追求轟動效應，卻並不關心上述儒學發展之體制問題，也未必支持學術。令人沉思的儒學內涵，遂往往在此情境中被簡化成一客速食，或一品點綴快樂生活的巧克力霜淇淋。

在所謂儒學復興的這個年代，恰好又逢著經濟成長，全民「向錢看」，朝野上下交征利。以致儒學發展頗受經濟利益之驅遣，商業炒作、時尚風潮，構成一幅奇異的風景。

各級地方政府，常以傳統文化爲名目，辦祭典、祀先賢，或打造族譜村、姓氏大會，建中華文化標示城，並把孔廟、書院闢爲觀光旅遊景點。但文化搭臺、經濟唱戲，旨不在宏揚文化，而是藉此發展經濟，帶動地方建設，招商引資。有些城市喜談儒商傳統，或設法建立新的全球儒商關係，其意略同。這些地方的官與商，都艷稱儒學，但據我親身體會，大抵對儒學是既不懂也缺乏敬意的。他們辦的典禮、召開的學術研討會，通常皆無什麼學術價值及文化意義，無非搞活動以吸引人潮與錢潮罷了。儒商問題，本來在九十年代是非常有意義的課題，可以做許多理論挖掘與歷史探索，但如今也被庸俗化了。

儒學與企業管理的問題也一樣，原本值得深論，可是目前各學院與人才培訓機構所談中國式管理、易經與決策模式、由歷史看管理、中國謀略學、帝王術等等，乃是功利實用導向的。讓儒學與現代企管勉強鈎合，以媚時俗，很少人去闡發儒學對人逐利競名的批判態度。

前一陣子李零所寫《喪家狗》一書，在我看，便是對上述現象的發牢騷。他說：「古人云：『衣食足而後知榮辱』，其實衣食雖足，亦未必知榮辱。」這就是指現今的社會。他又說：「學《論語》有兩條最難學，一是『三軍可奪帥，匹夫不可奪志』，二是『不義而富且貴，於我如浮雲』。現在，哭著鬧著學《論語》的，不妨先學這兩條，試試看」。前者謂儒學強調獨立之人格，不當隨時俗轉移；後者指儒學貴義輕利，富貴名利均應以義衡之，絕不是如今人般苟逐名利不擇手段，然後以聖賢言語塗飾之、附會之。學界中人助紂為虐，曲學阿世，無怪乎為他所鄙視。其語或嫌尖刻，但時尚化、媚俗式地發展儒學，難道不該批評嗎？

造成這種現象的原因之一，是整個社會仍在現代化的進程中。我國社會的現代化轉型轉了上百年，現在還在持續發展其現代性。現代化的基本態度，便是要掃除傳統。這種文化態度，七十年代以後雖替換成「傳統與現代結合」「取其精華、棄其糟粕」「創造性轉化」等說詞，看起來不那麼斬截、對立，但實質上並沒什麼改變。而這種社會，正如 Peter Berger《飄泊的心靈：現代化過程中的意識變遷》一書所述，是要奇妙地消除史蹟、遺忘歷史的。我們過去的現代化歷程不就是如此嗎？如今看起來好像業已不然，可實際上現代化仍是我們這個社會的主要發展動向，人們仍對現代化表現著正面期待，為社會意識之主流正價值。儒學或傳統文化是放在這個現代化框架中被接納、被重新認識的，儒學必須符合現代化期待才能獲得社會認可。

然而，我們不要忘了：既要講現代化，又要發揚儒學，在某些時候是會精神分裂的。現代化的清除史蹟，與尊重歷史文化的意識，本來就相矛盾，現在我們是採分裂認同或囫圇彌合的方式勉強安頓之，可是衝突是不可免的。儒學復興、讀經運動、國學熱，都一再引起現代化人士之質疑與批判，謂爲「保守主義復辟」或「走向蒙昧」。此類爭論，不是某些人對儒學特具敵意使然，而是在現代化進程中發展儒學必有的衝突。衝突的結果，看來是儒學越來越盛、讀經活動越辦越暢旺，實則是儒學以向現代化妥協告終，強調復興儒學無礙於現代化或可讓社會的現代化更好些、更快些。

如此強調，本身就充滿了現代性，具有工具的、實用的、現世的思考。認爲儒學可有助於我們的工作、管理，可幫我們成功、快樂或提高社經地位，增強競爭力。擴而大之，更可強化國家的「軟實力」、號召全球華人之精神認同、建立全球化格局中新的文化身分等等等。

對於現代社會中人天破裂的精神處境、機器化的理性態度、科層化的社會及其思維，西方當代思想家頗有評析、儒家思想中也不乏批判現代性之資源。但在我們這兒，這些往往都被掩蓋或忽略了。社會上仍在喊：「科教興國」「科學技術是第一生產力」。談儒學的人，則也許仍是冬烘老學究，徒抱遺經，以護存文化爲職志，而對此現代化情境漠無感知，無從應對；也許隨順情境，以獵時名；也許求同存異，勉求儒學發展之機。總之儒學還是不能真正復興的。

推展儒學的人，不僅要面對這等現代化情境，他尚有體制化的猶豫。因爲目前一部分困境肇因於儒學還不能進入體制，故尚不能成爲主流意識或國家意識型態，以主導社會進程。是以亦頗有學者倡言「政治儒學」。政治儒學，在現實環境中，看來很難實踐，因爲可能動搖黨政結構。這姑且不論，只說在學科組織、科研項目、教育體系這些層次，儒學就還沒充分體制化。想推展儒學，自然頗有困難。但體制化一定好嗎？這又不免令人猶豫了。

前文已說過，近年不只地方上熱衷儒學，國家亦以孔子爲國家文化符號，在全球廣辦孔子學院、在各地祭孔、強調民本思想、送《四庫全書》去日本、大談中華文化。此亦頗令講儒學者振奮，且有被體制收編的誘惑。可是，儒學做爲申張國家意志的工具，或利用傳統文化來強化民族主義好不好呢？

由歷史看，儒學之衰，不正是由於它被帝王所用嗎？儒者活在一個朝野都提倡儒學的時代，或許比在一個壓抑、反對儒學的年份，更要危險。一是誘惑比壓力更難抗拒；二是經世致用的理想、成爲「帝王師」的抱負，會讓人把擴張個人私欲和推廣文化的公心混爲一談；三則是體制化了的儒學往往也就喪失了它的民間性與批判性。故在此當如何拿捏，頗費躊躇。

過去的儒學，並不是因帝王提倡了才興盛的，它有一個較穩固的社會基礎：由家庭而宗族祠廟，而鄉里社學，而書院，而鄉約自治。生活團體與倫理實踐團體、講學團體大致合一。故帝王雖或焚書、禁講學、毀書院，也不能使儒學不在老百姓的生活上起作用、不能讓老百姓不依儒家的倫理去過生活。這個社會基礎，在現代化過程中被摧毀了，所以儒學才變成抽象的理論、無驅體的幽靈。如今若欲招魂，恐怕使之重新被立爲國家意識型態，不如從

生活場域的重構來得實際。

但重構生活場域談何容易？現代社會的特徵之一，就是家庭型態的變革和家庭結構的不穩定。現代人在面臨科層體制之壓迫（例如工作壓力、強制退休等）時，既無田園可歸，又無家庭可以退守，而現代社會工作與行動的漂移又強化了人們的無家感，這是現代文學與藝術中經常談及的現代困境。人人都想改善，可是被現代化裹脅了的現代人，哪這麼容易就能掙脫現代生活型態的樊籠？連重建家庭在倫理生活場域中的地位，皆如此困難，遑論宗族、鄉里、學校、社會？

何況還有大眾消費文化的問題。消費時代，大眾不是接受文化之教養，而是消費著文化。傳媒及文化產業推波助瀾，追求消費的數量與鈔票，一如政客追求著選票。故阿多諾（Theodor Adomo）形容媒體是「把啓蒙的可能，變成了野蠻化的可能」，不只敗壞趣味，更遲鈍感覺，爲集權主義舖路。在這個時代，推展儒學，可能亦只如推銷一種新的文化產品。擅於包裝與行銷者，自會在其間利用話題傳播、區隔市場、異業結盟諸術，銷行其產品。大眾或分眾購買此等產品，其心態亦類如買維他命補品。膠囊一粒，輕鬆入口，便蘄能健身益神，並不感覺儒學是要真正在日常生活上從事「學」與「思」並做倫理實踐的。

所以，爲儒學復興而歡喜或憂傷的人終將明白：原來只是空歡喜與虛擔心，儒學並未真正復興，在現今這種體制和社會中也不可能復興。

那要怎樣才能使儒學復興呢？儒學應以何種形式重返中國？答案其實就隱藏在前面的批評中。生活場域的重構或許困難，但生活儒學，即以儒學介入生活仍是可能的嘗試。

不過那是另一篇文章或一批文章才能談的事，在此我反而覺得也許先不要談那麼多。遊談無根，是古代文人之通病，而於今爲烈。知識人的實踐性都實踐在嘴皮子上，以言說爲真實。現在發展儒學，首先不是在方向路線上爭辯，而是沈潛下來好好讀書。連四書五經都沒通覽，卻在那兒辯說該不該讀經，豈非可笑？在浮囂的社會風氣中，知識人首先要靜定得下來，覃思熟慮，做點理論的突破或文獻的掌握。根深自然葉茂，深入了才能淺出，要做社會推廣，先得努力鑽鑽象牙塔。社會大眾呢？則也該知道體制和社會結構問題若不改善，儒學發展就難，我們自己存在的困境亦無法改變。爲了我們自己的未來，我們不該掠影浮光地把玩古人的智慧，而當崇本務實，更關注生活情境的完善！

莽莽征塵

2007.12.24

由重慶返北京，遽逢小雪。這是北京今年初雪，適當我歸來之際，彌覺可喜。

但在北京待不了幾天，匆匆上了新浪網的訪談直播，便又南下珠海。這是本學期最後一次上課，講文學史與藝術，兩講。

在珠海聯合國際學院，本次也邀了崑崙派掌門人周金生先生來。崑崙派僻處西陲，外界較為陌生，周掌門亦七十餘矣，此番應邀由青海飛來，頗為不易。周先生亦尹氏八卦掌及王宗岳太極拳傳人。王宗岳拳論，夙推為太極宗源，然其拳法究竟如何，則無流傳。周先生所獲傳授，為第五代。架子甚小，無弓步馬步仆步，有轉膝，擦地而行。其理論謂弓馬架大則移動騰挪不便，速度較慢，不利於實戰云。其練法有快中慢三速，講究上中下三盤呼應，合以後天八卦天盤地盤人盤、外盤中盤內盤，故又與八卦類似。

由珠海匆匆再趕回北京，則是因陳仕華兄自台灣專程趕來，討論校注《四庫全書總目提要》之事。廣東地區，氣溫二十餘度，北京夜中為零下五六度，溫差太大，令我半夜歸來，幾乎凍殺。

《四庫總目提要》為治學者之津梁，第一要籍。但版本狀況複雜，除殿本、浙本、粵本外，《四庫提要分纂稿》、《四庫全書薈要》書前提要、《武英殿聚珍版叢書》書前提要、《四庫全書簡明目錄》及各閣本均當參校。余嘉錫、胡玉縉、劉兆祐、崔富章、楊武泉、李裕民諸先生之考辨，亦應參考，故其事甚繁，非一人所能從事。這次仕華來，就是商量台灣淡江大學與北師大如何就此事展開合作。

談完此事後，我又要去天津盤山商議恢復重建北少林的事，然後轉往韓國去開陽明學者鄭齊斗的研討會。驛馬星大動，殊不得已也。

天津及韓國去來

2007.12.31

在天津，宿利順德飯店。此店是英國人強租天津港區時所建，為我國境內第一所現代旅邸，迄今百餘年矣。不少條約即在此簽定，中外交通史上若干名人亦輒下榻於此，如美國總統胡佛即嘗住此多年，其餘孫中山、梅蘭芳、張學良……等甚多。今尚保留若干舊式房間，以供憑弔。我請旅社侍應生帶我去看了胡佛、梅蘭芳、班禪喇嘛所住過的幾間，其他因時間匆遽，不及細觀。

繼去天津楊柳青。正逢大霧，且行且雪，昏茫不辨遠近，摸索始至。至則先去看版畫，拓了幾張鍾馗、門神秦瓊尉遲恭。刻意不上色。我覺得楊柳青的年畫若只存線刻，便近於宋人白描，較為高古；染色則俗，徒顯民間趣味。而民間性又只以神禡為好，其他善禱善頌、吉祥喜慶者，大抵無甚藝術性。當然，這是我的偏見，專家或不以為然。

由楊柳青年畫舘轉往南河鎮，文化局人員陪同我去拜會霍元甲故居、紀念館及武校。如今這個鎮正擬改名爲元甲鎮或精武鎮，鎮上書記即兼精武集團老總，故可以說整個鎮都在利用霍元甲這個資源，紀念館且將闢爲霍元甲主題公園，占地數千畝。但故居只是新蓋的磚房，本非舊址；紀念館目前也頗寒儉，文物無多。對其發展，我有些憂慮。

我曾做過精武體育會的研究，尤其是馬來西亞精武會，國人幾乎全無研究，唯有我的論文可供參據。故我說我對其發展有些擔心，當非泛泛興感。不過此事說來話長，今甚困乏，也就懶得說了。

爲何困乏?說來可笑。我由天津直奔北京機場，去漢城開陽明學會。抵仁川機場後，逕轉江華島，在島上開會。我的論文研究韓國陽明學主要代表人鄭齊斗的經世思想。此題是連韓國人自己也不太懂的，故所論頗獲好評。

晚上心情大好，韓國朋友又熱情招待，於是生魚生蟹生蠔生牛肉，大吃了一頓。夜中腸胃竟鬧起了暴動，狂拉猛瀉不已。次日韓國朋友忙把我送去醫院，又吊點滴又吃靈藥，而居然毫無起色。俗語云：鐵打的漢子也經不住三天瀉。想那秦瓊，如此好漢，在旅途中得了痢疾，還不是病懨懨的，最後且要賣馬，還當掉了隨身兵器熟銅黃金鐧，可知此事不是鬧著玩的。爲免小命送在旅途，還是趕緊打道回府爲妙。於是開完會，登時就改了機票，飛回北京。

韓國已多年沒去了。近年韓國大興中國熱，會議甚少找台灣學者參加。我這次去，本擬藉機多會會彼邦學界友人，以申文化交誼。不料遽攖奇疾，踉蹌而返，殊爲敗興。

回得家來，女兒居然哈哈大笑，說：「倘若你客死異鄉，還可因處境淒涼，博得一些同情。但如果未來《年譜》上說是吃生牛肉拉稀拉到死，可多麼好笑啊！哈哈哈！」雖然被她取笑，但我已乏力與之打嘴鼓，看來要將養幾日才得康復啦！

又記：

在韓國，雖因病而匆匆趕回，但住在江華島上倒也別有體會。這個島就在漢城附近，可是歷史與風俗自成格局。據云古代檀君即生於這座島上，今島中摩尼山，頂上仍有石壇，傳說即檀君祭天之處。韓國古代人有詩云：「麗代郊天信有徵，檀君舊事最難言」者，便指其事。看來有徵，事又難言，故如此。

為何難言？「感生」你信嗎？無父無母，感而生之，比孫悟空打石頭裡迸出來還奇。但這個信仰乃韓國民族起源神話之一，又不能懷疑，就與不能否認上帝造人及瑪利亞處女懷孕那樣。感天地而生，所以要祭天，這也是合理的。檀君還有三個兒子，所居即三郎山，各有神跡、故事及古蹟。這是江華島特殊之處。

除有上古神話外，這島也是高麗王朝抗元之地。蒙古攻進朝鮮半島時，高麗王朝退據島上，抗戰七十年，今島上城廓猶存。據云從前盜墓挖寶者甚多，拿一長鐵桿鑽刺入地，若聽到滋滋聲，就可能掘到古瓷器。近代日本打進韓國，又在這裡簽下了江華條約，占領全韓。故這是光榮與屈辱、古史與今情交織之島。

我因病，除開會外，不能遍遊該島，只去看了傳燈寺、高麗王城、巨石墓葬群等。因這個島過去較荒僻，韓國朱子學勢盛，陽明學只在這兒傳播，鄭齊斗尤為此中巨擘，此次會議亦以研討鄭氏學說為主，因此我與鄭仁在、金哲洙、小川晴久美、方祖猷幾位又特意往鄭氏墓憑弔。

鄭齊斗墓與其父毗鄰，長林衰草，頗為雅潔。韓國朋友置酒為奠，並行跪拜禮，令我與方祖猷為之肅然。我對方先生說：「你看人家一個陽明學者，墳地整理得如此乾淨，韓國人祭拜又如此虔敬；咱們陽明墓卻一蹋糊塗，底下是個養鵝場，屎糞成堆！」方先生說：「唉！人家是真心尊敬先賢，我們的那些古蹟陵墓，要不就沒人聞問，要不就只用來搞旅遊弄錢，怎麼比？」相與惋嘆！

劉介民評《國學入門》：國學啟蒙者的沉思和漫步

2008.01.06

國學是中華民族幾千年生存和發展的智慧結晶，國學經典是中國文化的代表。閱讀、瞭解、走進經典，對於掌握人生真諦、昇華個人氣質，均會有很大的幫助。但很通俗地解釋國學的文化含義，並不是一件容易的事。今年八月，北京大學出版社出版龔鵬程先生的《國學入門》（下稱龔著）以其謹嚴求實的國學大師筆法和鮮明的學術個性，受到學術界和廣大國學愛好者的關注。

與此前的國學入門著作比較，龔著的言簡意賅性和對科學學理性的探求，特別值得稱道。試想，如果我們的心靈中沒有詩意，我們的記憶中沒有歷史，我們的思考中沒有哲理，我們的生活將成爲什麼樣子？「什麼是國學？」「國學究竟有什麼用？」這些在大眾之中存在的國學疑問，在龔的《國學入門》中可以得到清晰的答案。

龔著鮮明地表現出國學研究的理性自覺，標誌著國學研究的新階段。從這一視角出發，我認爲龔著的國學研究的特點表現在：研究視角，學術命題，學理闡釋，學術境界等方面。

一、獨特的研究視角

國學研究對象的交叉與重疊之處越來越多。如何選擇獨特的研究視角、形成一套比較系統的概念、命題、假設及理論框架對其國學研究具有重要作用。龔鵬程認爲：把國學視爲整體歷史文化研究，範圍畢竟太大了。「國學也者，主要是史學，但又往往包涉太廣，因此範圍遼闊、義界不明。」龔著把他的國學研究定位爲：「重新將專業壁壘打通了來教來學」，認爲研治國學，是對學術忠誠的一種表現，要針對中國學問的特性來予以開發。著者從廣闊的精神文化背景透視一個世紀的國學研究，敏銳地發現：那些不知學問爲何物的妄人，故步自封，對中國學問根本未嘗究心，卻不斷發出質疑。作者慨歎「不幸近百年來之學風，趨新騖外，國學頗遭鄙棄；爲學又貴專業，而不知天地之大美，學術之全體大用。以至一種寬易博大的治學之道，反而甚爲寂寥。」這種對當下國學研究的評價，可以說切入的視角是獨特的。

龔鵬程在他的「自序」中說：「我自己對於做學問，有個基本看法，那就是什麼都該由國學傳統中發展出來。故國學非一門專業、一門科目，而是各種學問之土壤。」認爲學習國學關鍵是「通曉國學，重點在通」，「掌握中國學問之大綱大本」。他認爲國學是以中國傳統文化爲視角，研究精神文化的學問。他在第十四章餘論中特別談到「治國學的人的精神意態」問題。作者從容不迫地評說，提出了許多閃爍著智慧火花、令人關注的新見解。作者希望通過國學歷史的反思來推動中國人的精神自覺，凸現出國學和國學研究的本質特徵，從而獲得一個極富創意的理論制高點，產成一種整合力和凝聚力。

作者從思考和理解入手，弄清國學脈絡，從而可以用較短時間把握國學的精髓，獲得對國學的總體認識，無疑是一次重要突破。該書走出西學模式，還原中國哲學本色，提供了一本理解與思考國學的入門讀物，對具有中等以上程度的人群，很有裨益。

本書還從宏闊的精神文化背景透視近年來的「國學熱」，認爲國學研究雖機構和活動不計其數，舊作不廢江河，卻「乏教材」，唯翻印八十年前梁啓超、錢穆，或三十年前台灣杜松柏、朱維煥諸先生之作以應時需而已。可以想見此著作之急需。

二、平和的學術命題

在學理建構上，龔鵬程的總體思路是界定國學和國學研究的概念、內涵，闡明國學研究的價值和意義。他宏觀上描述國學的精神文化現象，微觀上研究國學的重要命題，然後站在學術哲學的高度對國學研究中若干帶有規律性的問題進行理性反思。在治學理念上，作者關注歷史背景後的精神活動。

「宏觀描述」，對國學中的經、史、子、集進行多方面的梳理、辨析，其理論聚焦點是國學研究學理化的進程。全書以此作爲國學精神的基礎，重振、昇華。而「微觀透視」則選擇幾個重要的專題進行梳理，都有獨到精粹的結論，提出若干理論問題。如「登堂篇」借鑒胡適與梁啓超、康有爲、章太炎、馬一浮等，就國學研究中的認知邏輯、學術範圍、思維方式等進行了深入探討。又如康有爲所涉及的道教、佛教、西學、史地、天文等；章太炎的「國學」、「國學之商兌」；馬一浮的「六藝之學」、「宗儒旨趣」等。可以說與「門徑篇」部分融合互補。

龔著中充分地注意到當代文化轉型過程中世界文化與國學的關係。作者運用和借鑒比較文學的命題來論述自己的觀點。如第四章「語言」中的「句的形態」，引用俄羅斯語言中的「性」、「數」、「格」等說明粘著語的主要特點，反觀漢語在「形式邏輯」、「形態優勢」、「間接投射」等的形式限定的弱化。第五章「文字」，引用了庫瑪斯（S.F.Coulmas）的《文字學》、索緒爾（F.d.Saussure）的《符號學》，以及笛卡兒、基歇爾（A.Kircher）、威爾金斯（J.Wilkins）、萊布尼茲等人的著作。第六章「訓詁」中的「理解的迷失」，借鑒阿佩爾（K.O.Apel）的命題，比較戴震與維特根斯坦詮釋學的「理解」問題；在「反省的路途」，引用西方的詮釋學研讀《聖經》，說明《聖經》並非屬於古代、只具有歷史意義，它對現代人起著具體且真實的作用。他說「古代的經典，從來不只存在於古代，它會對現今世界起著具體的作用。」作者在認真梳理、審視和思考中外文化學術，探討人類文化發展的共同規律，無疑對國學研究界具有緊迫性的重要意義。龔著以中西文化的歷史經驗來闡釋國學，不爲尊者賢者諱，只爲實事求是。

作者以儒、道、佛的命題，以不同學科、學派、學人之國學作爲闡釋之對象，對國學進行整體關照，判斷精確，析理嚴密，詳略有度，富於啓發性。

三、中立的學理闡釋

在學術研究的觀念和方法上，作者在國學闡釋上鮮明地提出兩個理念：一是通曉國學重點在通，要通達博雅，在知識和心態上貫通地去掌握事理。二是致力於國學研究的學理化，「宏闡整體國學之綱維與精神」。這兩個理念體現了一種學理精神，是作者治學、道德的表徵。正如他自己所說：「國學是我的緣，也是我的業；是我的力，一切力量的來源；也是我的願，願昌明其學於天下。」

龔鵬程對國學的認知邏輯是求實、求真，堅持實事求是的科學態度。龔著受國學治學風格和清代樸學家的影響，特別注重考據、史料的挖掘和審慎的考證。對國學研究中的一些懸疑問題，也能從考證和史實出發，作出新的解釋。如在第十一章「儒」的「儒學的分化」一節中，對《論語》的爭論，他認爲這種爭論關係到對孔子學說的詮釋，他說：「有些人更進而懷疑《論語》能不能代表孔子。因爲假若儒分八，而《論語》僅是其中某一派或幾派之傳本，那麼《論語》顯然就不能見孔子之全貌。」在第十二章「道」中，作者認爲：秦漢社會通行的道，道術之士各道其道，道只是達名，與老莊太半無關。他說：「道的研究首先應著眼於這個事實，放棄早期那種單線地、從黃老講下來的方式。反之，把各種方術士看成一家人，認爲道教即出於神仙家或陰陽家，也是不對的。」

還如《登堂篇》第二章《國學的講說：康有爲》批駁康有爲的「西學多本《墨子》」、「通部《墨子》、無一言養心之學，故不能行。外國耶氏似之。然耶氏能養魂，故大行於天下也。」龔認爲：西學多本墨子，衍晚清西學處於中國論，其誤至今已不必再論。他說：「基督教似墨子，則不知康氏何所見而云然。墨子明鬼、非樂、節葬、非命，基督教哪一點似之？如此論西學、論基督教，不是誇誕不經嗎？」龔對康的「口談記錄」提出疑義，指出缺點，作出解說，不以爲然。即使如此，龔仍然肯定《南海康先生口說》，他說：「康有爲所有著作中也只有這一本書最能全面顯現朱九江以來的康氏一脈學風。其論義理、子史、掌故、詞章者，皆非清朝朴學一路經學家所能到。」

國學的歷史總是一環扣一環地向前發展並相互銜接、共生互補。過去出版的相關書籍往往偏重論著、學人、學派或學術觀點，側重外在特徵的描述。龔著則另闢蹊徑，對各個時段重點論著的內在認知邏輯、思維方式和學術範例進行實質性的梳理。以這種梳理性的眼光觀察中國古代諸子典籍，標誌著研究向度實現了從外視角向內視角的轉移。對於已往國學研究中忽視元性質或元基礎的習慣性思維定勢，具有新的學理闡釋的意義，從而發現一片闡釋的新天地。

四、融合的學術境界

龔鵬程的學養，是經歷了漸次精修、西學新學相孚會、相激蕩而達到的一種學術境界。對過去的國學者感同身受，激起共鳴。在這部著作裏，龔努力突破「主客二分」的思維模式，追求「主客融合」的學術境界，把客觀對象的評述和個人的學術體驗有機的結合起來，描繪出當代國學啓蒙者的心靈變遷。客觀上「各章講說，自然都是針對各別領域，例如儒、

道、釋，或經、史、子、集；各章又各有主題。」主觀上「人的知、情、意，必然整合爲一體。」「博學之道，重在精神心態」。作者簡略地勾勒了國學研究的全貌，讓我們看到了中國精神文化的學術境界。

在作者與客觀研究對象的學術對話中，他以客觀、真誠的態度面對國學發展史上諸多先賢，熱情地肯定和讚譽，也有分析和評論。對於那些在學術界有較大影響的不同見解和嚴重偏頗坦誠地發表了自己的看法。如龔著講「康有爲」，指出其錯誤與缺點、學術之局限。他說：「康有爲論佛論道談天說地，就顯示出了他經學家的拘墟之見，實在不免於固陋。」「說今文學，而說成如此，實令人感到遺憾。」直率地提出自己的意見。龔在談到章太炎所講的國學內涵究竟爲何時，指出：「小學爲其根基，固然不錯，但其文學經學並不能只由小學這一路去推求。」在談「國學的教育」一章中，他分析了清華國學院，認爲國學院之教育目標，是要「培養以著述爲畢生事業之國學專才」，要培養以學術爲志業的人。他談到清華國學院的學風，乃是傳統經史學曲折轉向歐美漢學式之研究。特別提到陳寅恪，在他初返國門，任教清華時「此即其治學之基本情況。」龔舉例說：「《三國志曹沖華佗傳與佛教故事》，則謂華佗二字，古音與印度Gada（神藥）音近，當時民間比附印度神話故事，因稱爲華陀，實爲藥神目之。」他認爲「這些考證的價值其實頗爲可疑。華佗的古音是否真的與Gada 相近，就值得討論」。龔還舉例說陳寅恪以孫悟空、豬八戒的故事與印度故事相似，斷定它們之間有影響，這不是考證，只是一肚皮印度知識無處張皇，故與史冊小說中去撲風捉影罷了。他指出：「陳先生這個時期的考證，在方法跟實際上，往往站不住腳，可說是十分明顯的。」他認爲：造成這種現象，或許也不是陳寅恪或他那個時代學人的過失，而是時世風氣使然。

本書更爲難能可貴的是科學學理精神和求實學風的倡導和實行。令人信服的科學的學理闡釋，對當下那些虛僞、浮躁之風是一個有力的鞭撻。這本書的一個最重要的貢獻是舉起了一面學風之旗，爲國學研究新的風氣樹立了榜樣。

瑕不掩瑜，即使一部高品位的學術著作，也會有值得商榷的問題。特別是有些閃光點，更有可以斟酌的地方。本書有些章節，缺乏必要的理論闡釋，如「經、史、子、集」，儘管從一個新的視角，進行學術梳理，但它的概念內涵、思維方式和學術範型的特點，它的來龍去脈的意義等，顯得有些語焉不詳，缺乏深入的闡釋。若能就此進行進一步地學術思考，或許這部「入門」之書更具有啓發意義。也許是限於篇幅，作者無法展開。

另外，全書多處論及到東西方文化的接觸和比較、參證，無疑是新銳獨到的見解。但過失、疑問、蹊蹺的問題值得探索，可就本書的宗旨來說，既然是「入門」之作，就不該做更多的學術辨析，特別是那些懸而未決的問題，更不該過多占去篇幅。如論說章太炎講國學內涵時，龔辨析說：「太炎之諸子哲理，何以竟無傳人？此理難知。依我看，系因其頗雜於佛學之故，或至少是原因之一。」又如探討陳寅恪與吳宓之間學術價值取向問題時，龔著說「陳寅恪是德國這一學風在中國的第一代提倡者或示範者。吳宓既醉心於白璧德之說，何以又傾服陳寅恪之學？兩者冰炭，何以竟融於一冶歟？」似乎有苛評之嫌，不知著者和讀者如何理解。

正當我完成《國學基礎導論》這部書稿的時候，欣然看到好友鵬程的新著《國學入門》出版，格外興奮，遂寫下此文。它讓我想起廿二年前我們在香港首次見面的情景。鵬程自幼才華橫溢，學力貫通古今、融匯中西。近年來他身兼海內外多所大學教授，講授「國學的入門之道」，「隨機講學，輔以著述」。「應時代之需」、「消個人之業」，繼往開來，傳承中華優秀文化遺產，與他早年研究國學、啓迪民智的經歷有關。龔著回答了這樣兩個令人關注問題：「在世界全球化日益加速的今天，中國人如何確立自己的文化身分？每個人在哪裏才能找到自己生命的根基、找到擺脫生存壓力與困惑的智慧？」

《國學入門》之書接引後學，爲初學者說法，真正能起到「接引的功能」。它既是知識的，也是感性的，可供讀者瞭解國學的一些重要方面，有興趣者亦可由此進入國學之門。

重振文人書法

2008.01.09

今赴台南成功大學藝術所，講「書學與武學」。與成大諸友歡聚，甚快！藝術所在禮賢樓，二十多年前來成大教書時，即住在這裡。現在闢爲教學場所，仍讓我懷念不已。

書法展也還在繼續，張大春有賀詩一首。大春近日耽詩，據說去年就做了一千多首。昨將我「福圓枸杞燉牛鞭」的詩抄給他看，他說紅麴枸杞燉牛鞭更要營養些，相與大笑。此樂，浮屠哪得知？大春詩中用我烤羊事件之典故，殆亦由於此：「一時雲起壓冬陽。南國合須無雁行。蹀影歸來寒咄字。窮年消息倦觀光。八分澹蕩三分老。不盡蕭森更盡觴。我有輕毫勤拂拭。伴君沾醬下燒羊」。

我則於昨天在中國時報刊出重振文人書法的文章，以爲鼓吹云：

書法是文字的藝術，不是線條或墨塊。正如雕塑與建築不能說是水泥土漿或鋼片的藝術那樣。

可是因文字在其他國家並未真正獨立，多只是做爲語言的紀錄或仿品，故書法藝術在旁的地方皆不發達，唯獨在我國才得茁壯，地位且遠高於繪畫及一切雜藝。

林語堂在《吾國吾民》裡曾言：「書法提供給了中國人以基本的美感，中國人就是通過書法才學會線條和形體的基本要領。因此，若不懂中國書法及其藝術靈感，就無法談論中國藝術。」「只有在書法上，我們才能看見中國人藝術心靈的極致。」宗白華也在〈中西畫法所表現的空間意識〉一文中說道：「中國音樂衰弱，書法卻代替了它成爲一種表達最高意境與情操的民族藝術。」此類言語，均是對書法藝術的贊歌。而書法藝術，正是怎麼贊頌也不過分的。

可惜這門藝術近來頗爲衰微。外邦人士對中國藝術之審美品味，大抵仍局限於器物工藝層次，對音樂繪畫已少賞音，遑論書法！以致國際藝品市場中書法作品之標值輒低於繪畫乃至工藝品。國人對書法藝術，亦因毛筆退出實用領域、古典文化氛圍消失、審美趣味變化等因素，漸生疏隔。縱使還有不少人拚命在練字，甚或以書法名家，但技未必進於道，看來也是令人失望者多。

因書法漸衰，故亦不乏振興其道的倡議。可是這些設想往往搞錯了方向，以致愈振興愈糟。

許多改革者都以爲：當世書風是被文人書法所籠罩且無生氣的。如姜壽田《現代書法家批評》就說：「傳統文人書法，從二王、蘇東坡、黃山谷的重韻、書氣，到明代董其昌的重禪氣、談意，再到清代劉墉重廟堂氣，以致最終形成帖派末流的館閣體，由暗弱到死寂。」

整個現代書法，可說都建立在這種對文人書法的認識和批判上。改革之道，則有沈尹默之類重返唐賢法度的主張。另外還有不少更激進的想法，例如從文人氣的反面：匪氣、綠林氣、工匠氣、村野民間氣等各方面去發展書法。或更趨近現代藝術，擺脫詩文對書法的制約，單獨寫一個字、幾個字，或俚俗語；回到線條本質及造型之美；或根本抽象化、拼貼組合化、觀念藝術化等等。

其方法與方向十分分歧，但其基調，無不是反對文人書法的。有時則以文人書法來概括傳統書風。凡將「傳統書法」跟「現代書法藝術」對舉起來說時，傳統書法指的就是文人書法，是要被打倒的對象。

這其中，匪氣、綠林氣、工匠氣、村野氣，根本不值得討論。沈尹默回歸唐法的主張則影響深遠，如今練字的人，入手誰不從歐虞顏柳開始？先生把寫字的人分爲兩類：書家和善書者。說「善書者是會寫字，字寫得好看的人，但它的點畫，有時與筆法偶然暗合，有時則不然，尤其是不能各體皆工」。書家則精通八法：「點畫使轉，處處皆須合法，不能絲毫苟且從事」。兩者相比：

> 書家的書，好比精通六法的畫師的畫。善書者的書，就好比文人的寫意畫。善書者的書，正如文人畫，也有它的風致可愛處。但不能學，只能參觀，以博其趣。

沈先生是重法度的人，論書尤重執筆法，常批評蘇東坡單鉤執筆，且肆口「我書意造本

無法」，往往為不講究的人所藉口。故他反對文人書法文人畫，說：「自元以來，書畫都江河日下。到了明清兩代，可看的書畫就越來越少了。」其實不只元以後可看的漸少，宋代蘇黃便已入了文人書畫的歧途。依他看，也是殊不足取的。書法的典範，遂僅能是「二王、歐、虞、褚、顏諸家遺留下來的成績」。

沈先生所代表的，是一種具有現代性的專業化分工態度，強調專業書家。文人書文人畫在其觀念中，等於「業餘」或「外行」。專業者才精通這一行所該具有的法度技藝；文人玩票，雖也偶有暗合處，畢竟非真積力久而得，故不牢靠；雖有趣，卻不正規，不足為訓。這種區分，顯然是比擬繪畫史上「行家」與「戾家」之分而來的。因對清代書風不滿，欲藉此反文人書風，重返二王唐賢之法。這樣的態度，自然是復古的，但復古之目的，殆在除弊，用以批判當世。

但文人書法如此不堪嗎？如今書壇之弊，真是文人書法造成的嗎？只有打倒或擺脫了文人書法才能發展書法藝術嗎？我對這些看法，都不以為然。

道理非常簡單：當代書風，到底是文人氣太重還是缺乏文人氣？當代所謂「書法界」，無論什麼協會、學會、書法教室以及展售場所，參與者不都是戮力鑽研筆法、苦練歐虞褚顏諸家遺跡，各體皆工的嗎？書家僅以善書著稱，文名則罕覯。故古人多寫自己的文章詩歌，今人只能抄抄古人的詩文或節臨古碑帖。詩文既非所長，文人氣自然也就難得具備。古人批評專業書人畫匠時所指摘的毛病，如「本色之弊，易流俚腐」「腔或近乎打油」「氣韻索然」等，倒是極為普遍。

在這樣的現實狀況中，救弊之道，理應是提倡文人書法，以藥不學無文之病。焉能倒過來再批文人書法？這不僅是打已死之虎，非英雄手段；抑且開錯了藥方，會使時代病更入膏肓。前者叫做無的而放矢，後者是庸醫誤診，不免害人性命。

現代藝術式的實驗書法，又不僅脫離了文人傳統，也試著脫離文字，以線條、色塊、造型、創意爲說。顛覆的，不只是文人書法，更是書法之本質。如此一來，還能否或適否仍稱爲書法，實在大有疑問。書法之本質是文字的藝術化。把字寫得好看，從實用文書變成藝術欣賞對象，乃其形成之原理。脫離了這一點而去談墨色、線條、抽象、構圖，就都是胡扯。

事實上，脫離文字後，那些墨象、表現、拼貼或什麼，觀者亦極迷茫。其美感到底在哪兒，往往從畫面和線條中難以體會，需要創作者另用言說去闡釋說明。因而現代書法常變成了語言藝術或行動藝術，理論一套又一套，主義一堆又一堆，真要這些朋友寫幾個字來看看，恐怕是不成的。他們或許善於用言說編織論述，但是否爲書法便很難說。重提文人書法之概念，對此類人亦未必無益。

須知書法之性質與傳統，是與繪畫不同的。畫本來是獨立的，後來才與詩文書法結合，更晚則加上了印章，於是出現了文人畫。文人畫是畫史之變，故崛起時頗貽「戾家」「不當行」「非本色」之譏，書法卻不然。若附和文人畫這個詞，說文人書法，則書法本來就是文人的。文字、文學與書藝，從來結合爲一體，不可析分，不是單純的筆墨線條而已。

自書法藝術初起，至文人篆刻之盛，這整個歷史，通貫爲書法史，而其實也就是文人書法史。不能掌握這個脈絡，並體會其中蘊涵的道理，對中國書法，終歸是門外漢，是站在場邊子上說話。企圖打倒文人書法以振興中國書法，也終是不知從何說起的！

因此，無論從哪方面看，文人書法在今天，不是應被打倒，而是該再提倡。今天書壇的一些弊病，不是文人書法造成的，反而是對文人書法認識不清，卻又胡亂反抗使然。

龔鵬程學・思・俠・遊特輯

九州心影之 時光倒影

作者： 龔鵬程
發行人：陳曉林
出版所：風雲時代出版股份有限公司
地址：10576台北市民生東路五段178號7樓之3
電話：(02) 2756-0949
傳真：(02) 2765-3799
執行主編：劉宇青
美術設計：吳宗潔
行銷企劃：林安莉
業務總監：張瑋鳳

初版日期：2023年3月
版權授權：龔鵬程
ISBN：978-626-7025-90-1

風雲書網：http://www.eastbooks.com.tw
官方部落格：http://eastbooks.pixnet.net/blog
Facebook：http://www.facebook.com/h7560949
E-mail：h7560949@ms15.hinet.net
劃撥帳號：12043291
戶名：風雲時代出版股份有限公司

風雲發行所：33373桃園市龜山區公西村2鄰復興街304巷96號
電話：(03) 318-1378
傳真：(03) 318-1378
法律顧問：永然法律事務所 李永然律師
北辰著作權事務所 蕭雄淋律師

行政院新聞局局版台業字第3595號 營利事業統一編號22759935

定價：400元

國家圖書館出版品預行編目資料

龔鵬程學.思.俠.遊特輯. 9, 九州心影錄：時光倒影 / 龔鵬程著. -- 臺北市：風雲時代出版股份有限公司, 2022.05 面； 公分

ISBN 978-626-7025-90-1（平裝）

1. CST: 言論集

078 111004659